义务教育阶段

书法教育研究

李雄涛　肖福流◎著

经济管理出版社

ECONOMY & MANAGEMENT PUBLISHING HOUSE

图书在版编目（CIP）数据

义务教育阶段书法教育研究/李雄涛，肖福流著. —北京：经济管理出版社，2021.2
ISBN 978 – 7 – 5096 – 7804 – 6

Ⅰ. ①义… Ⅱ. ①李… ②肖… Ⅲ. ①书法—教育理论—研究—中小学 Ⅳ. ①G633. 955. 2

中国版本图书馆 CIP 数据核字（2021）第 038387 号

组稿编辑：范美琴
责任编辑：张巧梅
责任印制：黄章平
责任校对：陈晓霞

出版发行：经济管理出版社
　　　　　（北京市海淀区北蜂窝 8 号中雅大厦 A 座 11 层　　100038）
网　　　址：www. E – mp. com. cn
电　　　话：（010）51915602
印　　　刷：北京晨旭印刷厂
经　　　销：新华书店
开　　　本：787mm × 1092mm/16
印　　　张：25.25
字　　　数：567 千字
版　　　次：2021 年 3 月第 1 版　　2021 年 3 月第 1 次印刷
书　　　号：ISBN 978 – 7 – 5096 – 7804 – 6
定　　　价：88.00 元

前　言

　　本书主要探讨义务教育阶段书法教育的问题，共分为十一章。第一章探讨中小学书法教师师德师风建设，并主要从以下几个方面展开，即义务教育阶段书法教师师德师风建设的要素、意义，师德师风存在的问题与解答，义务教育阶段书法教师师德评价的误区与建议，以及新时代义务教育阶段书法教师师德师风建设。第二章探讨基于核心素养的义务教育阶段中小学书法学习评价，涉及核心素养的国内外研究概况，以及基于核心素养的中小学书法学习评价意义。第三章探讨翻转课堂在义务教育阶段书法课程教学改革中的实践，涉及翻转课堂的国内外研究概况，以及翻转课堂的意义。第四章探讨西南边疆民族地区核心素养视域下义务教育阶段书法教材编制，涉及背景、意义、策略。第五章探讨西南边疆民族地区基于核心素养义务教育阶段书法课程建设，涉及存在的问题与对策。第六章探讨建构主义学习理论在小学书法教学中的应用，涉及建构主义学习理论与教学，以及建构主义学习理论在小学书法教学中的应用。第七章探讨"互联网＋"义务教育阶段中小学书法问题，主要涉及其历史回顾、价值，以及践行路径。第八章和第九章探讨义务教育阶段书法教案编写与案例，理论部分涉及学情分析、学习动机分析、教材，以及教学重难点等问题；实践部分涉及毛笔篆书、隶书、楷书、行书教案，以及硬笔隶书、楷书、行书教案。第十章和第十一章探讨义务教育阶段中小学生书法试卷编写与案例，理论部分涉及义务教育阶段书法试卷命题与讲评；实践部分涉及毛笔篆书、隶书、楷书、行书，以及硬笔隶书、楷书、行书试卷与评分标准。

目　录

第一章 中小学书法教师师德师风建设

第一节 义务教育阶段书法教育之师德要素浅析

一、师德

所谓师德是指教师在教育教学中的价值观与行为表现。我们从教师处理日常教学工作及其社会生活人际关系中可窥见一斑，这些基于教师个人道德品质的行为习惯具有相对稳定性。在不违背教师职业道德操守的情况下，教师的师德是合格的，然而若要分出不同的层次，则要对教师的职业行为和日常行为进行更为细致的观察。考察的范围包括教师在教育教学、生活中的表现，以及教师的内在修养等方面。

教师在日常教育教学及生活过程中所表现出的行为是教师个人职业道德的外化。用通俗的话说，就是教师在日常生活中是不是有道德，他在教育教学工作中能否胜任等。应将中小学书法教师定位为社会人以观察其言行是否一致，且是否符合社会公序良俗；置于教育教学工作中，教师在具备基本书法技能的前提下，能否以一种恰当的方式处理课堂上的各种突发事件。这些都是中小学书法教师个人品质的重要体现。

课堂上处理问题的方式方法也是教师个人道德品质的一种表现。书法课程是一门实践性较强、理论与实践相结合的课程。书法教学对教师的要求比较高，要求其不仅能进行理论讲授，还能不厌其烦地给学生以示范。这就需要教师具有教育奉献精神。

考察教师的道德品质仅从其所表现出来的行为习惯进行观察是不够的，还要深入了解教师的内在修养。教师内在修养的形成是一个漫长的过程，在这个过程中，教师的成长环境与经历都可能起到一定作用。其受教育的背景、家庭的环境、生活经历、后天的学习经历都是教师道德品质形成的重要因素，这些因素经过长期的相互作用和发酵，最后形成稳定的教师品德。就书法艺术理念而言，教师的教育经历对其艺术理念的形成具有较为深远的影响，其中启蒙经历尤为重要。正如人们常说的"喝的第一口奶就决定了他以后会成为什么样的人"。尽管这个比方有些绝对，但对于书法教师艺术理念的形成却有一定的合理性。比如说，教师在其启蒙阶段学习的是魏碑，那么在其很长的艺术生涯和教学生涯里，魏碑的影子总是挥之不去；反过来说，若一开始接受的是帖学亦然。理念本身没有优劣之分，但却对教学有较深影响，或者说教学方式是教师个人气质的一种体现。启蒙于碑学者，在教学过程中也会以较为豪放的方式进行授课，但也容易陷入简单粗糙的极端。启蒙于帖学者，较为细腻，教学方式也较为委婉和温和，但要防止优柔寡断带来的一些弊端。此外，教师在长期生活、学习，以及教学过程中是否注意个人意志的锻造也是其师德品质高低的影响因子。概括来讲，教师品德体现在日常生活中是否与人为善、遵守社会公德、在教学上尽心尽力、有无私奉献精神，同时内在修养较高，且能以合理的方式处理教学与社会生活，处处为人师表。

二、师爱

在从事教育工作过程中，也许每个教师的教育教学方法会有所差别，但殊途同归，那就是对学生的爱。这份爱在教师踏上教育这条道路的那一刻起就生成了。在学生之间最受欢迎的教师也是最具有爱心的教师。中小学书法教师的爱莫过于与学生一起完成书法知识与技能的建构，将心比心，在教学过程中让学生感受到温暖。教师对学生的爱应该是博大而无私的，比母爱的宠溺多出几分理性；比爱情的亲密又多出一点空间而不以占有为目的；相比起友情的相互性，它多出一份不求回报的无私。教师对学生的爱，站得很高看得很远，它是长者对国家下一代和民族未来的关怀。由此可见，教师对学生的爱是崇高的。教师的爱对于教育有积极的促进作用，带着感情的教学使学生收获的不只是知识，还有继续学习的动力。毫不夸张地说，对于部分中小学生来说，喜欢书法课，很大程度上是始于对教师的喜爱，或者说取决于教师在教学中有没有投入爱。

以书法课堂为媒介，义务教育阶段书法教师主动了解和走进学生的世界，关心学生是教师爱的一种表现。教师的爱不止于对学生学习的关心，而应由此延伸到对其生活和思想的关怀，这也是教师责任感的一种体现。通过全方位了解和关心学生，让学生感受到教师润物细无声的爱，书法这门课才能真正走进学生的心里。具体来说，在课堂上教师对学生的指导要保持足够的耐心和细心，对学生的提问尽量做到有问必答，关心每一个学生的学习情况，争取不落下任何一个人。在课间可以与学生讨论生活的趣事，分享生活的快乐；在课堂之外，要多参与学生书法社团活动，加强教师和学生之间的互动。也可以围绕书法课开展一些特色活动，比如去敬老院慰问老人，书写祝福语为老人送上健康祝福，倾听老人的心声。这既是书法活动也是孝道文化教育，对于促进学生身心健康也是有益的。在春节期间，还可以将书法与春节文化结合起来开展书法教育，鼓励并组织学生到各社区或农村义务送春联，让学生将书法学以致用，感受中国传统文化的魅力。

教师对学生的爱能为学生进入社会形成健康向上的思想打下一个良好的基础，学生正是在学校里感受到教师的爱，到社会上他们才会去爱别人。教师将爱传递给学生的过程实际上也是教会学生爱他的同学、老师、父母，乃至自己的国家。

随着岁月的流逝，教师的容颜会改变，但那份对教育事业的热情和对学生的爱不会改变，学生永远记住的也是这份爱，这也是教育发生的基础。中小学书法教师要意识到学生个体的差异，尤其是低年龄段孩子的手腕和手指协调能力，身体发育时间的不同，决定了每个学生的学习进度会有所差别。有些教师看到学生学习方法掌握得慢，难免会着急，忍不住催促和责骂学生，这对于学生学好这门课并没有太大的帮助，还会使学生心灵受到伤害。如果学生长时间受到教师的催促和责骂，那么教师们在学生之间建立起来的形象也会随之崩塌。一个优秀的中小学书法教师能做的就是将知识传递给学生，教会学生学习，用爱陪伴学生学习。有爱的教师在教育教学的过程中擅长等待，虽然每个学生都不一样，但每个学生都有成才的希望。好比每个学生都是一粒花种，每粒种子的发芽、成长时间都不完全一致，开花的季节也不尽相同，但总会迎来绽放的那一天。作为一名书法教师，要学会用爱去陪伴和等待学生成长成才。

三、师能

师能，指的是教师从事教育教学工作应当具备的业务能力。具体表现为教师治学的能力、创新能力，以及因材施教的能力。义务教育阶段书法教师不应当只是重复简单教学工作的教书匠，还应是学问渊博，具有很好创新能力和改革精神及因材施教能力的多能型教师。教育的目的是培养更优秀的下一代，那么教学的内容就需要不断推陈出新，教师的能力也要不断提升。

首先，义务教育阶段书法教师要有一定的治学能力。一些书法教师习惯将大学所学的知识在课堂做重复性的教学工作，缺少主动进行科研的动力和基础能力。教师们往往只是把基础的笔法、结构方法、章法教给学生就算完成任务，而这些教学内容几乎很少更新。这对于义务教育阶段书法教育的发展是不利的。义务教育阶段的书法教师是一线教育教学工作者，他们有很多机会与中小学生长时间相处，积累的一些教学经验可以说是难得的科研素材。这些经验要得到传承，应走教学与科研相结合的道路，以科研成果的形式呈现和分享给同行，对更年轻的义务教育阶段书法教师的教育教学工作提供帮助。其次，义务教育阶段书法教师应具备一定的创新能力。书法教育不是对书法知识和技能的简单重复，须知一个时代有一个时代的担当，一个时代有一个时代的气象，这就需要进行创新。这种创新不仅表现为知识的更新，更有教育教学方法的创新。从书法发展史可以发现，从篆书到隶书，再到草书、行书、楷书，一个书体到另一个书体的演变就是一个大胆创新的结果。尽管唐代以来行书、草书皆以"二王"为宗，但每一个时代学习"二王"都不会出现书体的雷同，而是一个时代有一个时代的面貌，每个时代的书法艺术都有它的辉煌之处。这就是创新的力量。教师自身知识体系也要不断更新，跟上时代的步伐。此外，进入互联网时代，书法教育借助互联网的浪潮获得新的发展。义务教育阶段的书法教育教学不妨借助互联网技术，比如微课、慕课，以及各类网络平台都能为书法教育提供便利。2020年初新冠肺炎疫情暴发以来，春季学期的大部分课程都已经在线上开展，这对于义务教育阶段书法课程来说不论是被迫网上授课还是主动探索，对于推进"互联网+"书法教育而言都是一件值得肯定的事情。最后，义务教育阶段的书法教师应当具备因材施教的能力。义务教育阶段的书法教育是打基础的教育，一方面是打下情感基础，另一方面是打下技能基础。从打情感基础来说，义务教育阶段中小学生对书法课程不排斥，喜欢这门课，理解它作为传统文化的重要性，发自内心对中华传统文化产生自豪感。从打技能基础来说，义务教育阶段中小学生在书法这门课程里掌握了相应书体的笔法、结构方法、章法，能为后续学习打下一个较好的基础。但要让每个中小学生都能打好基础，是有一定难度的，需要教师在课堂内外循循善诱，因材施教。教育教学工作中应要充分了解和尊重学生的个体差异性，能够针对其差异采取正确的教育教学措施。

四、师风

师风，指的是教师在教育教学工作中的行为所展现出来的精神风貌。具体来说，教师的师风表现为其处理教育教学事情的风格、教学的风格，以及授课班级的精神面貌。教师的集体师风也就是一个学校的师风。师风是师德的外化，是师德的具体表现形式，也是师德的外延。当前义务教育阶段的书法教师师风仍存在一些值得关注的问题。一些教师行事作风较为随意，对待教师职业与教育事业缺乏庄重感，缺乏团队意识，对待学生缺乏责任感。

其一，教师缺乏职业庄重感，不懂得自尊自爱的行为有损教师职业庄重感。教师职业庄重感是教师职业自尊心所体现出来的一种精神风貌。它要求教师从内心认同这份职业的严肃性，在教育教学中遵循一定的规矩和操作流程，向人展示出一种庄重的仪表，也就是人们常说的为人师表。一些教师在日常教育教学工作中与学生成为兄弟或姐妹，勾肩搭背，一起八卦校园和社会上的事情。乍看起来好像教师与学生之间关系较为融洽，但这种有损教师职业庄重感的行为实际上是得不偿失的。教育关系，实际上也包含着教师和学生两个不同辈分之间的伦理关系，它是基于一种合理的社会关系、道德、法律来进行维系的，试图打破它就有可能有损教师职业庄重感。其二，教师缺乏团队意识也是师风不正的一种体现。教师是学校的主人，应当具有主人翁意识，书法教师作为学校的一员当然不能例外。中小学校的校园文化建设是学校每一位老师的事情，大家都应积极参与其中。中小学每个学期，或者每个重要节日，都会设计一些黑板报，此时，写字漂亮的书法教师就应当仁不让。校园文化角或文化长廊需要书法作品进行装饰时，书法教师应当主动担起责任，而不是袖手旁观或趁机坐地起价索要报酬。其三，对待学生缺乏责任感是师风需要改正的一种表现。中小学书法教育不应局限于书法技能教学，也应当是一种育人行动。课堂教学只是教育的一部分，而不是全部，课堂纪律以及课堂之外学生的思想情感都需要教师去了解和关心。对于纪律表现较差的学生和思想较为消极的学生，不应只是批评了事，也不应视而不见、事不关己，而应花一定时间去了解和引导。育人不只是政治老师、心理老师与班主任或辅导员的事情，每一位科任老师都有责任做好育人工作。书法教师在高效完成教学工作任务的同时，也要主动承担育人任务，对学生有责任心。那些课堂不教课而去做外教、以教师为副业、课外培训赚取外快为主业的教师，其师风不正，也会影响学生和社会对于师德师风的正确认识。教师应当做到为人师表，培养高尚的道德情操和良好的日常作风，否则很难得到学生的尊重和社会的认可。

师风与师德不可分割，师德是核心内容，师风是师德的具体表现。因此，要加强师德师风建设应当重视师风，既要从各个方面对教师的教育教学行为进行有效约束，又要让教师发自内心认可这份职业，珍惜和维护其职业形象。不可否认，义务教育阶段书法教师师德师风问题存在于一定范围之内，一时间难以杜绝，但也没有必要因此否定教育界师风建设的努力。师风的改进是一个循序渐进的过程，只要教育部门、学校、教师，各方面共同努力就会有所改善。

第二节　义务教育阶段的书法教师师德师风建设的意义

一、我国优秀传统文化复兴

2018 年 5 月，习近平总书记在北京大学师生座谈会上强调："评价教师队伍素质的第一标准应该是师德师风。师德师风建设应该是每一所学校常抓不懈的工作，既要有严格的制度规定，也要有日常教育督导。"教师是培养社会主义建设者和接班人的中坚力量，是实现中华民族伟大复兴的灵魂工程师，在教育过程中起着重要作用。进入新时代以来，党和国家高度重视教师师德师风建设，同时倡导尊师重教与崇尚师德的良好社会氛围，这也是对中华民族传统美德的回归。师德，即教师职业道德，它应该成为教师从业的前提条件。义务教育阶段书法教师是我国基础教育的重要力量，教师自身的师德过硬才能更好地教育广大中小学生写好中国字、做好中国人。书法教育以书法为切入点，传播民族传统文化，增强青少年对民族文化的认同感和自豪感，进而培养其民族文化自信心。从师德层面来说，书法教师要完成这个崇高使命，其自身的师德就要经得起考验，要热爱民族传统文化，有文化自信心，并发自内心为实现民族伟大复兴而奋斗。这就要求教师身体力行，在教育教学中处处起到模范作用，培养过硬的师德师风，做到书法教育教学与育人相结合。可见，加强义务教育阶段书法教师师德师风建设有利于国家优秀传统文化复兴。

二、利于形成尊师重教的良好社会风气

根据《教师教育振兴行动计划（2018～2022 年）》的要求，在全国范围内开展师德教育已经势在必行，培养良好的师德是关乎教师队伍质量的首要一环。然而在实施过程中仍有不理想之处，似乎上有政策下有对策已成常态，各种变通的结果是教师师德建设的停滞不前。近年来，义务教育阶段书法教师师德师风正在悄然发生变化，从过去的无私奉献的高尚师德滑向不犯错误的师德底线。义务教育阶段书法教师师德观念的变化带来教师行为的改变，或许对于教育本身会产生更多的负面影响。这些由师德观念变化带来的种种改变似乎已经被社会所察觉，引起一些争论。师德师风的形成是一个复杂的过程，既有教师

自身原因，也受社会各方面因素的影响。很多时候教师也许并不明白其作为教师要"立"什么德与"树"什么人，这难免令人不安，也在一定程度上给社会带来了不良影响。可以说，精确把握教师师德养成的内在规律，帮助其构建起言行合一的高尚师德是现实需要。改革开放以来，人们有更多机会接触到多样性的文化与价值观念，这或许给对当今师德师风建设带来一定冲击。若师德师风出现了问题，社会也将对教育出现不信任感，对教师也会逐渐失去应有的尊重。人们追求更高品质的物质生活与丰富多彩的文化生活无可厚非，但作为教师如何抵挡不良诱惑，做到爱岗敬业，不负党和国家，不负人民，则是这个时代要面对的问题。德艺双馨，德为先，对于书法教师而言首先是养成符合教育要义的"德"，其次才是具备满足教学需求的书法技能。自古以来但凡有成就的书法家大多品德高尚，社会大众对书法艺术的欣赏也是对书法家人格品质的欣赏。教师不仅仅是一种职业身份，更是一份道德约束，学为人师，行为世范，其行为对社会大众能起到一种示范作用。师德师风建设对于社会主义现代化建设具有重要意义。全社会都尊师重教，不仅有利于提高教师职业幸福感，也有利于教师追求卓越人格。义务教育阶段书法教师做到德艺双馨，实际上也是对社会关于教师师德师风问题关注的一种回应。非淡泊无以明志，非宁静无以致远。干一行爱一行，发自内心地接受教师这份职业，严于律己宽以待人，是新时代社会对书法教师的召唤。师德水平的提高也将推动社会形成尊师重教的良好社会氛围。

三、利于学校践行立德树人

义务教育阶段书法教育，重在育，而后教，立德树人也是书法教育的重要使命，也是中小学的教育使命。从学校层面准确把握立德树人的要义，引导书法教师在教学中紧扣立德树人的宗旨，实施全过程、全方位、全员育人，对于培养符合新时代社会主义核心价值观的社会主义新人具有重要意义。从这个意义上讲，义务教育阶段的学校应在师德师风建设中发挥应有的作用，为基础教育的师资把关，使教师既胜任教学工作，又能成为青少年健康成长的导师。中华民族伟大复兴的中国梦要落到实处，离不开各个领域的人才，而人才培养离不开基础教育。义务教育是教育的基础，也是中国梦的根基。因此，加强义务教育，学校把关书法教师师德，使德才兼备的书法教师为教育工作添砖加瓦，这也是学校立德树人的题中之义。

四、利于教师立足平凡岗位培养崇高精神

目前国家层面已推行素质教育，但课业繁重仍是不少地方中小学难以根除的问题，不少中小学生很难体验到轻松活泼的课堂。书法特有的美和表现形式是中小学生收获自由想象、快乐创造的课程。此时书法教师也就成为可以给学生带来轻松、愉快的人，这也使教师收获更多的成就感。书法教师的师德是其思想的外化，也是义务教育阶段中小学书法教育品质的有力保障。义务教育阶段书法教师是一个平凡的群体，但要在平凡的工作岗位中做到精神崇高却非易事。尤其在老少边穷地区，教学基础设施比较薄弱，加上远离美术馆、图书馆等，义务教育阶段书法教师开展教育教学需要克服更多的困难。这就要求教师

接受平凡的岗位身份，默默无闻用心做好书法教育，做一个精神崇高的人。大多数书法教师没有做出举世瞩目的贡献，但也默默奉献出一分力量。或许每个教师的心里都有这样一种情怀，即培养学生成为对社会有益之人。正是基于这个动机，教师不惧艰辛，不辞辛劳地为教育事业奉献着。对于一个普通义务教育阶段书法教师而言，看着学生成长成才何尝不是一种享受。教师的一生未必轰轰烈烈引人关注，只要有崇高的精神，就可以成就平凡而伟大的人生。

第三节　倦怠型师德师风成因与解围

一、倦怠型师德表现形式

师德，即教师职业道德，是教师在教育教学工作中应遵循的一套道德规范和行为准则。教师在具体的从业过程中，基于这套道德规范和行为准则产生的价值观念视为师德观。在教学上，倦怠是一种较为消极的态度，也是一种教学怠慢的师德表现。教师出现倦怠的行为表现形式多样，归结起来无非是教学中情感衰竭，缺乏兴趣与理想，不愿担责。

（一）教育教学情感衰竭与去人格化

义务教育阶段书法教师的常规工作是完成教学任务，包括备课和上课，以及课后辅导各个环节。每个环节都包含许多琐碎的工作，各个环节却又紧紧相扣，一个环节不走心则全程涣散。在实际教学工作中，一些教师出现走过场的现象，认为人到了，事情做了，也就完成任务了。这类人工作敷衍了事，对待学生较为冷漠，教育教学工作缺乏热情与活力。

课堂上，教师们总是能拿出自己在场的证据来，比如按时到教室，填写课堂记录与教室使用记录，按时下课，以致于收集这些证据的精力超过了课堂教学。这似乎已经形成一个标准流程，掐着时间点出门、按时到教室、点名、上课、下课、填写课堂考勤记录、填写教室使用记录、离开教室。在这个流程里，教师是如何教的，学生是如何学的，教学是否有效已经变得无关紧要了。

在一些中小学的日常教学中，部分教师感到疲倦，于是想方设法使教学变得更加轻松。这种轻松主要指的是如何让教师在上完课后不疲倦。曾有位书法老师说，教学轻松的诀窍在于会布置学习任务。在课堂开始通过 PPT 呈现教学任务后，播放书法示范视频给学生观看，在教师进行简单讲解后让学生跟着视频练习，鼓励同学之间互相学习，至于实在学不会的可以上讲台问老师。书法老师则在教师临摹台上临帖或创作，或看书，甚至刷手机，巡课的领导路过才象征性地走下讲台遛一圈。有老师表示，这种教学方式是常态，也不算什么秘密了。

工作中缺乏热情与活力的教师即使按时进教室，也对教学本身发挥不了太多的作用。

曾有教师在提到教师这份职业时这样认为，若能找到合适的工作根本不考虑当教师，领微薄的工资，没必要操那么多的心。在黑板上示范几个字，让学生照着练习，或者对着视频练习，就算完成了教学任务。至于学生是不是真的在学，学得会或者学不会都不是关键，关键是学生在课堂有没有出事。教师"身在曹营，心在汉"。这种类似放羊的课堂，看不到明显的教学组织痕迹。

此外，义务教育阶段书法教育的德育问题也是困扰教师的一个难题。不少教师在面对这个问题时较为迷茫，不明白书法如何进行德育？提到德育，很多书法教师第一反应是与思想政治课或心理健康教育课联系起来。长期以来，义务教育阶段书法教师习惯于把书法教育限定于书写技法的教学，以至于听到书法教育中实施德育的问题不知所措。有时候并不是教师想不想做，而是根本不知道如何做，无从下手。当然有不少教师认为德育与书法没有太大关系，或者难以落实，干脆就放弃了探索书法教育的德育。再者，书法教育中实施德育，那么教师要扮演何种角色，如何扮演这些角色，书法跟德育有哪些契合点，如何实施，令人望而却步。思维的惯性和思想的惰性导致书法教师很少有意在课堂上实施德育，大部分书法教师认为这是心理健康和思想政治教师的职责。

综上所述，教师的教学更多的是"剧情"需要，通俗地讲就如导演叫干什么便干什么，下班收工领盒饭走人。教师在教学的各个环节象征性地走过场，每个环节都完整，却又每个环节都心不在焉。貌似教师的一切教学行为都是按照学校和上级教育主管部门的相关规定行事，得不到褒奖也没有犯下实质性的错误。不求有功，但求无过，即使学校和上级教育主管部门也抓不到其教学怠慢的"把柄"。

（二）教育教学中缺乏兴趣和理想

兴趣和理想是教师开展教育教学工作的动力，然而在实际教育教学工作中不少教师缺乏理想和兴趣，也不喜欢教育教学工作，认为其付出和回报不成正比，由此产生了一系列问题。在义务教育阶段书法教育中，书法社团活动和学校主办、承办的书法赛事，以及学校组织学生参加的各类书法赛事发挥着重要作用。这些活动都需要书法教师指导或担任评委。中小学的上课时间特点决定了这些活动只能在课外或者假期开展，这里或多或少会占用教师的休息时间。有些教师对此类活动提不起兴趣，认为自己的私人时间被占用来无偿支持各类书法活动，心里多少有些不情愿。这种不情愿从心理到行为都表现得较为明显。教师在学生心目中具有崇高的地位，其行为起到一定的示范作用。很多时候学生的为人处世的方式方法都是从模仿教师的行为而来的。"学为人师，行为世范"，讲的就是这个道理。由于休息时间被占用，部分教师会拒绝参加学校的书法社团活动或赛事，拒绝担任比赛指导教师。部分老师是会到场"支持"活动，然而却全程板着脸，空闲时间刷手机，不停看时间，盼着活动快点结束离开现场。在台上发言或颁奖面对镜头时热情洋溢，满怀激情，台下却判若两人，与学生之间没有更多交流。义务教育阶段中小学生不具备成人的心智，但也能感受到老师这种不耐烦。这种不情愿是由教师的价值观导致的，背后也许是每次劳动都要获得报酬以及私人时间不容打扰等观念在作祟。教育不是交易，不能简单地以利益多寡进行衡量。十年树木，百年树人。教育需要教师具有奉献情怀。从国家层面来说，教育是一种长期的投入，也许不会立竿见影，但确信它能改变民族的命运，实现民族的伟大复兴，所以教育不能仅仅盯着成本看；从教师层面来说，从事教育工作的那一刻起就需要有高尚的道德情操，做到淡泊名利，不能有按小时计报酬的心理。有时候被学生需要何尝不是一种幸福。然而有些教师却不明白这个道理，总是以"教师也需要休息""教师也要养家糊口"等借口，推脱其肩负的责任，辜负了学校、社会、学生与家长的期待。如果教师的兴趣不在教书育人上，也没有远大理想，而是斤斤计较于其付出是否能及时转换成经济效益，那么在教育教学工作中，就会导致教师"偷工减料"。

在日常教学中，义务教育阶段书法教师的"偷工减料"行为也随处可见。教学不是灌输，而是一个循序渐进的知识建构过程。在学生完成知识的建构过程中情境的创设尤为重要。诚然，创设一个有益于书法教学的情境会耗费教师不少精力，这也使得部分书法教师开始寻找各种捷径，或有意回避这个环节以减轻其工作量。对于义务教育阶段中小学生来说，学习书法如能有一个好的情境无疑会收到事半功倍的效果，但这却给广大书法教师出了一个难题。比如教师环境布置需要一些精心装裱好的书法作品或古代字画的仿制品，那么其费用的审批程序也是烦琐的，所以干脆就等领导发话再做，或者偷偷省去这些"麻烦"。就算力所能及的情境创设，如在书法教学中插入一些与德育有关的内容，启发学生对书法文化的热爱和自豪感，但收集和整合这些素材需要投入较多的精力，这也是书法教育与德育结合经常"行不通"的原因之一。投入时间和精力只是一个方面。另外，教师做这些工作所产生的责任是谁都不愿承担的。真正去做了这些事情，但却遭到质疑也是常有的事情。例如，经费使用是否合理，有没有以公谋私的嫌疑？书法教育中插入的素材是否恰当，说错话怎么办？教学太卖力会不会不合群？在义务教育阶段书法教育中"偷工减料"，一方面是教师试图减少教学工作量，另一方面是教师不愿意承担责任或承担不起。基于上述情况，部分教师在教育教学工作中并不是为了教书育人的远大理想排除万难，而是不断计算每件小事的成本与收益，甚至兴趣集中于收益。

尽管倦怠型的师德表现形式多样，但归结起来无非是观念上的得过且过和行动上的怠慢。干着教师这份工作，却又心不在焉无心教学，在教育教学过程中"偷工减料"又怕承担责任。涉及教育教学时不想做、能不做就不做、不愿担责，涉及自身利益时每个教师心中都有一个小算盘。这种教师倦怠师德行为的形成已非一朝一夕，要从根源上解决这些问题，还应从剖析其成因入手，做到对症下药。

二、书法教师教育教学倦怠之我见

书法教师倦怠型师德观念和行为的形成是社会大环境、教育主管部门和学校的规章，以及教师个人因素共同作用的结果。通过分析不难发现，教师倦怠的想法和行为表现是书法教师"深思熟虑"之后的趋利避害行动。

（一）过于迁就社会舆论

在社会大环境中，教师的身份认同更多的是社会期待共同作用的产物。简单地说，社会需要什么样的教师，社会大众心中教师的形象决定了教师应该是怎样的，可见舆论起很大作用。古往今来，人们对教师身份的定义多种多样。教师是传道授业解惑的"圣人"，如孔子、孟子；教师是园丁，是祖国花朵的守护者；教师是灵魂的工程师，给人带来知识和希望。这些关于教师的种种描述是人们对于教师这个职业的期待，但却使得教师更像庙堂里供奉的神，有求必应。庙堂里的神自然是圣洁的、伟大的，人格上容不得有半点瑕疵。这就使得书法教师的师德成为社会关注的一个重要问题。非理性的社会舆论在师德评价中容易走向极端，教师要么自带光环耀眼夺目、受人敬仰，要么师德败坏沦为"过街老鼠"人人喊打。从某种程度上说，这种对师德的要求有失偏颇，对于教育本身并无益处。人们容易忽略教师作为一个普通人的存在，他们不一定"蜡炬成灰泪始干"，将自己燃烧殆尽只为照亮他人，也不一定道德败坏到让人不屑。造成人们对教师师德两个极端的刻板印象，可以说媒体有着不可推卸的责任。在自媒体高度发达的今天，我们时常见到一些教师犯错的例子，不管大错小错一经曝光便引来社会大众一片讨伐声。举个例子，若是有人发现书法老师写错字或者写错笔画笔顺，或者遇到读不出的字，不会写的字，是很难被原谅的事情，且不论是否道德败坏。而汉字博大精深，很难保证一个义务教育阶段书法教师认得每一个字和记住所有字的笔顺笔画。此外，对于书法教师这个职业，社会的认识也让人啼笑皆非。人们很容易问这样一个问题，"你觉得王羲之写得好还是咱们书法老师写得好？"其实这根本没有可比性，首先，二者不在同一个年代；其次，王羲之在书法史的地位又岂是一个当代普通书法教师可以撼动的？这些问题仔细想想也容易被理解，它代表社会对教师的期待，也是对书法教师的期待。

当书法教师发现自己被迫站上神坛，不敢上不敢下的时候，难免就有些迷茫。这种迷茫来自于社会舆论所形成的压力。面对社会舆论限定的教师角色和师德观念，教师只要对号入座就好，没有过多可以发挥的余地，也不必要发挥什么。如果教师想有所作为，就会出现违反社会对于师德的要求，并为这种发挥付出代价。在这种情况下，教师只能中规中矩，行事如履薄冰，总感觉每做出一个动作都有无数双眼睛在盯着自己，生怕做出了什么第二天登上新闻遭到口诛笔伐。对比之下，不少教师觉得还是混日子安全。在互联网高速发展的今天，教师最怕的不是学校和上级教育主管部门的直接问责，而是师德失范行为曝光于互联网带来的一系列发酵过程。这个发酵的过程比直接接受惩罚更加让教师们感到畏惧。在传统课堂上，我们很容易见到教师"爱之深责之切"与"恨铁不成钢"的过激行为。当网络极其发达与人人都会用自媒体之后，教师的这些过激行为就开始逐渐消失了。没有一个教师愿意因为某些过激行为而上新闻头条，接受全体网民的"严刑拷问"。说到底，教师怕的不是书法教学工作，也不是学校和教育部门，更不是学生，而是摄像头或手机一类的监控工具。当他在情绪失控之前会认真想一想自身是不是处于监控之中，会不会给自己带来某些安全隐患。不管怎么说，在互联网高度发达的今天，正确接受舆论监督是每个教师应承担的义务，而不是简单地趋利避害。

(二) 师德规章制度缺乏灵活性

教育行政部门和学校都有一套关于师德的规章制度，亦即职业道德规范，从师德的理想、原则与规则做出自上而下的规定。一环扣一环的师德规范规定了教师如何对待学生与对待教师职业本身。这个看似严谨的师德规章制度，实际上是一种对教师原则性的要求，且很难落到实处。它给人的印象更多的是规定了教师不能做什么，告诉教师哪些行为是不合乎规章制度的。虽然师德规章制度也在尝试告诉教师应当怎么做，但教师看完之后依然不大确定自己能做什么，而是牢牢记住了自己不能做什么。师德规章制度关于教师具体能做什么的事项并不十分明确，只是指出了一个大方向，很难具体操作。面对师德规章制度里罗列的一系列禁止事项，教师很难有心思去想自己还能做什么。这时候混日子是一种相对安全的做法，与其以身试雷不如老实无所作为。师德规章制度里规定，要公平公正对待每一位学生，帮助学生开发自身潜力，使其成为对社会有用之人。公平公正似乎容易操作一些，但如何才算帮助学生开发其自身潜力，帮到什么程度算合格，什么样的人才算对社会有用，以及学生有多大的用处算师德的合规等。那么教师到底要不要遵守师德规定去努力帮助学生，要付出多少努力才算合乎规章制度，恐怕就连制定规章制度的教育行政部门和学校也很难给出一个具体答案。况且师德的规章制度是对教师师德的最低要求，那最高要求又是什么呢？师德规章制度规定了教师如何对待教师职业的问题。通过教师对待教师职业的行为可以观测到一些数据，但教师对待教师职业的态度如何量化就是一个难题。具体到一个义务教育阶段书法教师身上要思考这样一个问题，尽心尽力帮助学生掌握知识，成为对社会有用之人固然是每个教师的愿望，但若学生不愿意学，或者跟自己发生冲突，教师则可能会触犯师德规章制度。况且书法作为技能课，对天赋有一定的要求，这就决定了每个人成才的时间点不会一致，学生到了大学才开始"上道"，可能并不算自己的成果。努力的过程就有可能触犯师德规章制度，而厌恶和不作为都不可能犯错误。这时每个义务教育阶段书法教师心中早已掂量好事情轻重，大多会倾向于选择混日子的"佛系"做法。

（三）教育教学低成就感与无力感

义务教育阶段书法教师倦怠的师德观念在很大程度上是一种自我迷失的表现，简单地说，他们也不知道自己是谁，要干什么，能干什么。这种迷失更像是有意而为之的自我保护行动。在一些义务教育阶段书法教师看来，越清醒则越要承担更多的任务和责任，装睡未尝不是一件好事情。对于分内工作以一种保险的方式去处理，对于可以回避的工作尽量回避，包括规避做这些事带来的风险。这就不难看到，一些义务教育阶段书法老师在课堂上很少有作为，对于课外的书法活动也很少露面，对于学校额外安排的书法赛事辅导工作能推就推。说实话，也有不少教师认为义务教育阶段书法课堂留给教师的成长空间并不多，而搞科研又心有余而力不足。在课堂上搞教学也拼不过课外辅导机构，或者说干脆把这个任务留给课外辅导机构去做，以便自己能够轻松一些。成果出来了固然好，出不来也不会有什么损失。但若真的尽力去做而与学生发生冲突，后果却是极其"危险"的。在一些义务教育阶段书法教师看来，搞科研似乎是科研机构研究人员或者高校教师的专利，自己不管怎么努力也总赶不上他们。搞教学，中小学也没有优势。大部分中小学的生师比是不占优势的，一个教师要承担多个班级的书法课，老师很难兼顾到每个学生，也难以做到因材施教。然而培训机构则不一样，它们大部分采用小班教学制度，一个班级学生很少超过 20 人，因家长需求可开设 10 人班、5 人班，或一对一辅导等人数更少的班级。有怎样的报酬便有怎样的服务。这些小班教学能够很好地兼顾到每个学员，及时根据学生情况进行进度调整。加上培训机构课后的跟踪服务也做得比较到位。相比之下，义务教育阶段书法课堂显得太薄弱了，教师们怎么努力都赶不上，那为何不轻松点。另外，义务教育阶段书法教师也许会存在以公谋私的行为。不排除部分教师会无视教育部门禁令，在校外开设书法辅导机构赚取收入。如在中小学课堂上努力做教学，则课外培训精力会受到影响，这也直接影响其收入。也就出现了部分中小学教师课堂不教课外教，为自己获利留后门。教育教学低成就感与无力感使不少书法教师放弃了教育理想，这种情况下，义务教育阶段的书法教师不愿再做"多余"的努力。

三、让义务教育阶段的书法教师专注教书育人

义务教育阶段书法教师专注教书育人需要社会、学校与教师三方面共同行动，协调推进师德师风建设。

（一）守住师德底线，排除社会舆论干扰

社会舆论对师德师风的监督出发点是好的，但它过度介入教学却是一种"越界"的表现，同时也困住了教师。面对社会对师德师风的监督不应抵制，也不应该回避，而是要找到一个平衡点。基于该平衡点既回应了社会对师德师风问题的关切，又不至于压制教师合理的教学行为。这就需要建立一套社会能普遍接受的师德底线，只要守住这个底线，社会就不会过多地干预教师的教学行为。在这个师德底线内，教师享有一定的教学自由决定权，能够充分地发挥其个性并调动其教学的积极性与主动性。

这就需要明确教师工作的哪些方面应当接受社会的监督，哪些应当属于不受社会干扰的教师个人空间。在应当接受社会监督的部分，教师应当从一定程度上满足社会大众对师德师风的期待，做到教书育人，无私地帮助学生提升书法的知识与技能。在这个范围里，教师要能为人师表，做社会满意的人民教师。在教师个人空间里，教师只要能够守住师德的底线，就有权利追求个人的专业发展，追求更高质量的生活。教师能够通过业余时间决定其学习内容，使自身专业能力得到提升，并在业界得到认可。比如说，教师在寒暑假期间，在完成学校各项工作的前提下，可以到中国书法家协会培训中心或书法名家工作室提高书法专业能力。在业余时间，教师可追求草书、隶书、篆书、魏碑楷书等社会认为"不实用"的书法艺术，社会大众不可因为不会欣赏而指责其不务正业。教师的家庭与人际交往也不应遭到社会过多关注。在道德底线的范围内，教师有追求家庭幸福与人际关系和谐的权利。也就是说，在教师守住师德底线的前提下，社会也要相应降低对教师的期待，会多一分包容和理解。

（二）人性化的制度关怀

既有的规章制度并不能很好地让教师明白应该怎么做，而是过度强化教师哪些行为应被禁止。由制度禁令带来的结果是教师尽可能不作为以逃避惩戒，也就形成了倦怠的师德风气。学校的管理在很大程度上也是在规章制度的指导下进行的，更像是按照制度对教师

实施监督。教师的日常教学行为都在监督的范围内。这样的规章制度显然有些冰冷，忽略了教师是一个有血有肉的有个性的人。与其他艺术门类教师一样，书法教师也是相对"另类"的一个群体。很多时候，艺术里没有个性则意味着平庸，但任何一个搞艺术教学的教师都不甘平庸，义务教育阶段书法教师也不例外。这就需要管理和制度多一些弹性，并从教师个体差异出发多给予一些人性关怀。

每个义务教育阶段书法教师都是一个不同的个体，其个性特点也不尽相同。一方面体现在教师的成长经历和性格上，有些教师热情洋溢反应敏捷，有些教师处理事情速度相对缓慢，这些离不开其成长经历与性格特质。这并不意味着教师与学校对着干，也不是没有道德。学校应考虑在面对不同类型的教师时，是否可以根据教师差异在管理上给予一些弹性。另一方面教师的专业特点与能力也存在差异，有些教师擅长楷书，有些教师擅长隶书，有些教师擅长行书。想必书法教师们都希望教学中能做自己喜欢的事情，发挥专业特长。学校安排工作时则应综合考虑。从学生情况出发，楷书适宜低年级学生，行书和隶书适宜高年级学生，再综合教师专业特点做出教学安排。此外，教学也是一个动态生成的过程，很难要求教师完全按部就班，学校应综合考虑给予教师一定的自主权。书法教师课堂的言行举止在符合基本师德规范又能保证教学质量的前提下，有自主决定课堂的权利。例如，书法教师不必每次要讲授多少时间，指导多少时间。在中小学里，很多时候巡课的教学督导都很难碰到书法教师在讲课，而是发现他们在学生座位间走来走去。这会让教学督导们误以为书法教师教学过程中出现怠慢情况。如果以教师是否在讲课，学生是否在举手回答问题的标准来评判一节书法课是否正常，有失公允。再者，教师在教学中难免会情绪不当，但能处理好便不应算教学事故。这些都需要学校规章制度来引导和关怀。

（三）教师转变观念

要改变教师倦怠型师德师风的现状，很重要的途径是从改变教师师德观念入手。很多时候，对教师形成干扰的不只是来自社会和制度的因素，更重要的是教师的个人因素。一些教师很容易对自己形成一种偏见，认为自己就这样了，努力也没有用了，做什么都是错的。这些由偏见带来的消极教学行为称之为倦怠。教师不愿意精心准备一堂课，也不愿意在课堂上尽心尽力，还总怕教学中做错事情遭到惩罚。要改变这些现状，就需要从内心深处唤醒那些"装睡"的书法教师。教师应当意识到教师这份职业的严肃性，理解它的崇高性，做到干一行爱一行。若是觉得义务教育阶段书法教师只是养家糊口的职业，可趁早转行当职业书法家或者谋求其他出路，否则对于自己和教学本身都是浪费时间。既然已经选择站在讲台上，那么就应力所能及地去做好每一件与教学相关的事情。困难是暂时的，办法总是比困难多。这就需要教师有奉献的教育情怀，不向困难低头，想办法解决教学中遇到的种种难题。

在教学中，尽可能地因材施教，即使面对学生厌学和逃学的情况，也要勇于担当，不怕"惹事"。书法教育不是单纯的技法教学，同时也是一个立德树人的育人过程。要完成书法教育，可能要求教师对中小学心理学、教育学等学科都有一定的了解，了解学生和教育的规律才能更好地完成教学。书法学科教学不能只靠技法的讲授，割裂了书法与各个学科的联系，这也无法很好完成书法育人任务。所以作为一名义务教育阶段书法教师要做好终身学习的准备，不断提高自身教育教学水平。义务教育阶段书法教育呼唤乐观向上、积极进取的书法教师。

第四节　义务教育阶段书法教师师德评价的误区与建议

师德评价指的是社会大众与教育部门对教师教育教学行为进行是非评判的一套参考规则。具体表现为教育行政部门对教师职业道德的定期考核和不定期考核，以及社会舆论对其实施的实时监督，称之为师德评价。师德评价具体到义务教育阶段书法教师，就是对其书法教学观念与行为是否符合职业道德要求的考核。既然有评价就涉及评价是否得当，亦即是否存在误区的问题。

一、师德评价量化的误区与解围

义务教育阶段书法教师在教育教学工作中会形成一定的工作量，这些工作量可以通过上课的时间量进行计算。然而教师在教育教学过程中的师德问题却难以进行量化，毕竟师德的内容涉及教师的职业道德观念、人格、行为等。教师的行为尚可通过其表现进行观察和分析，但观念和人格是隐形的，很难进行评价。那么，如何对书法教师的师德进行评价就成了一个问题。

我们可以认为，对义务教育阶段书法教师师德进行量化评价就是将其师德细化成一个个具体的指标数值进行考核。不可否认的是，在师德评价的过程中若没有一个可靠的评价标准，凭感觉打分，显然有失公平难以服众。如果师德评价中各个分数段没有一套严格的评价程序，那么评价就失去了意义。不禁令人遐想，优秀者是不是得到了领导的特别关照。这是一个灰色的地带，也为掌握评价话语权的学校领导谋取私利开了方便之门。义务教育阶段书法教师估计心思已不在如何提高教学业务能力和改善师德上了，业余时间一门心思想着如何讨好领导，好让自己在师德评价中获得好评。这种担忧不无道理，它为论证师德量化评价的必要性提供了依据。由此看来，对师德进行量化评价确实是相对可靠的做法。

然而义务教育阶段书法教师的师德如何进行量化则需要认真思考。面对一连串的评价标准，教师要在师德中获得较高分数只能逐项对号入座。首先要解决的问题是，如何防止教师为了在师德评价中走形式"刷分"行为。教师在师德规范中，不情愿地做出一些行为，纯粹为了获得高分。根据教师师德量化评价考核评分细则，得分越高则师德越优秀。其师德评价类似于一场考试，计算题或选择题对就是对，错就是错，简答题和阅读理解则越接近标准答案分数就越高。教师们能做的就是好好背书，记住标准答案。用分数对教师师德进行考核，出发点是好的，但却缺乏可行性。教师的本职工作是教书育人，贯彻立德树人思想，遵守学校规章制度，爱岗敬业，爱学生、爱学校、家校合作，团结同事，为人师表，这些本是分内之事。在用心教书育人过程自然而然就可以做得很好。但在师德量化评价中，这些都被细化成为一条条细致的得分点，每个得分点都对应更细的不同分数档次。将师德量化为得分点之后，教师的精力就分散了，每做一件事都在思考是否击中得分点。这或多或少掺杂了功利的因素。当然，我们不排斥义务教育阶段书法教师的合理利益诉求。在其努力完成教育教学任务后评为优秀，进而为其职称晋升和待遇改善积累"资本"。每一个教师都有权利通过自身努力获得更好的发展。教师通过做出某些得分的行为，确实可以使其在师德评价中拿到一个较高的分数。在实际操作的过程中，涉及一些无法量化的师德内容，如教师的情感、观念则很难进行量化测量。例如，教师在教育教学的过程中，是否真正热爱教育事业，是否对教育教学工作有责任心，品德是否高尚，这些无法外化的思想活动要如何进行量化？这个问题很难得到一个满意的答案。因此，在量化师德评价中得分高的不一定代表其师德水平也高。

由此可见，没有严格标准的师德评价是不合理的，但过度依赖量化标准进行评价也不一定可行。没有严格标准的师德评价，则认为干预或偏见会影响准确度，而仅仅以量化标准为依据的师德评价则缺乏人性的温度。义务教育阶段书法教师在课堂的主要任务是讲授书法相关知识与技法，兼顾中小学生德育任务。但若教师有一节课忘记提醒学生们要注意树立高尚道德情操，或没有逐个学生关心到位，算不算师德不合格，要不要接受惩罚呢？这样的比方在现实教学工作中几乎很少有人去思考，因为它不合理。若依据教师师德评价标准进行严格考核，这些却又成为重要依据。较为合理的做法应是，师德评价应关注教师职业道德底线的评价问题，教师守住底线即是合格，不再设立各个师德分数档次。在师德评价中，可用弹性评价与量化指标结合进行评价的评价方式。师德评价应避免陷入量化评价的误区。这就需要调整师德评价标准，从师德水平高低的评比转变为是否合格的评比，进而鼓励义务教育阶段书法教师师德的升华，而不是师德分数的提高。

二、师德评价方式误区与改进

合理的师德评价有利于促进学校教育教学工作的良性循环，也是和谐校园的题中之义。有效的师德评价对于教师来说具有促进其职业道德升华的作用。遗憾的是从目前对教师师德师风的评价方式看来，依然存在一些误区。义务教育阶段书法教师作为教师队伍的重要力量，其师德评价也难免陷入这种误区。在师德评价的实际实施过程中，现有的评价方式以教育行政管理者、教学主管部门、同行，以及学生的评价为主。这些评价并没有一套可操作的标准流程，而是以教师的教学工作成绩以及人际关系为基础，由学校管理者、同事进行投票表决。在师德评价中投票者容易受个人认知和情感因素的影响，评价结果不能很好地体现出师德评价的真实性和有效性。换言之，你是不是书法教师，工作业绩是否突出，师德是否高尚，并不是重要的考量标准。师德水平的高低在很大程度上取决于教师的人际关系处理能力，在这个能力里最后起决定作用的是教师与领导的关系。不得不说，这为一些灰色利益的滋生提供了土壤。这样的评价方式由来已久，教师们往往敢怒不敢言，或者是早已看淡。

对于这些有目共睹的评价误区，一些中小学也试图做出改变，力求能够在师德评价中做到客观、公正。有部分中小学以学生评价代替以往的评价方式，尝试打破学校领导与同事评价对师德评价的干预。显然，这种努力是值得肯定的，也使得学生作为教学中的重要参与者身份得到彰显，不同于以往重视教师忽略学生的情况。但这又会走入另一个误区，即这种评价方式中以学生评价为主，学生的喜恶则成为师德评价的一个重要标准。义务教育阶段的学生们大多处于未成年阶段，心智未能成熟，其对教师师德的评价也很难做到客观和公正。若坚持完全以学生评价为主，教师在教学中会将大部分精力用于如何取悦学生上，而不是专注于教学。义务教育阶段书法课属于实践课的一种，强调的是动手能力，课堂本就比较活跃，若在教学中有意迎合学生则课堂有可能陷入混乱。由于中小学生活泼好动的特点，书法课尤其是毛笔书法课，组织起来有一定难度。这种难度主要体现在如何保持良好的纪律和教室清洁卫生方面。书法课中小学生使用墨水存在一些问题，即墨汁弄脏墙壁或课桌，也有学生将墨汁溅到同桌身上，以至于低年级阶段的班级毛笔书法课中有教师采用清水和水写布代替墨汁和练习纸张。面对这些问题本就缺乏有效的解决途径，若在教学中故意迎合学生，那么正常的教学秩序会受到一定程度影响。贪玩也是中小学生的特点，可以说没有一个孩子不爱玩，那么学习就需要教师监督了。如师德评价完全以学生为主，教师在督促学生学习时会有所顾虑。师德评价中引入学生评价确实可以很好地发现教师在中小学书法教育中存在的不足之处，也为提高教育教学质量提供了一定的依据。但在师德评价中完全以学生评价为主，就可能陷入误区，进而影响正常的教育教学工作。

由此可见，单纯地依赖教育行政管理者、同事、学生进行评价都不可取，有失客观，也不能很好地促进师德师风改进。合理的师德评价应当从以下方面进行努力，一方面，师德师风评价应当营造公平公正的社会和制度环境。中小学书法教师师德评价的目的是促进教师职业道德的提高，进而提高教育教学质量，满足人民群众对更高质量的义务教育阶段书法教育的需求。换句话说，义务教育阶段书法教师师德评价其实也是社会大众对教师教育教学行为的一种监督方式。从这个角度来说，义务教育阶段书法教师师德评价需要一个客观合理的舆论环境，社会对教师的教育教学工作有足够的包容和理解，才能更好地促进教师自觉提高教育教学水平与师德水平。制度上对教师师德的规范在坚守底线的情况下，不是对教师全方位的约束，而是引导其提高业务能力与道德水平，更好地服务教育教学。另一方面，师德评价应当尊重被评价教师的意愿。以往仅依赖同事与学生的师德评价带有一定随意性，也影响了师德评价的有效性和真实性。这种评价或多或少是违背教师意愿的。也就是说，作为一名义务教育阶段书法教师不是主动参与到师德评价中去，每次师德评价像是一次对教师人格的审判，重点是审判不一定公正，让人畏惧。上级部门进行师德评价，一部分教师就开始心灰意冷，好比收到法院的传票，摊上了官司成为了被告人。那么就需要从制度上给予保障，制定出合理的评价标准，从教师的思想、情感、教育教学业务能力等方面，对教师进行全方位的道德考核。师德评价的设计就应具有一定的民主性，使教师成为评价的参与者，而不是审判中的被告人。尊重教师意愿，使教师从被动变为主动参与，将有利于提高教师的师德水平。

三、边缘学科心理对义务教育阶段书法教师师德评价干扰与纠偏

在义务教育阶段，许多学校尚未在真正意义上开设书法课程，书法课程大多数时候依附于语文、美术等科目，而很难有独立的地位。可以说，长期以来，书法教育是在义务教育的夹缝中求生存。很大程度上，这种学科状况给义务教育阶段书法教师带来了一些尴尬。这难免会给人造成一种错觉，语数英教师优先，书法教师靠边。毕竟在义务教育阶段，中小学生面临着各种升学考试，重视升学考试也是情理之中的事情。要打破这种尴尬，就需要耐心等待义务教育由应试教育向素质教育转变。不得不说，在义务教育中书法教育边缘学科的地位，确实对义务教育阶段书法教师师德评价造成一些干扰。

在中小学里，语数英等科目教师可以凭借其所任教科目的教学成绩来获得学校的青睐，及格率、良好率、优秀率是重要的评价指标，学校依据这些指标对教师师德进行评价。也就是说，教师任课班级的及格率、良好率、优秀率越高，其教师业绩也突出，师德水平越高。这里有一个误区，教学业绩与师德水平并没有直接联系，或者说把教学业绩简单等同于师德水平实际上是不科学的。以追求业绩为导向的做法实际上也是师德评价失效的一种体现。教育应该促进人的全面发展和道德水平的提升，而不是成为考试的机器。若是简单地以考试成绩作为师德评价的标准，书法这个科目在尚未成为升学考试科目之前，会一直处于尴尬的地位。没有所谓的考试成绩，即使学校组织考试也没有办法作为升学的依据，其考试成绩也就没有语数英等科目来得重要。如果说学校的师德评价中优秀的名额是有限的，也会优先配给语数英等升学考试科目的教师，这对于兢兢业业做好教育教学工作的书法教师来说未尝不是一种打击。

如何摆脱书法是边缘学科的误解还应当从全面落实素质教育入手，促进学生的德智体美劳全面发展。在素质教育里，书法教育既是审美教育的重要内容也是传承中华优秀传统文化的重要手段，都是为学生的全面发展做贡献，应当和其他学科是平等的。中小学教育升学考试的作用是值得肯定的，尤其是中考已经成为一个重要的考试，这也使得中小学升学考试有继续存在的必要性。从某种意义上讲，考试是获得公平机会的一个保障，但若义务教育变成单纯以考试为目的的教育则是利大于弊的。社会主义建设需要的人才不是只会考试的人才，而是德智体美劳全面发展的人才。若将书法教育纳入素质教育升学的考核范围，那么将有利于促进义务教育阶段中小学生全面发展。这也为破解中小学校书法教师师德评价提供一个可行的途径，即义务教育阶段书法教师与语数英教师平等地参与师德评价。

义务教育阶段书法教师师德评价应从新时代义务教育阶段书法教育对教师职业道德要求入手，促进教师自觉地提升业务水平，增强其对书法教育事业的热爱之情。这也是教师自觉践行社会主义核心价值观和立德树人教育理念的需要。

2017年10月18日，习近平总书记在党的十九大报告中指出，社会主义核心价值观是实现民族伟大复兴的精神基础。社会主义核心价值观融入师德师风建设，使其成为教师的价值观和行为习惯，教师从思想上认同"富强、民主、文明、和谐，自由、平等、公

正、法治，爱国、敬业、诚信、友善"的价值理念，有助于培养合格的社会主义建设所需人才。这就需要在师德评价中引入社会主义核心价值观的具体评价指标，引导教师在教育理念上向社会主义核心价值观靠拢。从教育部门来说，应当明确书法教育对于培养中小学生审美的积极作用，以及对于传承中华民族优秀传统文化和培养社会主义文化自信的价值。在义务教育中全面落实素质教育的要求，书法与语数英等科目一样，都是实现中小学生身心健康发展的重要课程，而不存在所谓的"边缘学科"之说。在师德评价过程中，义务教育阶段书法教师与其他科目教师一样，都是评价的自觉参与者。评价的重要过程不是简单地以考试成绩为主导来划分教师师德水平的等级。实现学科平等是打破边缘学科心理对义务教育阶段书法教师师德评价干扰的重要前提，即让书法课与语数英等所有学科一样都是中小学的重要课程，书法教师有机会和所有科目的教师一样付出努力后得到认可。

第五节　新时代义务教育阶段书法教师师德师风建设

一、新时代师德师风建设的内涵

教师是新时代立德树人的中坚力量，是知识的传承者与启发者。新时代的书法教师任务不止于课堂教学讲授书法技能，更要在教育教学过程中践行"三全育人"，拥护党和国家大政方针和促进义务教育阶段中小学生心理健康。这是一名义务教育阶段书法教师应遵守的基本思想政治要求与师德行为规范。进入新时代的义务教育阶段书法教育应从更高的层面统筹师德师风建设，以适应新时代对义务教育阶段书法教师师德师风的新要求。书法教育是义务教育的重要组成部分，承担着立德树人的重要使命。加强书法教师师德师风建设是提高书法教育教学质量的重要前提，也是新时代中国梦对教师队伍建设的要求。

义务教育阶段书法教师既是优秀传统文化的传播者，也是先进文化的讲解人，通过书法教育教学活动，教育中小学生自觉传承优秀传统文化的同时，对我们国家的先进文化发自内心地认可。义务教育阶段师德师风过硬的书法教师队伍是推进新时代书法教育的有力保障。这就要求义务教育阶段书法教师要有较高的专业技能和思想觉悟，对我国先进的思想文化有认同感，才能在教育教学工作中起到为人师表的作用。书法作为中华民族的优秀传统文化应当与时俱进，与先进的文化思想相结合才能焕发出新的生命力。中小学生学习书法文化的过程也是培养其对民族文化自豪感和社会主义文化认同的过程。在中西方艺术的对比上，教师不应崇洋媚外故意贬低书法文化。书法文化作为世界优秀文化的一部分，有着不同于西方的审美思想和艺术表现形式，这就是根植于中华民族传统文化的审美和表现形式。书法是我国特有的艺术形式，而中国特色社会主义理论也是我国特有的思想文化，两者存在许多相通之处。这为义务教育阶段书法教师深入学习我国先进思想文化，以及在书法教育中适时传播先进思想文化提供了有利条件，也为义务教育阶段书法教师师德师风建设提供了一个新的思路。

随着新时代的到来，义务教育阶段书法教育也进入了社会主义特色的新时期。面对新形势的要求，义务教育阶段书法教育对师德师风建设提出了新的要求，即书法教师要做党的坚定支持者和社会主义事业的建设者。因此，要处理好各方面的关系，统筹和推进义务教育阶段书法教师师德师风建设。加强义务教育阶段书法教师师德师风建设，建设一支有政治纪律、社会主义信仰，坚决拥护中国共产党领导的书法教师队伍。义务教育阶段书法教师既能在教育教学中讲授书法知识，又能传播科学的世界观和人生观，将党和国家对青少年的要求以书法教育的形式进行传递。从这个意义上讲，对义务教育阶段书法教师信仰马克思主义，树立永远跟党走的思想有较为积极的意义。青年书法教师也要有马克思主义信仰，拥护党的领导，树立良好的师德师风。在义务教育阶段书法教师选聘和职称评审中，也应当将教师对党的拥护作为对师德师风的考核的重要标准，这样才能铸就一批师德良好的教师队伍，为我国培养社会主义建设者和接班人提供有力保障。新时代中小学生能否实现全面发展成为中国特色社会主义建设者和接班人，关键在于教育，而教育的执行关键在于教师。由此看来，书法教育作为义务教育的重要组成部分，既要满足新时代人民对高质量书法教育的要求，又要为党和国家培养人才。这对义务教育阶段书法教师的政治信仰提出了较高的要求。

在书法教育中践行立德树人理念是党和国家对义务教育阶段书法教师的要求，书法教师不仅承担着传承优秀民族传统文化的使命，更承担着为学生提供行为榜样和心理健康引导的重要任务。义务教育阶段书法教师作为书法教育教学工作的组织者与中坚力量，不仅要承担书法教学工作，也肩负着促进青少年健康成长的重任。义务教育阶段书法教师既要有胜任教学的专业技能和教学能力，也要有一定的组织能力和良好的心理素质，才能使青少年健康成长。教师的行为对于思想和行为未稳定的中小学生来说具有示范性，教师的一举一动都有可能被模仿。义务教育阶段书法教师德高和身正才能引导和鼓舞中小学生，有利于中小学健康向上的人生观和价值观的形成。中小学书法教师拥有高超的书法技能和教学技能，往往对学生有较高的吸引力，容易获得学生的认可。教师思想政治素质的提升、高尚的人格和正派的作风也将对中小学生行为起示范作用。总之，德才兼备的义务教育阶段书法教师是青少年健康成长的引导者。

二、新形势下加强义务教育阶段书法教师师德师风建设的时代价值

党的十八大以来，习近平总书记在教育工作系列会议提出，要办好人民满意的教育，提升新时代教师素质，实现教育强国的复兴梦。中小学书法教育是义务教育不可或缺的内容，是促进中小学生德智体美劳全面发展的重要课程，肩负着为民族复兴大业培养人才的使命。新时代书法教师要以身作则，要写好中国字，做好中国人，坚定职业操守以立德树人为己任，不辜负新时代党和国家的重托，不辜负人民的期待，为社会主义现代化建设培养合格的建设者和接班人。

（一）加强义务教育阶段书法教师师德师风建设是坚持党领导教师队伍的需要

新时代的教师队伍应当坚定政治立场自觉接受党的领导。为社会主义现代化培养建设者和接班人是新时代义务教育的根本任务，这也是义务教育阶段书法教育的根本任务。义务教育阶段书法教师的思想政治素质和职业道德的优劣，对于中小学生能否健康成长，树立正确的人生观、价值观与世界观有重要影响。新时代社会主义事业和民族复兴大业对教师师德师风提出了更高的要求，也是对义务教育阶段书法教师的要求。西方艺术工作者所鼓吹的享乐主义、颓废虚无主义、自由主义的价值取向，对于我国义务教育阶段书法教师而言是值得高度警惕和坚决抵制的。书法艺术是我国特有的艺术形式，书法教师作为书法艺术教育工作者，应根植传统，立足当代，自觉养成符合新时代精神的艺术理念与教育思想。义务教育阶段书法教师应坚持正确的政治方向，拥护党的领导，服从党对教育事业的各项工作部署，努力提高业务水平与师德修养。这就要求义务教育阶段书法教师在日常教育教学工作中既要传授书法知识与技能和提高中小学生书法水平，又要勇于担当做书法课程思政化的探索者，在书法教育活动中实现"三全育人"。这也是实现义务教育阶段书法课程立德树人任务和加强党对教师队伍领导的需要。

（二）加强义务教育阶段书法教师师德师风建设是新时代教育事业发展的基本要求

随着中国特色社会主义新时代的到来，我国的义务教育也踏进了新时代。新形势下如何办好中国特色社会主义义务教育是一个值得思考的问题。中小学阶段属于义务教育，是国家统一实施的面向所有青少年儿童的教育，所开设的课程都由国家统一部署。书法教育也是义务教育的重要课程。中小学生能否健康成长关系着国家和民族的未来，中小学的课程设置包括书法课程设置应当把这些因素考虑进去。对于义务教育阶段书法教师来说，除了要有书法教学的基本书法技能和知识外，其职业道德和人格品质都应经得起考验。义务教育阶段书法教师在实施书法教育教学的过程中，应关注中小学生身心健康，将书法教育与中小学生身心健康教育结合起来，这也是新时代中小学教育事业发展的要求。要提高中小学书法教育的质量，教师还应当具备较高的师德水平，热爱教育事业，珍惜教师荣誉，严于律己，提高自身道德修养。把师德置于首位，才能打牢新时代义务教育阶段书法教育的根基。

（三）加强师德师风建设是义务教育阶段书法教育落实立德树人根本任务的基本前提

立德树人是义务教育阶段书法教育的根本任务，书法教育不应只满足于技法与知识的传授，更要引领学生健康成长，这也是义务教育阶段书法教师的使命与担当。义务教育阶段书法教师的职业幸福感来自于个人提升和学生的全面发展，以及人民群众对书法教育的满意度。这对教师的道德修养提出了一定的要求。德高为师，身正为范，加强师德师风建设是义务教育阶段书法教育实现立德树人的基本前提。

义务教育阶段书法教师不仅是书法知识与技能的传授者，也是中小学生言行举止与道德的示范人，教师的才干与道德在一定程度上影响着中小学书法教育立德树人目标的达成。在新形势下，中小学教育环境发生了一些变化，大部分学生属于独生子女，在农村地区则有相当大一部分学生属于留守儿童，面对这些中小学生要做到因材施教，这对义务教育阶段书法教师队伍的素质提出了更高的要求。良好的师德有利于义务教育阶段书法教师在教育教学过程中不断地提升业务能力，激励学生成长成才，更好地满足新时代义务教育阶段书法教育发展的需要。

三、新时代义务教育阶段书法教师师德师风建设路径

（一）把握正确的政治方向，构建立德树人的师德师风

新时代义务教育阶段书法教师师德师风建设要把握正确的政治方向，构建立德树人的育人体系。政治工作是育人工作，也是义务教育阶段书法教育的生命线。新时代义务教育阶段书法教育要厘清一些问题，首先，书法教育要培养什么样的人才；其次，书法教育怎样立德树人；最后，书法教育为谁培养人才？义务教育阶段书法教育实现立德树人的关键在于把握正确的政治方向，构建立德树人的师德师风。习近平总书记的"为什么要建设、建设什么、怎样建设"为新时代义务教育阶段书法教育师德师风建设指明了方向。义务教育阶段书法教育不仅是培养中华民族优秀传统文化的传承者，也是培养社会主义建设者和接班人。义务教育阶段书法教育具有立德树人的功能，书法艺术中许多德育的元素都可以挖掘出来为立德树人服务，如书法章法的和谐之美对应社会主义核心价值观的和谐元素，唐代楷书的法度森严对应社会主义核心价值观的法治等，找到两者的契合点坚定不移地推进书法教育立德树人。义务教育阶段书法教育归根结底是在为党和国家培养德才兼备的时代人才。要实现义务教育阶段书法教育立德树人任务，既要牢牢把握正确的政治方向，又要构建立德树人的师德师风。所谓立德树人者，立德在前，树人在后。义务教育阶段书法教师是学生的道德示范人，教师的职业道德修养和人格品质对于义务教育阶段中小学生的心理健康和成长成才有重要影响，也直接决定了中小学书法教育的质量。义务教育阶段中小学生能否健康成长成才关乎民族的未来和国家的命运。2013年教育部颁发了《关于建立健全中小学师德建设长效机制的意见》，为中小学教师列出10条师德禁令，要求教师严守警戒线，中小学校全面开展师德师风建设。立德树人，对于义务教育阶段书法教师而言，立德的目的在于树人。具体而言，对于广西义务教育阶段中小学书法教育来说，结合本地红色资源，将红色经典题材书法作品引入书法教育，不失为一个新的立德树人思路。比如，将百色起义精神引入中小学书法教育，在中小学开设百色起义题材书法与红色经典传承的特色书法课程，既立德又树人。在这些探索过程中，对教师的师德师风也是一次洗礼，学习和发扬百色起义精神，整合书法德育资源，成为勇于担当的新时代书法教师。

（二）优化教师职业环境，形成尊师重教的良好氛围

习近平在党的十九届一中全会上讲道：在新时代的征程上，统筹推进各领域各方面改革。义务教育阶段书法教师的师德建设是有效提高中小学书法教育质量的重要前提条件，这就要求加强义务教育阶段书法教师师德师风建设，使义务教育阶段书法教师师德建设落到实处，并形成良性循环的师德师风。而良好师德师风的形成重在培养，培养方式也要与时俱进，才能提高新时代义务教育阶段书法教师师德师风建设的有效性。义务教育阶段书

法教师师德师风建设不是仅仅依靠制度的保障，更需要良好的教育氛围。全党全社会都做到尊师重教，教师自然更加爱惜其职业，珍惜职业荣誉，增强其在教育教学工作中立德树人的使命感和责任感。这就要求在教育管理过程中，适当给予义务教育阶段书法教师一定的弹性，尊重其作为艺术教师的个性特点。同时在绩效分配方面，书法教师应和所有科目教师一样公平地参与分配，多劳多得按劳分配。在校园文化建设方面，营造尊师重教的氛围有利于教师在书法教育过程中自觉履行立德树人职责。良好的校园氛围是教师立德树人的重要保障，有利于教师克服急功近利的浮躁思想，帮助学生健康成长。学校里要形成育人的文化环境，义务教育阶段书法教师既能平等地对待每一个学生，又能用爱与包容去帮助学生完成知识的建构，实现学生的全面发展。从社会层面来说，师德师风建设需要社会的参与，需要一个尊师重教的良好社会氛围。教师的社会地位、职业地位与政治地位都有所提高的时候，全社会对教师的尊重也随之而来，教师的个人价值在从事教育过程中得到实现，教师的职业成就感、社会荣誉感与幸福感也将得到切实提高。可以说，良好的社会氛围有利于教师师德师风的改善。随着改革开放的深化，我国经济建设取得了巨大成就，适当提高教师待遇让其感受到国家发展的福利，也有助于教师全身心投入到教育工作中。义务教育阶段书法教师在学校为人师表，在社会上也是普通人，承担赡养老人与抚养孩子的义务，收入的提高能分担其压力，使得教师在学校能专心教书育人。

（三）激励与问责并重的师德师风建设

新时代义务教育阶段书法教师师德师风建设要从激励与问责并重机制入手。合理运用激励工具，成全教师在教育教学过程中实现个人成长与成就感的需要。习近平总书记在全国教育大会讲话中指出，建立健全立德树人实现机制，建立科学的教育评价机制。立德树人是义务教育阶段书法教育的重要任务，也是衡量其师德师风的重要标准。义务教育阶段书法教育的知识与技能教学是"育才"工作，而书法课程思政化，在书法课程中落实立德树人目标则是"育人"工作，这两者并不冲突而是有机结合起来的。在师德评价中，适当增加对"育人"工作的评价，以此引导义务教育阶段书法教师在教育工作中注重教师职业道德修养的提升和德育工作的落实。此外，在小学不妨尝试青年导师制，老教师对青年教师在业务上的帮助，也是师德的一种体现，有利于校园内形成互相帮扶的良好师德师风。对于师德突出的教师应在绩效考核上予以倾斜，也是对师德的一种激励。在职称评定上，在完成业务考核的基础上，对师德的考核应占一定比例，甚至能否实现职称的晋升考核关键在于师德。这也是对教师专注教书育人的一种激励。这种将教师个人利益与师德评价挂钩的做法，是尊重教师作为理性人对于物质需求满足的需要。教师的师德获得表彰的同时，薪酬待遇也得到提升，也能改善基本生活状况，而关于师德奖励的医疗卫生、交通、旅游等补助将更能激励教师自觉地提升师德水平。义务教育阶段书法教师在教育教学工作中得到平等待遇与重视，获得上升的空间，对其自身师德的激励作用不言而喻。

仅有激励，而缺少问责的师德师风建设是走不远的，激励的同时也要问责，做到奖罚分明。问责不是教育主管部门或者学校领导基于其个人利益随意对义务教育阶段书法教师的震慑。没有一套公正而严谨的程序，对义务教育阶段书法教师的问责就成了领导培养听话下属的工具。义务教育阶段书法教师作为艺术类教师，在性格和气质上多少带有艺术家的随性，比如行事慢条斯理，但又能基本按时完成工作任务，很难服从校领导的独断专行，但又有自己有礼有节的工作方式。如果没有公正和严谨的问责程序，这些教师就有可能成为领导打压的对象。在一些校园事件中，也不时出现家长到学校闹事，而实际责任不在教师的情况。对于这些损害教师形象与切身利益的假师德是不能纵容其滋长的。但若教师在教育教学中确实出现了师德问题，对学生、学校与社会造成不良影响也应该对涉事教师启动问责程序，对其他教师也起到震慑作用。因此，对于教师的问责应当在一套严谨而公正的程序下进行，对于真正的师德问题绝不姑息，但对于教师的陷害与诬告也应当明辨是非。

第二章 基于核心素养的义务教育
阶段书法学习评价研究

当前世界各国经济、科技、文化等各领域的竞争归根结底是人才的竞争，而教育是培养人才的重要阵地。应该培养学生哪些核心能力，培养什么样的人才将成为教育界关注的共同话题。这些核心能力也可以称为核心素养。

学习评价是指采用一定的技术手段围绕设定的教学目标，对学生学习的过程和结果进行综合评价。素质教育背景下的学习评价不能简单地等同于考试，考试只是学习评价的一种手段而不是目的，不应当以考试成绩作为目标。素质教育既注重学生的全面发展，又充分尊重学生的个性，能够培养出素质全面而富有个性的人才。关于学习评价制度尤为重要，科学合理的评价制度应当紧扣中小学生核心素养，为素质教育服务。新课改要求学习评价重视学生综合素质，而综合素质应当围绕学生核心素养落到实处。教育部将中国学生核心素养概括为三个基本原则和六大素养，其中基本原则指的是文化基础、自主发展、社会参与，六大素养指的是人文底蕴、学会学习、科学精神、健康生活、实践创新、责任担当。

书法是中国特有的艺术形式，是中华民族优秀文化的一部分，具有悠久的历史。写好中国字，做好中国人，传承书法文化是中华民族文化自信的体现。大部分具备条件的中小学都已经开设书法课程，中小学生学习书法成为一种热潮。义务教育阶段书法课程既然成为一门独立的课程，则意味着要进行学习评价。书法课程将其学科特点和中国学生的核心素养结合起来，学习评价也应当围绕这些结合点构建起标准的流程。义务教育阶段书法学习评价应该涉及哪些内容，如何有效开展评价，如何让评价活动符合义务教育阶段中小学生应当具备的核心素养，这些已成为书法教育学者和一线教育工作者必须思考的问题。义务教育阶段书法学习评价解决了这些问题才能使学生全面发展。

第一节 核心素养的国内外研究概况

关于核心素养的研究，从已有文献看可以追溯到20世纪90年代，DeSeCo项目（"素养的界定与遴选：理论框架与概念基础"）第一次提出了"核心素养"，将其界定为个人实现自我、终身学习、融入主流社会和充分就业所必需的知识、技能及态度的集合，它们是可迁移的，并且发挥着多样化的功能。联合国和欧盟都对核心素养进行过专门的定义。联合国教科文组织将核心素养根据年龄阶段划定不同评价指标，大致分为七个条件。欧盟将核心素养定义为个人为了融入社会与自我实现而终身学习的能力。

评价素养的概念源于斯蒂金斯的论文《评价素养》。帕泰尔诺（Pntaxno J.，2001）认为，评价素养是指遵循一定的原理和技术有别于传统的测量。韦伯（Webb N. L.，2002）提出，评价素养是指让学生通过明白评价知识而提高其学习效能的知识。北方中心地区教育实验室（North Central Regional Educational Laboratory，2004）指出，评价素养是关于评价的准备状态。波帕姆（Popham S. J.，2006）认为，评价素养对于教育者而言是便于操作的基本原理。斯蒂金斯（1999）从联结评价与目标角度构建新的教师评价素养。博伊西大学学校改进与政策研究中心（Center of School Improvement and Policystudies，Boise StateUniversity，2003）认为，应当通过评价结果来调动学生参与学习评价。

《中国学生发展核心素养》报告第一次从国家层面将核心素养阐释为，为了实现人的全面发展，而坚持三个基本原则和六大素养，其中基本原则指的是文化基础、自主发展、社会参与，六大素养指的是人文底蕴、学会学习、科学精神、健康生活、实践创新、责任担当。唐建新（2010）认为以兴趣促进能力的发展非常重要。康蕊（2017）认为书法艺术集文字、艺术与素养为一体，学习评价侧重学生的书法图像识读、书法表现、审美判断、实践创新以及文化理解的能力测评。王湛（2017）认为培养学生核心素养过程中应当发挥书法育人功能。魏斯化（2018）认为寻碑访帖是提升儿童书法核心素养的重要渠道。周侃、王坤（2017）对中小学书法核心素养的内涵及培养路径做了较为深入的探讨，认为书法教育在培养学生核心素养中发挥着重要作用，可以提升学生的民族自豪感和良好品德，以及审美等综合能力。

第二节　基于核心素养的义务教育阶段书法学习评价意义

一、教学相长

教学包含着教师的"教"和学生的"学"，教师和学生应当是相互促进共同提高的关系。通过义务教育阶段书法课堂，教师会注意到学生的需求，关注课堂所需的基本教学能力，不断地提高自身专业素养与评价素养。义务教育阶段教师在走上书法教师岗位之前或许是专业能力较出色的书法本专科毕业生，大多具备较强的书法临摹与创作能力，对于草书、篆书、隶书、楷书、行书都有较为深入的研究，然而义务教育阶段书法教育不是以培养书法家为出发点，而是要求在写好汉字的基础上具备一定的审美能力成为新时代文化人才。那么教师在走进义务教育课堂之前就应该了解这些，及时调整教学策略和提高自身评价素养。相当部分义务教育阶段书法教师由语文、美术等科目教师兼任，这些教师走进书法课堂之前或多或少接触过书法，但要成为合格的书法教师仍然有很长的路要走，那就是熟练掌握义务教育阶段书法课堂应当具备的专业能力和书法学科的评价标准，练就过硬的专业素养与评价素养。从义务教育阶段学生角度来看，以核心素养标准对学生进行科学评价可以提高学生学习的积极性和主动性，唤起学生对书法学科的兴趣。兴趣是最好的老师，学生从被动学转变为主动学有助于教学顺利开展。这种情况下，教师的"教"和学生的"学"都得到提高，真正实现教学相长的目的。

二、利于学习评价多元化

学习评价标准是义务教育阶段书法课程的指南，对于教学有引导作用。书法学习对于大多数人来说有放松身心、修身养性的作用。而对一个不从事书法事业的成年人来说，练习书法不一定要达到什么目标，而是心无杂念地享受书写带来的快乐。无论是对义务教育阶段书法教师还是对学生而言，这种教学方式效率低并不可取。义务教育阶段书法教学从一开始就应该设定科学合理的学习评价标准，这些标准应当和核心素养高度契合，以便教师和学生明确应该做些什么，如何做，能达到什么程度等。教师根据评价标准开展教学活动，学生根据评价标准主动完成学习任务，由此可见教学中确定评价标准的重要性。如果教师评价素养不足，其设置的评价标准也可能会单一。义务教育阶段书法学习需要评价，但要避免以考试成绩作为唯一标准的评价方式。仅围绕课堂表现、书本理论及技能掌握情况评价一个学生的学习情况显然不科学，采取多元化的评价标准是有必要的。从核心素养角度出发，义务教育阶段书法学习还可以从社会参与、实践创新、责任担当等方面对学生进行评价。比如由教师组织学生到社区参加义务送春联、新春送祝福活动，让学生明白学习的最终目的是更好地服务社会，让社会更加和谐。学生参加活动的过程就是一种社会参与和实践创新，同时也是一份社会责任担当，这些都应该被列入学习评价的范围，使得学习评价做到多元化。

三、利于学科建设

书法作为一门学科，在义务教育阶段持续开设已实属不易，更谈不上学科的完整性。围绕着应试教育，书法学科长期为语数英等主要学科让路，开设具有一定的随意性。当临近考试复习阶段，部分书法课被挤占，解释是"书法老师生病了"，令人哭笑不得。值得欣慰的是教育部门已经意识到这种问题，并从制度上保障书法学科开设的连续性。然而义务教育阶段书法学科建设仍然是一项长期的任务，如何形成书法学科知识完整的知识体系是问题的关键。从学习评价的角度出发进行学科建设，教师和学生都是评价的主体。书法学科建设应当关注这个学科的评价标准，以培养学生核心素养作为起点，提高教师评价素养。科学合理的学习评价有助于理顺义务教育阶段书法学科的知识体系，将义务教育阶段学生书法素养和核心素养对应起来促进其全面发展，形成完善的知识系统。在这个系统里，教师和学生是互相合作与促进的关系，教师形成比较灵活的教学方式，学生也能在书法学科里找到自己的兴趣和特长从而树立学习自信心。课堂上教师的教学内容充满启发性，不再局限某一种字体或者某一位书法家风格，根据学生的兴趣及时启发他去建构知识。比如说教师以唐朝颜真卿楷书作为教学切入点，但学生们在课程结束后可能擅长行书、隶书、篆书中的一种，这就要求在具体教学实施过程中应当拓展到其他朝代的不同书法家和字体，以便学生寻找自己的学习兴趣点。学习评价也不应该局限于楷书，而应根据学生的兴趣和特长去评价。可见，科学合理的学习评价有助于中小学书法学科建设。

基于核心素养的义务教育阶段书法学习评价应当与时俱进紧跟时代发展步伐，站在新时代中国教育背景下去看待书法学习评价存在的问题，并以一种积极的心态去寻找新的思路。义务教育阶段书法学习评价不是凭空想象出来的，它应该是在对国内外教育界了解的基础上做出的积极尝试。明确书法学科与核心素养的衔接点，将义务教育阶段书法学习评价与核心素养紧密结合起来，不但有利于教学相长，而且有利于学习评价的多元化与书法学科建设。

第三章　翻转课堂在义务教育阶段书法课程教学改革中的实践研究

2001 年 6 月，教育部颁发的《基础教育课程改革纲要（试行）》拉开新一轮基础教育改革序幕。在文件思想指导下，中小学课程改革聚焦在学生学习主动性上，旨在帮助学生自主完成知识的建构。从文件看来，基础教育课程改革创新已经在路上，这样的背景下义务教育阶段书法课程如何适应新的时代需要，改进教学模式，提高教学的有效性成为义务教育阶段书法教学必须面对的问题。翻转课堂的出现借助互联网将教学的主动权从教师转移到学生，有效释放学生学习的主动性，对义务教育阶段书法课程而言不失为一个好的思路。书法教师的"教"和学生的"学"不再受时间和空间的限制，可以随时"翻转"，就像我们不用担心错过电视新闻或者电影首映一样，可以借助互联网设备随时回放。当然翻转课堂的作用远不止过后回放这么简单，教师可以课前录制视频分享给学生顺便布置作业，学生也可以根据自身情况及时调整学习进度。

书法的书体大致可分为楷书、行书、草书、隶书、篆书，其中楷书包括魏楷和唐楷两大类，行书根据书法风格可以分为许多流派，隶书兴于两汉，篆书则包括甲骨文、金文为主的大篆和秦以后的小篆。从文献记载书法家来看，张芝、钟繇、卫夫人、王羲之、王献之、欧阳询、颜真卿、柳公权、米芾、赵孟頫等书法家都留下了精美的作品，每个时代都不乏优秀书法家及优秀作品。书法学习的过程即是文化传承的过程，弘扬书法文化是中华民族文化自信的一种体现。书法在古代更多的是以家学的形式进行传承，书法是由家族书法出众的长辈进行"手把手"教学。从家学到后来的私塾再到学校，基本上没有采用这种老式教学方式，只是学生人数从少到多，效果也不断打着折扣而已。以往的书法教学主要靠的是教师的教，学生只能被动式地学。借助翻转课堂，教学主动性很快转移到学生一方，不管是提前学还是过后学都不必担心老师不在身边。如何有效借助翻转课堂进行课程改革成为义务教育阶段书法相关教育者应当认真思考的问题。

第一节　翻转课堂的国内外研究概况

"翻转课堂"一词源于美国教育界。最早开始翻转课堂探索的是乔纳森·伯尔曼（Jon Bergmamm）和亚伦·萨姆斯（Aaron Sams）。2007年他们在其所任教的"林地公园"高中（Woodland Park High School）制作视频课件放到互联网供请病假的学生在家自学，后经推广受到学生和教育学者认可。这种借助互联网和视频进行教学互动的教学模式被称为翻转课堂。美国富兰克林学院的 Robert Talbert 教授采用翻转课堂教学模式，让学生在课前学习并收到不错的效果。2011年，乔纳森·伯尔曼（Jon. Bergmamm）和亚伦·萨姆斯（Aaron Sams）通过对以往实践经验的总结发表著作《翻转你的课堂：时刻惠及课堂上的每位学生》，该书很快得到国际认可。Valenza 和 Joyce（2012）针对翻转课堂教学实施效果进行了调查，结论认为翻转课堂既提高了教师的教学工作效率，又增强了学生学习的自主性从而达到有效提高成绩的目的。翻转课堂在美国兴起并快速发展得益于美国发达的互联网技术，它对传统的教学模式起到了较大的冲击作用，为国外教育工作者提供了新的尝试机会。

2011年，翻转课堂引入国内受到教育界学者和一线教育工作者的重视，他们进行了较多积极的实践探索。张跃国（2012）提出"翻转"课堂——透视"翻转课堂"，对其本质进行探讨。张金磊（2012）对翻转教学的特征、实践及问题进行评述。张嘉萱（2018）对翻转课堂教学模式在中学课程中的应用进行探究，明确其对于中学课程的意义。王雨柠（2018）提出翻转课堂在小学教学设计应用中的原则与策略。牛腊婷（2019）对翻转课堂应用英语教学进行了尝试。刘艳辉（2019）提出慕课背景下翻转课堂教学设计相对于传统教学设计的优势，并列出相应实施策略。李新杰（2017）以《读帖》为例探讨了书法"翻转课堂"实践策略。康蕊（2017）以翻转课堂为切入点，对基于美术核心素养的小学书法教学模式转型进行了研究。顾琛、刘玉仙、施榕（2017）研究了微课的翻转课堂在小学书法教学中的实践问题。翻转课堂在我国中小学课程中的应用尚处于探索阶段，值得肯定的是许多教育工作者和学者对其进行了积极的尝试。

第二节　翻转课堂的意义

翻转课堂是一种新兴的教学理念，其应用于教学实践有着积极意义。义务教育阶段书法课程借助互联网技术，尝试翻转课堂可以较好地实现课堂内外的良性互动，家长与学校的互动变得更加容易，同时也能适应学生个性化需求，让学生自己把握学习进度。可以说翻转课堂让教学环境变得更加灵活了。

一、学生自主完成知识建构

传统书法课程教学高度依赖教师的满堂灌，课程学习由教师发起，过程由教师掌控，效果由教师评价，学生被动式地接受书法理论与技能知识。教师与学生的互动局限于课堂，课后很难实现互动。书法是一门以技能为主的课程，知识的掌握离不开学生自觉的勤学苦练，课堂上教师讲解、示范时间过长意味着学生的练习时间减少，但教师讲解时间缩短又无法完成书法课程具体技术细节的讲解。比如笔法中的"起、行、收，横、竖、撇、捺、转、折等"，又比如结构中的"左右结构、左中右结构、上下结构、上中下结构、半包围结构、全包围结构等"，再比如字形结构中的"正方形、长方形、梯形、菱形"等，这些基础知识点需要详细讲解，且每个知识点展开来都足以占用整堂课时间。课堂没有掌握的知识，学生也很难自己完成学习。翻转课堂运用于义务教育阶段课程，可以解决很多问题，比如教师课前录制短视频分享到互联网，由学生根据自己的需要安排学习进度，课堂就可以缩短讲解示范的过程，转而由学生提出问题或者分享学习心得，课后也可以借助互联网进行翻转课堂学习。在翻转课堂的教学理念下，书法课程的学习是由学生发起，可以根据自身情况制定合理的学习计划，不管课堂还是课后跟教师进行互动也不受时间和空间的限制。学生自己或者学生之间就可对学习的效果自主进行评价，不需要依赖教师。学生成为书法课程学习的主人，其学习兴趣也更加浓厚与持久。

二、尊重学生个体差异

素质教育的背景下，学生不是单纯学习的机器而是个性化的人。尊重学生个体差异，让每个学生都能成才是教育的重要目标。义务教育阶段书法课程的改革应当尊重学生的个性差异。每个学生对于书法课程的学习天赋不一样，有些学生对笔法、结构、章法理解能力较强，教师讲解示范一遍基本上可以掌握；有些学生对于书法这门课程并不敏感，笔法、结构、章法的掌握都慢人一拍，需要教师反复讲解示范才能理解，还需要经过一段漫长时间的刻苦练习才能具体掌握。对于有天赋的中小学生，书法教师自然是最省心的，对那些掌握的慢的学生也爱莫能助，由此优秀的学生更加优秀，学习慢的学生更加凸显劣势。翻转课堂的应用可以较好地缓解这个问题，教师可由原先的力不从心抓瞎式地干预转变为从容不迫地引导。教师的精力可以照顾到更多学生的个性化需求，学生也避免了教师当堂干预的尴尬。互联网社交平台上，教师可以在翻转课堂基础上对学生进行个性化辅导，帮助学生有效掌握书法这门学科。学生课前观看教师提前录制的视频进行预习，课堂理解不透彻的地方可以课后进行视频回看，课后学习不明白的可以通过社交软件与教师进行互动学习。甚至对课堂示范不理解的地方，通过回看可以进行第二次、第三次、第四次示范。这样一个流程下来，基本上每个学生都可以比较轻松地完成每一课程的学习任务。

三、课堂内外联动，增强家校互动

新型的家校关系应该在更多互动基础上达成互信，通过翻转课堂实现课堂内外联动，从而有效提高学生学习效果。以往的家校关系长期存在隔阂，家庭的任务简单归纳为抚养子女，学校则负责教育孩子，对于教育效果不理想的情况，家庭把责任推给学校，学校又反过来抱怨家庭不配合。在这种情况下，一方面家庭和学校缺乏互动互信，另一方面课堂和家庭教育被硬生生割裂开来。利用互联网，家长和学校及时沟通可以起到同心协力督促孩子完成学业任务的作用，双方也因此消除隔阂增进互信。对于中小学书法这门课程，课堂之外只要家庭配合到位，学生就可以随时随地地学习，这种做法可以使得课堂内外真正联动起来。比如学校将作业公布到家长微信群让家长清楚当天作业，另外将教师提前录制的短视频通过互联网传送给家长，适时安排教师在线解答家长和学生疑问，此时家庭和学校在同一战线上。通过翻转课堂使家校合一，及时发现学生学习中存在的问题，也有利于教师对学生进行系统的辅导。书法课因其技能性较强的特点，学生学习不能仅仅依赖课堂的几十分钟，课前就应当通过短视频提前了解所学内容，课后又通过短视频翻转课堂，进行反复的训练才有可能较好地掌握这门课程。翻转课堂运用得当可以实现课堂内外联动，增加家校互信，有利于教学活动的开展。

翻转课堂最初兴起于美国继而风靡世界，是一种新的教学理念。翻转课堂进入我国时间并不长，许多教育工作者对此进行了多方面的探索并取得一些成绩。我国教育界积极进行翻转课堂的探索有着积极的意义，首先，它可以激发学生学习的积极性、主动性，使学生自主完成知识的建构；其次，它能很好地适应学生个体差异，学生可以根据自身情况做出学习规划；最后，它可以很好地实现课堂内外联动，增加家校互信。虽然翻转课堂对于我国教育界而言利大于弊，但仍然需要进行本土化改造，使其真正为社会主义教育事业做贡献。

书法是我国古老的民族艺术，也是一门传统的学科。义务教育阶段书法课程是一门技能性的学科，仅仅依靠传统的讲授和手把手式教学已经很难跟上时代的步伐。翻转课堂的出现对于这门课程的改革起到推波助澜的作用，互联网、社交软件、微视频直接取代过去陈旧的教学模式，有效提升教学效果。翻转课堂打开了书法这门传统的课程与当代先进教育技术的对话之门，可谓当代与传统的融汇对接。

第四章　论西南边疆民族地区核心素养视域下义务教育阶段书法教材编制

第一节　背景

一般而言西南边疆民族地区通常指的是广西省、云南省与贵州省，该地区处于我国西南边陲，是少数民族人口相对集中的地方。其书法教育起步较晚，书法教材的编制研究成果较少。

20世纪90年代美国及欧洲地区相继提出核心素养的概念，将核心素养概括为个人基于生存与自我实现的目的而终身学习的能力。在我国，《中国学生发展核心素养》报告将核心素养阐释为实现人的全面发展应当践行的原则和素养，指的是文化基础、自主发展、社会参与、人文底蕴、学会学习、科学精神、健康生活、实践创新、责任担当。这些都通过教育来实现，而教材是教育的重要工具。义务教育阶段书法教材在编制时就应当考虑到，书法如何与核心素养衔接起来提高学生的能力。

义务教育阶段书法教材在培养中小学生书法核心素养方面起着重要的指引作用，中小学生应当具备哪些书法知识与能力，树立什么情感目标都在教材中得以体现。目前全国范围内书法教材尚未统一，使用频率较高的有教育部审订以及由西泠印社出版的1~6年级《书法练习指导》、张鹏涛主编的《规范字教程》、田英章主编的人教版同步1~6年级《小学生写字课课练》、丁永康主编的人教版同步1~6年级《黄冈小状元同步字帖》、荆霄鹏主编的人教版同步1~6年级《写字同步练习册》、黄佳主编的人教版同步1~2年级《课本同步》、司马彦主编的人教版同步1~6年级《写字课课练》、罗扬主编的《新课标初中生必背古诗楷书字帖》、李放鸣主编的《初中必背古诗词》、吴玉生主编的《中国好字帖——初中必背古诗文（正楷）》、李放鸣主编的人教版同步初中7~9年级《中学生硬笔书法练习》、田英章主编的人教版同步初中7~9年级《初中生写字课课练》、于佩安主编的人教版同步初中7~9年级《初中英语写字课课练》、邹慕白主编的人教版同步初中7~9年级《一手好字》、谢昭然主编的人教版同步初中7~9年级《学生英语字帖》。从教材内容来看，这些字帖主要是针对中小学语文课的文字、词、句、古诗文的书法训练，也有部分关于初中英语课文同步训练。这些教材是否紧扣核心素养的义务教育阶段中小学生能力训练，书法教师在使用这些教材时应当注意什么问题，进一步编制和完善义务教育阶段中小学书法教材意义何在，中小学书法教材编制有何策略，这些都是值得深思的问题。

第二节　意义

教材的使用是为了更好地服务教育，培养学生的核心素养。进一步完善义务教育阶段书法教材编制有着重要意义，首先，这是适应课程改革的需要；其次，有利于促进教师专业成长；再次，这是促进教材多样性与灵活性的需要；最后，这是提升学生核心素养的需要。这对于书法教育相对滞后的西南边疆民族地区来说有比较积极的意义。

一、适应新课程改革需要

2001 年的《基础教育课程改革纲要试行》颁布后新课程改革在全国范围内铺开，这对义务教育阶段书法教材编制也提出了新的要求。新课改在全面贯彻党的教育方针的基础上，全面实施素质教育，通过三级课程管理，基于学生的全面发展培养四有新人。其中对教材也做了具体的要求，即教材是课程标准的内容载体，是教学活动开展的重要工具，摒弃满堂灌的传统经验主义做法，正确对待教材，使教材真正服务于教学目标。围绕新课改的教材观，义务教育阶段书法教材编制也应当做出调整，既有鲜明的时代特色，又起到培养学生核心素养的作用。打破了过去义务教育阶段书法教材编制大多以写好规范汉字为最终目的，内容选择上因循守旧的教材编写观念。通过编制可靠的教材引导学生根据自身已有的知识与经验自主完成知识建构，也有利于教师创造性地开展书法教学活动。这样的教材编制既符合学生身心发展特点，又能体现时代发展的要求。可见，西南边疆民族地区基于核心素养的义务教育阶段教材编制是该地区书法教育发展的需要，也是新课改的要求。

二、有利于教师专业成长

教师专业成长是其整个职业生涯都要不断修炼的事情，是通过专业训练达到一定水平，成为能够胜任教学岗位的过程。在这个过程中，教师以正确的教育理念与敬业精神为起点，不断地进行专业知识和非专业知识的学习，以及对自身教学实践进行反思，促进自身专业成长。义务教育阶段书法教材是教师开展书法教学工作的重要工具，对教材进行深入研究和编制是专业教师应当具备的能力。对当前义务教育阶段书法教材进行对比分析，尤其是深入分析其开展教学所用的书法教材，对教师而言是一个学习的过程。编制教材则是对教师成长的高层次要求，是教师在高度熟悉教学工作的基础上对教学内容进行重新整理，以便更好地服务于教学工作，提高教学效率。在传统的教育模式下，教师习惯于照本宣科，离开教材就无所适从，更加无法跳出已有教材重新组织教学工作。教师若能通过专业学习，针对性地开发紧扣核心素养要求的书法教材，对其专业成长而言是值得肯定的事情。西南边疆民族地区书法教育工作者对义务教育阶段书法教材的编制研究成果较少，鼓励该地区书法教师编制中小学书法教材有利于促进书法教育事业繁荣，也有利于该地区书法教师专业成长。

三、有利于书法教材多样性与灵活性

全国范围内义务教育阶段书法课堂尚未使用统一的书法教材，一方面，书法教育较语数英等其他科目滞后；另一方面，书法教育促成了书法教材的多样性。随着时代的不断进步，中小学书法教材也需要适时更新。尽管现在通用的书法教材数量已经较为可观，编者也在更新教材的内容，但依然很难满足实际教学的需要。其中两个绕不过的问题就是书法作为传统艺术与当代科技高速发展兼容性的问题，以及教材内容安排滞后于时代步伐的问题。时至今日依然有不少教学工作者认为书法不需要高科技，只需要笔墨纸砚及一本字帖，就能搞定所有教学。古人获得书法知识的途径较单一，多数是家学或者师傅带徒弟，通过步行或骑马、坐船等交通方式，遍访名碑名帖作为学习资料，回到家中闭关临池数十年始学成。当代社会节奏快，容不得一个人在书法上花费数十年工夫，除非是有志于从事书法事业的人。高科技也改变了人们获得书法知识的途径，网络平台或者纸质图书都可以成为人们获取书法学习资料的重要方式。时下培养学生核心素养已是教育界的共识，中小学书法教材不得不考虑如何调整内容以培养学生的核心素养。

第三节　策略

西南边疆民族地区中小学书法教材编制是一项有意义的工作，应当遵循一定的策略。即体现出边疆性、民族性，坚持正确的价值导向，合理设置内容，遵循科学的编制原则，注重培养学生的核心素养。

一、坚持正确的价值导向

教育是为培养人才实现中华民族伟大复兴的重要手段。邓小平同志提出教育要面向现代化、面向世界、面向未来。教材是推进教育事业的重要工具，也是教育价值观的重要载体。教育价值观即是教育工作者对与教育实践活动与教育价值之间关系的观点，对教育起到指导作用。中小学书法教材的编制应当坚持正确的价值导向，其内容、结构、编制原则都应当体现积极的价值追求。一些教材在内容安排上比较简单，注重实用性本无可厚非，但却忽视了教材的价值导向。书法教材的编制一方面要重视知识与能力目标，另一方面又要重视情感价值目标，将正确的价值导向贯穿于教材。知识与能力目标即通过教材学习掌握书法技法能力和了解相关书法知识。价值目标即通过书法学习提高学生自身文化素质，

提升对我国传统文化的热爱之情,坚定文化自信。中小学生在书法学习中既能收获技能知识,又能加深对我国传统文化的了解,树立起正确的价值观和文化自信。西南边疆民族地区书法教材的编制可以结合边疆性、民族性的地域特色,将书法与民族团结与爱国教育结合起来。

二、合理设置内容

中小学书法教材不仅是开设书法课的重要条件,而且是培养学生核心素养的有效手段,因此有必要严谨对待教材内容要素的设置。中小学书法处于打基础的阶段,一般而言以学习楷书、隶书等比较端庄的书体为主,可视能力与年级特点学习一些规律性比较强的行书字体。楷书宜从唐楷下手,欧阳修的《九成宫醴泉铭》《皇甫诞碑》《化度寺碑》;颜真卿的《勤礼碑》《多宝塔碑》《麻姑仙坛记》《东方朔画赞》《自书告身帖》;柳公权的《神策军碑》《玄秘塔》《金刚经刻石》《冯宿碑》,这些都是唐代比较经典的楷书作品,也是青少年学习书法的好范本。隶书宜从汉碑下手,比较有代表性的是《礼器碑》《曹全碑》《乙瑛碑》《张迁碑》《史晨碑》《华山庙碑》《衡方碑》《鲜于璜碑》等。高年级学生已经具备一定的正书功底,教材编制可以从比较有规律的行书下手,比如《兰亭序》《集王羲之圣教序》,米芾的《苕溪诗帖》《蜀素帖》,赵孟頫的《洛神赋》《赤壁赋》等,这些行书作品字体流畅而端庄,比较适合中小学生学习。教材编制仅有技法和理论是不够的,可以编制一些实践内容,比如社区义务送春联等公益性实践活动,这将有利于培养学生的核心素养。

三、遵循科学的编制原则

从全国各地中小学来说,已经开设书法课的学校在教材选择上并未达成统一,使用的教材可谓五花八门。有的一刀切地选择某某编著的硬笔字帖或毛笔字帖作为教材,有的以书法常识读物当作教材,有的则是书法教师自己整理的资料当作教材。无论是从教材选择看,还是从教材编制看都欠缺规范。脱离中小学生身心发展规律的教材编制也很难保证教学有效性,也不利于培养学生核心素养。因此在进行中小学书法教材编制过程中应当遵循科学的编制原则,即以学生为本的原则、利于教学原则、注重实践能力原则。首先,教材编制应当考虑学生的身心发展特点,从学生日常生活出发组织内容和文本语言,便于学生完成知识建构。其次,教材编制要方便教师教学工作,要求教材内容编制系统,同时结构清晰、主题突出。这就为教师备课中教学大纲、教案、进度计划的编写,以及教学工作顺利开展省去不少不必要的工作。最后,教材编制要注重培养学生实践能力。"学"的目的是为了"用",学以致用又能回馈社会的教学是比较理想的教学。书法是一门实践性比较强的学科,教材应当以培养学生动手能力和社会实践能力为主。

综上所述,西南边疆民族地区义务教育阶段书法教材编制有利于该地区教师专业成长,也是适应新课程改革,以及书法教材多样性与灵活性的需要。教材编制要坚持正确的价值导向,合理设置内容,也要遵循科学的编制原则。

第五章 西南边疆民族地区基于核心素养义务教育阶段书法课程建设

西南边疆民族地区包括云南、贵州、广西三省区，该地区是少数民族人口聚集之地，教育起步较沿海地区晚，义务教育阶段书法课程建设也有待加强。

核心素养是20世纪90年代欧美首先提出的概念，它指的是一个人为了实现自我而终身学习的能力。《中国学生发展核心素养》报告第一次从国家层面将核心素养阐释为，为了实现人的全面发展，而坚持三个基本原则和六大素养，其中基本原则指的是文化基础、自主发展、社会参与，六大素养指的是人文底蕴、学会学习、科学精神、健康生活、实践创新、责任担当。义务教育阶段书法课程作为一门课程，应当寻找其课程与核心素养的衔接点进行课程建设。在进行义务教育阶段书法课程建设过程中或多或少会碰到一些问题，我们应当用积极的心态去看待这些问题，相信总能找到科学有效的对策。

第一节 存在的问题

2001年国家对基础教育课程进行改革，中小学对此做出积极响应，对大部分学科都进行了课程建设。经过这些年的课程改革，书法课程建设也取得了不少成就，但也暴露出不少问题。

一、书法课程设置不合理

书法课程在义务教育阶段的众多课程中，长期处于比较弱势的地位。首先，书法课程重要性不足，长期为语数英等主要学科让路，遇到重要考试复习时书法课程总是处于停课状态。小学六年级和初中三年级迫于升学的压力，书法课基本停留在课程表里而没有实际开设。究其原因，书法课程不在升学考试的范围内。其次，书法学科与其他学科缺乏联系。这里涉及中小学课程体系建设的问题，一方面，学科之间知识融合的课题对其升学率没有立竿见影的帮助，另一方面，书法学科常常被狭隘地理解为毛笔字、硬笔字、粉笔字为主的三笔字训练，书法并未与思想品德、语文、数学、英语等课程建立有效的联系。最后，书法课程缺乏独立性。在义务教育课程中，书法课程常常依附于语文课、美术课而存在。语文老师进行语文课程教学过程中顺便按照自己理所当然的理解，拿着一本字帖让学生练好字。更多的情况是语文老师按照自己的书写习惯在黑板上示范生字生词，让学生临摹学习即是书法学习，美其名曰学科融合，顺便省去书法课程。美术课承包书法课也已经成为公开的事情，美术老师在进行美术示范后顺便示范硬笔或者毛笔书法，让学生观摩学习。大部分美术老师受过一定的书法训练，但并不系统，这也就影响了书法课程的质量。就以上这些方面来看，中小学书法课程的设置处于比较尴尬的状态。

二、基于核心素养的课程整合不足

书法是中国特有的艺术形式，也是中华民族优秀文化的一部分，具有悠久的历史。写好中国字，做好中国人，传承书法文化是中华民族文化自信的体现。大部分具备条件的中小学都已经开设书法课程，中小学生学习书法成为一种热潮。中小学书法课程既然成为一门独立的课程，意味着要进行课程建设。书法教育工作者大部分关注点可能依然停留在如何教学生写好三笔字上面，围绕着写好字开展教学。大家讨论的问题可能更多的是选用什么教材或者字帖进行教学、怎样才能让学生掌握课堂知识、如何让学生完成课后作业、如何评价学生的学习效果等等。在这个指挥棒下，教师的精力也就投入在选教材、选字帖，课堂盯紧学生，课后监督学生做作业，想办法在课程结束后写出一手漂亮的字来，整个流程也就算结束了。周而复始的传统教学不利于中小学书法课程建设。很少有人去关注核心素养在书法课程中的作用。只有将书法课程学科特点和中国学生的核心素养结合起来，才能构建起标准的课程体系。义务教育阶段书法课程建设应该涉及哪些内容，如何有效开展评价，如何让课程建设符合中小学生应当具备的核心素养，似乎很少有人去思考这些问题。这也就长期导致书法课程建设跟不上时代发展的要求。

三、地域课程资源开发不足

西南民族地区的云南、贵州、广西三省区都留有大量优秀的书法碑刻与墨迹，这是丰厚的书法课程资源。该地区义务教育阶段书法课程长期以书店的全国畅销教材或者字帖为主，具有地域特色的教材比较少，也缺乏立足地区的课程开发。以毛笔教材为例，楷书教材大部分以当代人临摹或电脑修图唐代楷书教材为主，这些教材与原碑帖相比失真，且存在误导学习者的嫌疑，也缺少地方特色。本地区优秀书法课程资源的开发也处于相对滞后的状态。西南民族地区远离中原文化地区，虽然历史上留有大量的优秀书法作品，但由于作者缺乏名气，或者书法风格跟中原文化地区差异较大而得不到全国范围内的认可。也正是这个因素，教育工作者对西南地区书法课程资源开发重视程度较低，很少有学者愿意花时间去琢磨如何将这些资源与书法课程结合起来打造成特色书法课程。历史上遗留的优秀书法碑刻、匾额与墨迹涵盖楷书、行书、隶书、篆书、草书五体，从朝代来看可追溯到秦汉时期，风格多变，艺术成就辉煌。如何进行地域课程资源开发是一个值得认真思考的问题。

第二节　对策

一、以合理的课程设置调动师生积极性

书法作为一门独立的课程，在中小学课程中应当保持独立性，不应当依附于语文、美术等学科而存在。义务教育阶段书法课程从小学一年级到初中三年级每个年级的学习内容由易到难循序渐进，成为一个完整的课程系统。每周至少保证一节书法课是最低要求，超过这个时间跨度学习效果很难得到保证。这是一个比较理想的状态，一方面需要学校高度重视，另一方面也需要科学的配套教材作为支撑。从师资来说，以专业的书法教师进行专门的书法课程教学是课程质量的保障。当义务教育阶段书法课程开设起来，就应当有专业的书法老师从书法教育的角度开展教学。由语文、美术等学科老师兼任的书法课程，由于专业背景问题，很难开展成体系的书法课程教学。俗话说隔行如隔山，在社会分工精细化的今天，由专业人才从事专门的工作已经成为共识。这些都可以认为是书法课程设置科学性的前提。义务教育阶段书法课程设置还应当注意一些重要的问题，即课程设置如何调动师生积极性。学生对书法这门课程的兴趣和主动性在很大程度上决定了教学的有效性。兴趣是最好的老师，有兴趣就会有主动性和积极性，教学开展起来也将事半功倍。从这个意义上看，义务教育课程设置要高度重视学生的兴趣。书法课程建设不妨与学生的生活和学习结合起来，把创设生动的情境帮助学生自主完成知识建构作为课程建设的一项重要内容来考虑。在这个情境里，学生能主动发现问题并寻找答案，教师要做的工作更多的是如何启发学生思考和解决问题，达到授之以渔的目的。

二、书法课程建设紧扣核心素养

从核心素养角度，中小学书法学习可以从社会参与、实践创新、责任担当等方面对学生进行对接。比如由教师组织学生到社区参加义务送春联、新春送祝福活动，让学生明白学习的最终目的是更好地服务社会，让社会更加和谐。学生参加活动的过程就是一种社会参与和实践创新的过程，同时也是一份社会责任担当，这些都应该被列入课程评价的范围，使得课程评价做到多元化。

书法作为一门课程在中小学开设已经有一定的时间，而课程建设却一直在路上。围绕着应试教育，书法课程长期为语数英等主要学科让路，开设有一定的随意性。每当临近考试，部分书法课都被挤占。值得欣慰的是教育部门已经意识到这种问题，并从制度上保障书法学科开设的连续性。然而义务教育阶段书法课程建设仍然是一项长期的任务，如何形成书法课程完整的知识体系是问题的关键。从课程建设的角度出发，以培养学生核心素养作为起点，不失为一个新的思路。中小学生书法素养和核心素养对应起来，以促进其全面

发展为目的，构建完善的课程系统。在这个系统里，教师和学生是互相合作与促进的关系，教师形成比较灵活的教学方式，学生也能在书法学科里找到自己的兴趣和特长从而树立学习自信心。课堂上教师的教学内容充满启发性，不局限某一种字体或者某一位书法家风格，根据学生兴趣及时启发其建构知识。比如说教师以唐朝颜真卿楷书作为教学切入点，但学生们在课程结束后可能擅长行书、隶书、篆书中的一种，这就要求在具体教学实施过程中应当拓展到其他朝代的不同书家和字体，以便学生寻找自己的学习兴趣。学习评价也不应该局限于楷书，而应根据学生兴趣和特长去评价。可见，科学合理的学习评价有助于义务教育阶段书法课程建设。

三、利用地域资源进行课程建设

西南边疆民族地区大量优秀的书法碑刻和墨迹保存完好，对于书法课程研究来说是难得的第一手资料。云南从北宋开宝年间到明正统年间不少书法碑刻被保存了下来，《段氏与三十七部会盟碑》《大理国佛弟子议事布燮袁豆光敬造佛顶尊胜宝幢记》《大理国护法明公德运碑赞摩崖》《兴宝寺德化铭并序》《大理国彦贲赵兴明为亡母造尊胜墓幢》《大理国释氏戒净建绘高兴兰若篆烛碑并序》《大理国渊公塔之碑铭并序》《大理国故高姬墓铭并序》《故溪氏谥曰襄行宣德履戒大师墓志铭并序》《大理路兴举学校记》《陈氏墓忘铭并序》《大理孔庙圣旨碑》《故大师白氏墓碑铭并序》《故宝瓶长老墓志铭》《故施氏墓志铭》《明昭觉寺碑》等著名碑刻在云南书法史上占据重要位置。贵州历史上也有不乏优秀书法作品，如王阳明谪居贵州期间留下大量手札、碑刻等形式的书法作品，其中手札作品有《天涯思归书轴》《象祠记》《与惟善手札》《镇远旅邸书札》等，碑刻作品有《君子亭记》《何陋轩记》《客座私祝》，贵阳阳明祠的《矫亭纪》《致罗整庵书》《题唐寅十二景文》《寓都下上大人书》等，这些作品用笔精到，整篇气韵生动，是难得的书法艺术佳作。贵州本土文人雅士亦有不少精通书法的，孙应鳌、杨龙友、周渔璜、郑珍、莫友芝、丁宝桢、张之洞、何应钦等具有书法作品存世。广西境内的书法石刻就多达 6000 多件，最早的可以追溯到秦汉时期，仅明朝书法石刻就有 700 多件，分布在桂林市、柳州市、桂平市、隆安县、马山县、河池市等地区，比较著名的碑刻群有桂海碑林、宜州铁城碑林等。时间跨度之大，数量之多，分布范围之广，堪称书法界奇迹。西南边疆民族地区的这些优秀书法资源可以作为课程建设的参考资料，为义务教育阶段书法课程建设提供了有利条件。总之，充分挖掘该地区适合于义务教育阶段书法课程的元素是课程建设的重要手段之一。

综上所述，西南民族地区义务教育阶段书法课程建设存在一定的困难，针对这些困难我们应当紧扣核心素养，积极探索书法课程与核心素养的衔接点，围绕这些衔接点进行课程建设。基于核心素养的义务教育阶段书法课程建设还应当充分挖掘地域书法资源，使课程建设更富有特色。

第六章　建构主义学习理论在小学书法教学中的应用

建构主义（Constructwism）也称结构主义，是认知学习理论的一个重要分支。皮亚杰、维果茨基、布鲁纳等学者的教育思想对建构主义学习理论发展起到了促进作用，在20世纪90年代伴随教育领域理论研究和教学研究发展而完善。建构主义学习理论对我国各学科的教学理论和教育实践产生重要影响，基于建构主义学习理论，小学书法教学传统模式逐步被打破，并且向注重真实环境的创设和模拟，以及重视学生主体性，倡导"协作互动式"的新教学模式转变。我们将其应用于书法教学，试图架构一座连接现实生活与小学书法学习、具体问题与抽象概念之间的桥梁，用实践印证它的科学性与可行性。

第一节　建构主义学习理论与教学

过去的教学简单地强调"刺激—反应"，把学习者行为看作是对外部刺激做出被动反应，已经被注重情境创设，以学生为主体的建构主义学习理论取代。建构主义学习理论以学生为中心，强调学生对所学知识的主动探索，主动发现和建构其意义。由此可以得出以下启示：

第一，在师生角色扮演中，教学中教师不是简单知识的传播者和灌输者，学习者也不仅仅是外部刺激的被动接受者。教师应充当学生建构知识的促进者和合作者，以学生为中心，帮助学生主动构建知识。在这样的教学中学生摒弃被动式、接受式、封闭式的学习方式，创造性地理解和消化所学知识，并将所学知识与自身知识、经验相结合而赋予新的意义。

第二，在传统的教学方式中，教师所讲授的知识被看作是客观存在的对事物唯一正确的解释，其权威性不容置疑。在建构主义学习理论指导下的教学中，教师和学生双方达成共识，即知识的获得是由人自主建构的过程，既不是主观的也不是客观的，而是动态的。

第三，在教学原则上，摒弃过于强调知识的系统性、巩固性，以及教师主导作用的传统原则。教学中强调学生学习主体性是必要的，通过积极创设情境能帮助学生主动参与教学过程并且构建知识，同时因材施教尊重学生的个体差异，使每一个学生都获得更好的发展。

第四，在教学模式上，传统的"讲授—接受式"在教学中占据重要位置，这种教学模式强调"以课堂为中心、以教材为中心、以教师为中心"，忽视学生的主体性，学生的学习过度依赖教师的指导。在建构主义学习理论中，情境教学、抛锚式教学、随机访问教学、支架式教学等被广泛运用，这些教学模式强调学生的主体性，强调学生是学习的主人，学习是学生自主建构的过程。

第二节　建构主义学习理论在小学书法教学中的应用

建构主义学习理论对小学书法教学具有很强的指导性，在小学书法教学中应充分发挥学生的主体性，把创设学习情境与节约资源相结合，协作探究与自我反思相结合，书法与其他学科融合以及书法学科纵向延伸教学相结合，从而提高书法教学的有效性。

一、发挥学生学习主体性与教师指导相结合

建构主义学习理论认为，知识不是简单地由教师向学生的单向传递，应当由学生结合自身已有的知识和经验主动建构完成。皮亚杰认为，内因和外因相互作用，儿童通过建构外部世界的知识，也发展自身认知结构。因此，尊重学生作为学习主体的个性差异，了解每个学生的已有知识、经验十分有必要。但缺少教师有效介入，处于放任状态的学生容易偏离学习目标进行盲目的探索。

（一）发挥学生学习主体性

建构主义提倡发挥学生学习主体性，以学生为中心开展教学，这对培养其自主学习能力起到一定的促进作用。从学生角度出发设计课堂，如开展用丙烯颜料调墨、写书法个性T恤、写空白的折扇、用泥块模拟篆刻等活动可以让学生在玩中学，书法就变成学生想学的课程了。学生在学习中发散思维，尽情发挥创意，这也突出了学生作为学习者的主体地位。通过良好的教学情境激发学生的学习兴趣，使学生更好地融入课堂。这时学生和学生之间、学生与教师之间都容易产生情感共鸣。基于兴趣的主动学习一般能够持续较长的时间，也会形成良好的学习习惯，从而使建构的知识基础越发扎实。

（二）教师及时引导

建构主义学习理论指导下的课堂教学，学生发散思维较为活跃，学习进度不尽相同。这些问题都可以通过入学测试或者访谈得到大部分答案。在上书法课前对学生进行入学测试是比较常见的做法，通过测试可以很好地了解每个学生对书写工具的使用能力以及对线条、结构、章法的把握能力。通过访谈可以较好地了解每个学生已有的知识和经验，以及其兴趣。课堂中学生个性不同，也会延伸出不同的学习途径，如果放任这种自主性发展难

免将课堂进程带入"歧途"。看似活跃的课堂却偏离了学习的主旨,其知识构建效率低下。热闹的课堂变成闹市,也不利于知识的构建。例如,小学书法课堂里学生对楷书用笔的探索不能是用笔蘸墨在纸上胡乱涂抹,而是基于对执笔方式和毛笔运动原理的认识基础上的尝试,探索过程中教师的及时引导必不可少。

二、创设学习情境与节约资源相结合

建构主义学习理论强调在真实情境中建构知识,教师在教学中创设情境,使学生置身于和现实情况基本一致或类似的情境中完成知识建构。教师在创设情境时应当坚持适度原则,避免资源浪费。

(一)创设良好情境

心理学相关研究表明,作为个体的人在心理安全与自由有保障的环境中,创新能力将得到较好的发挥。在小学书法课堂教学中,教师应当营造和谐民主的氛围,尊重学生能力和素质差异,为每个学生提供平等的机会。教师多从学生立场考虑问题,多鼓励学生,这也为激发学生学习的创新能力打下良好基础。

良好环境是教学工作顺利开展的有利基础,是师生良性互动的有利条件,有利于促进学生对所学知识意义的构建。古希腊教育家苏格拉底游走于雅典大街小巷与学生展开辩论式交流,在辩论中学生与教师思想激烈碰撞,通过辩论启发真理。这种情况下教学环境与生活环境融为一体,学生作为学习的主体主动完成了知识的建构。唐代张旭为一代书法宗师,学生人数众多,培养出徐浩、颜真卿、李阳冰等一大批书法名家,又培养出画家吴道子。其教学也多采取谈话方式进行,通过学生在生活中常见的云雨变化、鸟兽虫蛇运动姿态、酒席间公孙大娘舞剑姿态,以及书法家之间的笔会等生活场景来启发学生对书法知识的建构。古人对教学情境生活化的重视由此可见一斑。教学情境生活化对当代小学书法教学依然有着重要借鉴价值。

书法教学中增加春联写作内容、家居书法常用的吉祥语、乔迁新居对联、喜事对联等学生喜闻乐见的内容,将书法与生活密切联系在一起,可以有效提高其学习兴趣。

将教学活动设置在生活环境中,对教学来说不失为一个积极的探索。暑假期间组织学生到社区为群众书写家居吉祥语,寒假期间组织学生在校内或各社区参加义务送春联活动,通过活动可以检验学生的学习成果,也更好地促进了学生自主学习。学生通过生活化的教学环境能够认识到学习源于生活的需求,学习才能更好地服务社会,这也无形中提升了学生学习的内驱力。

(二)创设环境坚持适度原则

建构主义学习理论强调在真实情境中建构对知识的理解,教师需整合资源为教学创设情境。但这难免引出一些问题,小学书法教学活动大部分在课堂开展,课堂不能时刻做到模拟真实生活情境而不得不借助图像、声音等工具来搭建教学与生活的桥梁,最终导致文本解读本身被忽略了。学生很容易被丰富多彩的图像、语音吸引,过多的注意力集中在这些"情境"上,完成偏离主旨的知识建构。这需要教师适时引导学生树立正确的情感态度，根据自身知识水平围绕学习内容合理分配时间和精力，提高课堂的有效性，完成有意义的知识建构。

实现知识建构，教学情境的创设是一项重要条件，学生才是起决定作用的主体。因此教师在整合教学资源以及在创设学习环境时应当坚持适度原则，少做无用功。一方面，有节制地使用多媒体、网络等资源为教学服务，引导学生围绕教学目标有序开展学习进而顺利完成知识建构；另一方面，小学书法课堂中适当增加春联、喜联写作、吉祥语写作，以及组织义务送春联活动让学生直观地认识学习和生活的联系，可以提高学生的学习兴趣。凡事都有两面性，这些学习内容和活动有时会导致学生对书法学习产生狭隘的认识，让学生误解书法学习目的只限于写对联和吉祥语，忽视对书法艺术性的探索以及对传统文化的进一步学习。因此在教学中应当适度、灵活地运用地教学资源创设情境，让情境为教学服务，成为教学的助推器。

三、鼓励协作探究与自我反思相结合

知识的建构不仅是学生的个人行为，也是在学生与教师、学生与学生之间合作中完成的，在这里协作探究是很好的推动力。协作探究使学生在团队中接触到更多解决问题的方法，但要摸索到适合自己的方法还需要培养其自我反思的能力，而不是通过重复练习来实现教学目标。

（一）鼓励自主合作探究学习

小学书法作为一门操作性较强的学科，每个学生的能力和态度存在一定的差异。如果教师用一套固定评价语言对待学生课堂作业表现，忽视其个性差异，那么评价效果将会大打折扣。教师既要在评价学生时结合学生学情，寻找发光点，及时肯定学生的点滴进步，又要容忍学生不足之处，引导学生不断完善自我。

合作探究学习是学生应当建立的一项重要学习能力，在小学书法教学中，学生具备一定的基础之后不妨进行这方面的探索。自主合作探究学习的课程内容需要精心设计，选择适当的内容作为尝试。有些内容不适合自主合作探究学习，比如笔法课，用笔规则相对固定性决定了可以探究的空间过于狭窄。有些内容不妨让学生自主合作探究完成知识建构，如章法课，教师在介绍章法原理以及常见样式之后可以鼓励学生分组探索书法章法的新样式，扇面、团扇、条幅、横幅、对联等样式的章法留下较大的发挥空间，宣纸、毛边纸、纸盘、木板、石头等书写材料也有较大的探索空间，这也往往能收获不错的课堂效果。合作探究学习能将学生个人之间的竞争转化为学习小组之间的竞争，无形中培养了学生之间的合作意识与团队精神。团队中学生之间优势互补，每个学生都能按照这种学习方式获得自己的发展目标。值得提出的是，自主合作探究学习不是放任的学习，教师不仅要担任协调者的角色，还要对学生进行必要的个别辅导。

（二）注重自我反思能力培养

知识的建构是从量变开始的，通过不断积累进而达到质变，而学生的自我反思能力养成显得尤为重要。书法学习从执笔到运笔、笔画，结构和章法学习，不是一蹴而就的，而

是一环扣一环的积累过程，从一个环节跨越到另一个环节都必须经历多次试错与反思。从唐代著名书法家怀素的学习经历来看，他能主动与当时的书法家广泛交流和虚心讨教，又善于自我反思不断提高书法水平终成一代名家。学生自我反思能力培养应当遵循一个相对可靠的流程，第一步，教师创设情境，即学生明确问题；第二步，学生自主分析，教师引导学生探索；第三步，在学生解决问题过程中，教师疏通知识难点；第四步，教师就已经解决的问题进行延伸拓展，促进学生自我反思。学生在自主探究的过程中，构建以问题为导向的动态开放的教学过程，通过新旧知识框架对比分析，能够在一定程度上帮助其完善或更新原有知识框架。教师应当在分析学生学情差异的基础上，有针对性地培养学生自我反思的能力。学生要经常对书法课堂进行反思，既要看到自己的不足之处，想方设法改进，做到"吾日三省吾身"，也要肯定自己取得的进步以获取更多的成就感。通过与同学之间的比较，学生也可以发现其他人的优点，学习别人的优点完善自我，所谓"三人行必有我师"。

四、加强书法与其他学科融合以及注重书法学科纵向延伸

传统教学的教学目标设计较为单一，要么缺少与其他横向学科的融合，要么缺乏对一门学科知识的纵向延伸。建构主义教学理论认为，教学要培养学生的探究与创新能力，一方面打开书法学科与其他学科融合的思路，另一方面培养其对知识进行纵向延伸探索的能力。小学书法教学应当是动态的，而不是静态的，以引导小学生对书法知识多维度的探索，完成知识建构。

（一）加强书法与其他学科融合

当前小学书法教学多数限于单纯的写字教学，以硬笔规范汉字教学为主，所学内容通常为楷书笔顺笔画、结构、章法。教师设计课程时常常忽略毛笔书法教学，也很少关注书法本身的文化属性和艺术属性。在这种观念下，书法与其他学科的联系被割裂开来，课堂枯燥乏味。自古以来书法就与音乐、舞蹈、绘画、诗词歌赋联系在一起，例如，行书的节奏感跟音乐、舞蹈多有相通之处，国画同样需要书法线条基础等。由此看来，重新打通书法与其他学科的联系是有必要的。不妨将书法教学与语文同步生字词联系起来，也可以尝试在讲授结构分析字形、结构内部比例关系时引入美术与数学的相关知识。从汉字的外轮廓来说，字形通常可以归纳为正方形、长方形、圆形、左倾斜平行四边形、右倾斜平行四边形等几何图形，都与数学知识有联系。字的结构涉及的比例关系既是数学知识也是美术知识。毛笔线条的运动，由于速度带来的浓淡枯湿，毛笔在线条转折处减速等，跟体育、物理等学科知识相通。加强书法与其他学科融合不仅能提高小学生对书法的兴趣，也将切实提高其书法素养。对于小学书法教学来说，这是很不错的思路，但具体操作起来存在一定的难度。这也对教师提出较高的要求，既要开阔思路，又要对其他多种学科知识掌握较好。当这些问题在都能有效解决的情况下，学生就能更加轻松完成对知识的建构。

（二）注重书法学科纵向延伸

书法学科过去多依附文学或者美术等学科，而今逐渐独立成为一门学科。每一门学科

都是一个完整的体系，书法也不例外。这就要求教师在教学过程中关注书法学科的纵向延伸。从楷书到隶书、篆书、行书逐渐深入，在教学中楷书、隶书、篆书都可以视为"正书"，是训练线条基础与字形结构基础的书体。书法学科发展到今天，不仅有实用价值，也有审美功能的艺术价值，从实用性向艺术性过渡都是书法纵向延伸的体现。这就要求教师拥有过硬的专业素质，每种书体都要进行比较深入的研究。《中庸》第二十七章"修身"中提到："君子尊德性而道问学，致广大而尽精微。"书法学科与其他学科融合使得书法这门学科横向拓展充实起来，提高了学生的学习积极性；书法学科内部的纵向延伸使得课堂教学变得更加精细，对于提高学生能力有较大帮助。

综上所述，建构主义理论运用于小学书法教学，为教师提高书法教学有效性提供重要的思路。通过营造良好的教学情境，发挥学生学习主体作用与教师及时引导相结合，在教学中对书法学科横向与纵向挖掘，将帮助学生更好地完成知识建构。

第七章 "互联网+"视域下义务教育阶段书法教育的历程、影响和启示

中国互联网络信息中心最新统计数据显示，我国网民已达 8.54 亿人。"互联网+"改变着人们对艺术的实践与认知，它与书法艺术碰撞出新的火花。"互联网+"指的是一套依托互联网对各领域整合与创新实现快速发展的信息技术。书法是神秘而古老的东方艺术，是我国特有的艺术形式，以汉字为载体、以线条为艺术表现手段，审美上受我国儒家、道家、佛家等传统文化影响。互联网技术的出现或许有助于打破人们对于书法艺术保守固化的刻板印象，使书法艺术的个性得到充分发挥。从技进乎道的角度来看，书法艺术所包含的技术指标也可以通过互联网技术进行量化。

古埃及文化、古巴比伦文化以及古印度文化，都已随历史的演进与变革消失，唯独中国古文化从未发生断层。可以说，书法是中国传统文化延续不断的证据。进入现代社会，随着科学技术的进步，虽然传统文化的传承面临一些挑战，但它以一个既成事实存在而被现代教育接纳，是传统文化的沉淀，也是历史的延续。从二者的契合点出发，书法也在进行变革以适应现代教育，比如书法创作中允许使用简体字，又比如中小学校园、教室环境布置中励志的书法标语，实际上都是现代教育对传统文化的一种创新性传承。

书法教育的主要研究对象包括教师、学生与教学。互联网技术的兴起在一定程度上改变着中小学书法教育。各类网络课程平台的授课者皆为教师，参加学习的中小学网民都是学生，教学则偏向互联网线上教学与线下教学相结合。尽管互联网技术从多方面改变着义务教育阶段书法教育，但有一些因素不会彻底改变。义务教育阶段书法教育依然是教师、教学和学生的关系，其学科结构、教学的内容体系不会因互联网技术介入发生颠覆性改变，二者互为补充。

第一节 "互联网+"义务教育阶段书法教育历程

2006 年以来，随着互联网技术的迅速发展，义务教育阶段书法教育的发展也发生了深刻的变化。通过对文献的整理和分析，可以发现义务教育阶段书法教育的发展大致经历

了三个阶段。

一、酝酿期（2006～2011 年）

2006～2011 年是"互联网＋"义务教育阶段书法教育的酝酿时期，网络书法短视频与相关义务教育阶段书法教育理论逐渐出现。书法教育家田蕴章先生在北方网主讲的"每日一题一字"栏目，上传时间为 2006 年 5 月 18 日。该栏目共 365 集，每一集讲解一个书法技法或理论问题，再以楷书、行书、草书三种书体演示一个生活常见字的写法。深入浅出地讲解与示范适合各个年龄段的学习者，中小学生可以在教师指导下或者自主观看这些视频进行书法学习。2006 年 8 月 11 日新浪微博一位名为"颢瀚斋主"的博客发表了一篇微博《写给北方网和田蕴章老师》。该文认为田蕴章先生在书法视频中针对书法的理论和技法讲解精确适合中小学生书法爱好者观看学习，并对北方网致力于互联网书法教育传播的举动给予高度评价。基于互联网开发的现代教育技术将书法课堂的声音、图像以更加生动的方式呈现给学生，对学生能形成多感官刺激，有利于提升课堂效率。2006 年 12 月 31 日，《人民日报》第 8 版刊登文章《正本清源 厚积薄发》，指出"尽管电脑使书法几乎失去了实用性，但书法绝不会因电脑网络的普及而走向消亡"。这释放了对"互联网＋"书法的积极信号。2007 年 7 月 5 日，《人民日报》第 13 版刊登文章《电脑普及了，书法不能丢》，指出"电脑普及了，书法不能丢。"此时"互联网＋"书法教育正面临困惑。2008 年 8 月，深圳市一家公司成立了全国首家中小学书法教育网，网站收录了丰富的教学视频、碑帖教材等教育资源。2010 年 9 月 6 日，《人民日报》第 14 版刊登文章《键盘时代，"手写"如何收复失地》，湖北省语委、省教育厅联合发出通知，要求从新学期起，各级各类学校都应将写字教学列入课程计划，以应对"键盘输入"时代对学生汉字书写能力的挑战。显然，"互联网＋"义务教育阶段书法教育还处于酝酿状态。2011 年 10 月 22 日，《中共教育部党组关于认真学习宣传贯彻党的十七届六中全会精神的通知》要求，"广泛开展优秀传统文化教育普及活动，增加优秀传统文化课程内容，加强优秀传统文化教学研究基地建设"。该文件的出台在全国范围内掀起传统文化传承教育基地建设热潮，义务教育阶段书法教育作为传承优秀传统文化的重要方式得到重视，这对于推动互联网技术与义务教育阶段书法教育进入一个新的阶段，无疑起到推波助澜的作用。

二、初现期（2012～2015 年）

2012～2015 年是"互联网＋"义务教育阶段书法教育的初现期。这里的"初现期"指的是互联网作为一个新生技术进入义务教育阶段书法教育，经过一段时期的探索和沉淀之后实践和理论初步表现出来。2012 年一个中小学书法相关的视频被上传到优酷网，这是深圳市某中小学书法教育培训机构用于招生宣传的视频。春江水暖鸭先知，精明的商家似乎嗅到了"互联网＋"中小学书法教育的商机，准备迎合这一趋势以期获取高额利润。2013 年 1 月 18 日，国家教育部颁布《中小学书法教育指导纲要》，"推进中小学书法教育，传承中华民族优秀文化"。文件还明确了义务教育阶段书法教育的基本理念、内容和目标，从国家层面推动义务教育阶段书法教育规范化。2013 年开始，慕课（Massive Open Online Course，MOOC）在中国得到推广，大规模在线开放课程使学生从被动的接受者变成主动的学习者，个性化的学习内容和随时随地学习的特点受到学生认可。《中小学书法教育指导纲要》出台与慕课等互联网教育高度成熟加快了"互联网＋"的义务教育阶段书法教育进程。2014 年 10 月 15 日，习近平总书记在北京文艺座谈会提出，"实现中华民族伟大复兴需要中华文化繁荣兴盛"。书法作为中华文化的一部分，义务教育阶段书法教育肩负着中华民族伟大复兴与文化繁荣的使命，由此可见书法教育在义务教育中的重要地位。2015 年 7 月，国务院印发《国务院关于积极推进"互联网＋"行动的指导意见》中指出，"顺应世界'互联网＋'发展趋势，鼓励学校利用数字教育资源及教育服务平台，逐步探索网络化教育新模式，扩大优质教育资源覆盖面"。这为"互联网＋"义务教育阶段书法教育提供了依据。

三、发展期（2016 年至今）

2016 年至今是"互联网＋"义务教育阶段书法教育快速发展的时期，以互联网为基础的现代教育技术与义务教育阶段书法教育深度融合。2016 年 7 月 1 日，习近平总书记在建党 95 周年庆祝大会上的重要讲话中指出"文化自信，是更基础、更广泛、更深厚的自信"。书法是中华传统文化的重要标识，从这个意义上来说，书法自信也是文化自信的一部分。2017 年 1 月，国务院办公厅印发了《关于实施中华优秀传统文化传承发展工程的意见》提出，"丰富拓展校园文化，推进戏曲、书法、高雅艺术、传统体育等进校园，抓好传统文化教育成果展示活动"。该文件印发后，书法进中小学校园在全国范围内开展起来了，将义务教育阶段书法教育提升到了一个新的高度。2018 年 4 月，教育部关于发布《中小学数字校园建设规范（试行）》的通知指出，"教育教学主要包括网络备课、网络教学、网络教研、课堂教学与教学资源"。此时"互联网＋"义务教育阶段书法教育硬件与软件已基本趋于完善。2019 年 12 月中国教育报教育回眸年终系列述评指出，"互联网时代，多地通过教育教学方式改革创新，运用'互联网＋教育'免费为农村学校提供优质学习资源，加强教师队伍建设"。农村"互联网＋教育"受到关注，也为农村义务教育开展"互联网＋书法教育"提供了理论基础。2020 年 2 月，教育部办公厅工业和信息化部办公厅发布的《关于中小学延期开学期间"停课不停学"有关工作安排的通知》要求，"为支持帮助学生学习，教育部整合国家、有关省市和学校优质教学资源，在延期开学期间开通国家中小学网络云平台和电视空中课堂，免费提供有关学习资源"。书法教学也通过网络教学平台有序开展。总体来看，这一时期可用于开展义务教育阶段书法教学的互联网资源较多，也有过许多有益的尝试，且出现不少有价值的研究成果。

第二节　互联网技术对义务教育阶段书法教育的影响

纵观我国"互联网＋"义务教育阶段书法教育 15 年的发展历程，可以说，"互联网＋"对我国义务教育阶段书法教育起到了积极的推动作用。随着互联网教育技术的发展，以及教育界对现代教育信息技术应用于义务教育阶段书法教育研究的深入，一些问题也逐渐暴露出来。

一、互联网对义务教育阶段书法教育的积极作用

1. 利于传承书法文化

书法是我国的优秀传统文化，它以汉字为载体传承至今，在人类文明中源远流长。这离不开书法对于中华民族人文气息的培养。在义务教育阶段书法教育的过程中，中小学生可以了解到中华民族的"根"在哪里，"本"在哪里，感受到中国书法文化的魅力。在"互联网＋"背景下创新地传承书法文化是时代赋予我们的责任。互联网的便利为书法文化的传承提供了便利，中小学生在互联网中可以清楚地了解书法文化的来龙去脉，提升其对国家文化传统的认同感。依托互联网平台，义务教育阶段书法教育的创新活力将得到充分释放，开放、合作、平等的环境加速书法教育资源的整合与传播，并爆发出巨大的创新能量。不难发现，近年来网络上名师书法课程较多，中小学生足不出户就可以获得名师指导，这为书法的传承变得更加便捷。社会上有成就、有责任感的书法家也可以通过互联网平台上传书法视频资源，助力义务教育阶段书法教育，培养更多的书法人才。潜移默化之中使学生对书法文化产生强烈的自豪感与认同感，并激起他们对传承书法文化的自觉性与责任感。"互联网＋"义务教育阶段书法教育开发有助于弘扬传统文化，激发中小学生的爱国之情，提高其综合素质。利用网络在中小学积极开展书法教育，弘扬民族传统文化也是文化自信的一种体现。

2. 利于降低书法教育门槛

古代书法的学习核心内容是笔法，往往上层社会人士才有机会学习，而大多数人学习书法靠"悟性"或者"造化"。对于大多数人来说，书法有一种神秘感且学习门槛较高。从技术通往艺术的道路漫长而艰辛，可以说书法是技进乎道的一门学科。基于互联网的教学技术或许有助于中小学生消除书法的神秘感，进而带来书法技艺的突破。中小学生学习书法再无门槛限制，可以随时随地利用互联网学习书法。不仅如此，互联网将视听同步化、图像动态化，传递信息形象、生动，很好地激发了中小学生书法的学习兴趣。多媒体演示书写细节加上翻转课堂的便利，中小学生从靠模糊的直觉进行学习到可以把书法的技术要点量化成一个个具体的指标进行各个击破。以往依赖学校课堂讲授与示范的笔法、字法、章法等大部分知识可以通过互联网平台教学来完成传递。可以说，"互联网＋"义务教

育阶段书法教育可以很好地解决书法的技术问题。借助互联网，中小学生得以快速解决书法的技术问题，将腾出更多的时间和精力去提高文化修养与审美品位，使其作品达到"书如其人""书为心画""气韵生动"的艺术效果。可以说，互联网打通了技进乎道之路。

3. 利于构建多渠道的学科发展平台

各类互联网学习平台为义务教育阶段书法教育提供了新的思路。尽管从短期来看，义务教育阶段书法教育不可避免地面临着互联网的挑战，在一定程度上影响了中小学生书法学习的积极性，但也有利于资源整合，同时为义务教育阶段书法教育带来新的机遇。现代教育信息技术应用于义务教育阶段书法教学具有很好的前景，有利于提高书法教学有效性。从互联网出现开始，学校与家长对中小学生频繁使用计算机键盘导致其书法水平快速下降的担忧从未停止，事实上这些担忧不无道理，但义务教育阶段书法教育并没有因为这些问题而拒绝互联网，而是不断探索它对书法教育可能产生的积极意义。"互联网＋"现代教育技术声像并茂，运用于义务教育阶段书法教学可优化写字过程收到事半功倍的效果。中小学生书法教育的空间从学校教室拓展到广阔的互联网空间，学习空间的重构呈现出联通与融合的特点，更加重视以学生为本的教育理念。其中不乏成功的探索，许多教育工作者已经在尝试通过 MOOC、超星课程平台、微信公众号，以及墨趣 APP 等发布教育资源帮助中小学生提高书法水平，并获得良好的社会效应。这或许是对中小学生在互联网时代对于弹性学习、个性学习、开放式学习，以及参与式学习等诉求的一种积极回应。互联网使得义务教育阶段书法教育得以进入尊重差异性与多元化的阶段，带来了一个自由、开放、多样的教育环境。种种迹象表明，"互联网＋"义务教育阶段书法教育正在融合发展的道路上快速前进。

二、"互联网＋"义务教育阶段书法教育存在的问题

（一）硬件设施建设滞后

"互联网＋"义务教育阶段书法教育离不开必要的硬件设施，这些硬件设施包括专业的书法教室、书法社团活动场地，以及相关训练器材等。目前大部分义务教育阶段学校书法教室的数量、书法练习材料配备、数字书法教室建设，以及书法社团活动场地等情况仍不容乐观。究其原因，一方面，大部分学校资源较少，缺少可用的教室或场地，在这种情况下只能优先保障语、数、英等主科的教学需求。另一方面，教育财政分配不均，优先获得资源的地区中小学即使拥有充裕的资金也不考虑耗费颇大的"互联网＋"书法课程硬件设施建设，而农村或偏远地区学校的预算相对紧张，很少有资金用于改善相关硬件设施。教育财政分配不均，以及学校的不重视因素，使得"互联网＋"义务教育阶段书法教育建设相对滞后于其他学科，这已成为"互联网＋"义务教育阶段书法教育的短板。

（二）师资队伍建设滞后

在现代信息技术逐渐普及的今天，教师的书法专业技能，以及对现代信息技术使用能力是阻碍"互联网＋"义务教育阶段书法推进的重要因素。就义务教育阶段书法师资问题来看，即使地方组织书法师资培训后书法教师学科知识与教学匹配度仍然较低。这归根结底是书法教师编制问题造成的，缺少编制名额导致义务教育阶段的学校很难招聘专业的书法教师。于是出现美术或语文教师兼任书法教师的现象，至少这些科目多少跟书法沾边，然而这些业余的教师书法技能水平却值得怀疑。书法师资培训时间一般较短，3天到1个月不等的时间更多的只是一个教学或学习理念的培训，很难保证教师书法水平有切实的提高。在信息技术使用能力与意愿方面，有研究指出，义务教育阶段教师能力较为欠缺，使用意愿不强烈。书法教师较少地在课堂中使用互联网技术进行教学，课外也很少使用互联网对学生进行书法辅导。或许社会大众对书法这门传统的艺术学科存在刻板印象，又或许书法教师对互联网这一新生事物存在文化偏见，导致一些教师有意或无意将书法艺术与信息技术对立起来，缺乏主动学习的动力。教师书法学科知识与教学需求不匹配，现代教育信息技术应用意识不强且能力欠缺，很难保证教学有效性。

（三）课程设置不合理

从互联网与义务教育阶段书法结合的那一刻起，其课程设计也发生相应变化，这种变化一度让书法课程设计陷入混乱。一方面，学校、教师、家长普遍担忧互联网会对义务教育阶段书法教育带来损害，导致中小学生汉字书写水平快速下滑；另一方面，教师在进行教学大纲、教学课件，以及课程教案编写时很难做到将互联网与书法结合起来。中小学学校也有不可推卸的责任，学校重视不够，书法在义务教育阶段总是以次要学科的身份存在，并依附于美术或者语文等学科。书法课的作用仅仅是让各科考试卷面更加整洁美观而捞取卷面分。书法作为一门学科，当古人的研究成果与先进的互联网技术相遇，如何看待现有的古代理论将决定其课程设计。古人已经留下一套相对完善的关于书法评价与教学的体系，这种体系出现时间远早于互联网技术，教师容易出现先入为主的情况。教师的教育信息技术能力不足也是一个因素。在"互联网＋"的义务教育阶段书法教育背景下，学生的需求常被忽视。为了方便教学材料整理与备课、上课，不少教师采取一刀切的方式处理这种需求。义务教育阶段教师的专业能力有时难以应对学生的需求，只能专长去开展教学工作，学生在教学中仍然处于相对被动的地位。近年来社会上出现了许多中小学生的书法比赛，学校、家长与教师容易出于功利目的迫使中小学生进行迎合比赛的学习。这时课程设计难免与学生实际需求脱节。

第三节 "互联网＋"义务教育阶段书法的启示

在"互联网＋"背景下，义务教育阶段书法教育面临着一些新挑战，也迎来了新的机遇和使命。义务教育阶段书法教育的基础设施亟待完善和更新。加强基于信息素养的师资队伍建设也和以学生为主体的课程设计是义务教育阶段书法教育的当务之急。

一、加强教学设施建设

面对"互联网+"时代，义务教育阶段应当更新基础设施以便开展高效的书法教育，这就需要从以下几方面努力。首先，政府在教育财政上加大资金投入，优化资源配置，适当向乡村或偏远地区倾斜。弥补城乡之间义务教育阶段学校教学基础设施建设的差距。从政策层面上引导中小学各学科均衡发展，加强对义务教育阶段书法教育基础设施建设的支持力度。其次，中小学应当重视书法教育，在场地允许的情况下配备专业书法教室与社团活动场地。在资金充足的前提下学校可建设智慧书法教室。智慧书法教室在教学中可使用交互数字临摹平台，可与学生实现课堂多维互动，直播学生书写过程，教师也可在讲台完成学生作业的高清点评。连接互联网，教师使用智慧书法教室技术还可以实现双模教学，教师能单独管理每一位学生。最后，学校应通过各方面筹集资金保障基本训练器材的供应。通过学校财政预算或者接受社会捐赠等方式，购进一些必要的笔墨纸砚、字帖，以及装裱机等训练器材满足书法教学的基本需求。良好的基础设施是推进"互联网+"义务教育阶段书法教育的有力保障。从长远来看，互联网技术应用于义务教育阶段书法教育不是一蹴而就的，需要一定的后续保障性措施，如政府财政投入、加强政府监控、师资队伍建设，以及网络资源整合等。

二、加强师资队伍建设

师资是开展"互联网+"义务教育阶段书法教育不可回避的问题，高水平的师资有利于义务教育阶段书法教育健康发展。一是构建一个政府、学校、教师共同参与的多元编制管理制度，合理调整教师编制进入与退出办法，解决义务教育阶段教师超编而书法教师却缺人的难题。二是培养教师过硬的专业技能。建立书法职称序列，引导义务教育阶段书法教师自觉提高专业水平。义务教育阶段书法教师应具备各种书体与经典碑帖的临摹能力，在书法上有较高的造诣，同时要有较好的教学能力。义务教育阶段可依托当地的高校，每年定期开展书法教师专业技能与教学培训。教师自身也需要不断地学习更新知识，教师参加各类网络书法课程学习也是有必要的，通过同行间相互学习提高书法技能与教学能力。三是从源头上把关，加强高校在校师范生书法技能训练，为义务教育输送合格的书法教师。高校培养中小学各科目师范生都应开设书法课程，严格把控书法教师教育质量关。四是提高教师的信息素养。通过政府或学校组织培训使书法教师具备通过互联网快速获取信息与处理信息的能力，并掌握相关技术以便将这些信息转化为教学资源。从编制上解决书法教师招聘问题，提高在校书法教师专业技能与信息素养有助于互联网+义务教育阶段书法教育师资队伍建设。

三、加强以学生为主体的课程设计

在互联网技术高度发达的背景下，学生的角色已经由知识接受者转变为主动获取且具有能动性的知识学习者，义务教育阶段书法教育中课程设计不得不考虑这个问题。过去在义务教育阶段书法教育中，教学内容以教材为主，高度依赖教师填鸭式的讲授完成教学任务。"互联网＋"背景下中小学生的学习方式发生了较大变化，深度学习、个性学习、合作与探究学习成为新兴的学习方式，丰富的网络书法课程资源也提供了多种选择。通过构建开放的互联网平台，学校、教师、学生从互联网获取所需的书法教育资源，以现代信息技术作为教学内容设计手段，对于义务教育阶段书法教育来说是一个新的思路。墨池、墨趣等专业书法课程平台也有大量为中小学生量身定制的书法课程，这可以成为课堂教学的一种延伸或补充。因此，在设计课程前应当明确，教师和学生是某个知识任务的合作者，教师在这一过程中帮助学生不断地延伸学习的广度和深度，学生通过合作、探究自主完成所需的知识建构。以学生为主体的课程设计还需要社会、学校、家长以及教师达成共识，摒弃急功近利的心态，正视中小学生的需求帮助他们掌握所需知识。

第八章　义务教育阶段书法教案编写

2013 年 1 月 18 日教育部颁布《中小学书法教育指导纲要》以来，我国义务教育阶段书法教育进入了一个新的阶段。书法教育正式纳入义务教育教学体系，硬笔和毛笔书法教育在中小学得以正常开展。这就要求义务教育阶段书法教育走向规范，而教学规范是重要内容。教学规范则要从教案规范做起。编写一份规范的教案需要从学情分析、学习动机、教材、教学重难点、教学过程等问题抓起。

一、学情分析

义务教育阶段书法教育中学生年龄跨度较大，不能以一刀切的方式笼统设计教案。每个年级的学生因年龄、心理和接受能力等方面的差距应在设计教案时考虑进来，真正做到因材施教。学情分析是教案设计的重要依据，也就是说义务教育阶段书法教案中要体现对学生已有知识等实际情况的关注。在义务教育阶段书法教学中，教师的"教"是为了帮助学生更好地"学"，以学生为中心的教学才能收到更好的教学效果。中小学生书法教学过程中学生的学情是动态生成的，教案设计也应具有一定的灵活性。也就是说，一堂书法课从课前准备到教学实施与评价，再到课后反思，都要具有一定的灵活性。

学情分析即是在课前对将上课的中小学生书法学习情况的一次摸底，以便制定合理的教学方案。制定教案的目的是帮助学生完成书法知识与技能的建构。教师在制定教案的过程中，要考虑教师已有经验、学生的书法基础、学生的学习能力与动机等，要有一个合理的情境串联起来，实现课堂教学的有效性。这个情境也是一个平台，中小学生通过这个平台实现合作与分享，才能实现教学效果最大化。

仅仅将学情分析局限于课前显然是不够的，优秀的教案应当能够预判课堂教学中出现的种种情况，且能根据这些情况采取合理的措施。虽然课堂是动态生成的，但教师要具备判断其变化趋势的能力，并能形成方案。在义务教育阶段书法教育中，试图掌握课堂的所有细节实际上是徒劳的，不具备太大的现实意义，而预想一些重要的细节对教案的生成具有重要的作用。

课后教学反思也是学情分析的一部分，教师通过对教学活动与对学生学习的掌握情况进行反思，为教案的进一步完善提供了依据。针对一堂已经结束的义务教育阶段书法课，教师与学生的表现都是重要的考量因素。班级之间的差异、学生与学生之间的差异都是重要的学情,基于这种差异的共性问题则成为改进教学方案的关键。

二、学习动机分析

中小学生书法学习的动机是由某种内在需求驱动的,比如父母的期望,写字工整得到更好的分数,以及对传统文化的兴趣等,良好的学习动机是义务教育阶段书法教育顺利开展的关键。当中小学生认为学习书法是一件有意义的事情,值得为其付出努力,并对学习成果有所期待的时候,我们可以认为此时中小学生书法学习的动机较强。不可否认,一些动机较弱智力较高的中小学生为了应付书法期末考核,也能收到不错的书法学习效果。书法学习是一个持之以恒的过程,高智力水平和应付式的学习并不足以支撑其在书法领域取得较高成就。在智力水平差别不大的情况下,中小学生书法学习的动机保持中等或偏强的水平,其书法学习效果最佳。可以说书法训练是从"眼高手低"开始的,从眼界的提高到手上功夫的提高需要一个循序渐进的过程,最后实现从知道到做到。眼界的提高,即认识的提高,即便知道了原理,但在具体操作过程中未必马上能做出相应的艺术效果,这也就产生了一些困惑,致使动机较弱的学生产生畏难心理,从而退半途而废,动机过高的学生拼命训练筋疲力尽。这样的情况显然不是理想的教学应当出现的。

义务教育阶段书法教师在编写教案时就应当考虑到学生的动机因素,预测并调动其学习动机达到一个利于教学的水平,进而提高书法教案的科学性。一方面,教案中应当精心设计教学环节,激发中小学生书法学习动机。在教学环节的安排上,教师以任务驱动教学,设定预期目标后将课堂的权利合理分配到各个任务组成员手中,围绕任务设定完成任务的时间,以及对执行任务的活动进行评价。利用这个方法激发中小学生书法学习的动机。另一方面,引导学生形成合理的学习动机。中小学生通过书法学习来回应父母的期待可以理解,但不是为父母而学。书法学习必将提高其书写技能,以便在考试中做到书写工整拿到更高的分数,但考试高分不应成为书法学习的主要目的。书法是中华民族的优秀传统文化,应当得到很好的传承和发扬。中小学生是民族的未来,应当主动承担传承民族优秀书法文化的使命。从这个意义上来讲,中小学生学习书法的动机不仅是为自己争口气,更是为民族争光。

三、教材问题

古代书法家留下大量的名碑名帖,以及当代书法教育家的探索成果,可供利用的教学资源比较丰富,对于义务教育阶段书法教师而言,既是机遇又是挑战。这样的背景下义务教育阶段书法教师的教和学生的学是一个需要更多关注的问题。目前流通的教材大部分偏重于书法技法学习,如使用硬笔楷书、行书字帖,大部分以中小学课文同步生字词和必备诗词、课文为主,一些则是针对中小学常用汉字的介绍,另有一些主要对汉字笔画、偏旁、部首、结构、章法进行分解。毛笔教材以当代人临摹或者分解欧阳询、颜真卿、柳公权、赵孟頫楷书为主,对毛笔的运笔、笔画写法、结构和章法进行较为详细的介绍,对于初学者来说确实有较大的帮助。这些硬笔或毛笔教材主要是对书法技法进行介绍,但对书法文化知识的介绍较少。在这种情况下,中小学生难免将书法片面理解为技法,过度关注书法的技术问题,而对书法文化理解有待加强。

由于义务教育阶段书法课程尚无统一的教材,教师在编写教案的过程中不可局限于某一本习字帖,而是加强对现有书法教材与古代碑帖的整合,使义务教育阶段书法教学既不空谈理论又不流于对技法的追求,使教学真正实现"营养均衡"。当代书法教育家的书法教材成果值得肯定,是很好的参考,但也要追本溯源回归经典,挖掘古代碑帖中适合义务教育阶段书法教学的因素。书法是技进乎道的学科,书法的问题实际上也是文化的问题,教师有必要让中小学生了解我国灿烂的书法文化,这些都要体现在教案之中。教师借鉴当代书法教育家的字帖或教材和古代碑帖,以及与之相关的古诗文进行整合,使之适应义务教育阶段书法教学的需要,才能设计出更符合义务教育阶段书法教学需要的书法教案。

四、教学重难点

义务教育阶段书法教学的重点是根据书法课程标准的要求,学生在书法学习中应当掌握的重点问题,如书法技法、书法学习方法等。具体来说,教学重点也可以理解为一次书法课要重点掌握哪些内容及书法背后的艺术理念或文化内涵,本课所讲内容的技巧、规律等相对抽象的内容,可以视为教学难点。从表述来看,教学难点相对抽象,很有可能超出大部分学生生活经验范围,以至于理解起来有一定难度。在教学中,教学难点的把握要因学生而异,学生个体差异性决定了教学重难点不尽相同。在编写教案的过程中,教师对于重难点的处理需要借助一些手段来实现,比如通过图片、视频或者小实验来帮助学生更加直观地认识重难点。

其一,设计教案时可以尝试插入一些与书法相关的图片、视频,以及安排一些小游戏,帮助学生掌握这次课的重难点。书法是一门实践课程,仅仅依赖教师的讲解是不够的。在不借助多媒体的情况下,教师在讲台上集中示范也很难照顾到每一位学生。因此,通过一些书法图片或者视频帮助学生理解课程的重难点就很有必要了。有些比较抽象的问题不妨借助游戏加深学生对问题的认识,如运笔的阻力如划船桨,可以准备一个容器和一把小桨让学生亲身体验桨与水的阻力,进而迁移到运笔过程中毛笔运动的阻力问题。

其二,在设计教案时要提炼出一堂书法课的重难点,在本课内容基础上建立起一个具体的问题清单。问题清单应能够解释本课教学内容,学生完成本课学习后应达到的能力目标,学生在学习过程中预计会遇到什么问题等。以问题为导向,根据问题清单理清教学重难点是书法教案要解决的一个重要问题。

其三,设计教案时要明确教学重难点与教学关键问题之间的关系。义务教育阶段书法教学的关键问题是培养中小学生书法的核心素养。通过书法教学养成良好的书写习惯,培养对中国书法文化的自信心,写好中国字,做好中国人。中小学生在书法课上学到好的书写习惯,获得可持续学习的能力,同时加深对民族传统文化的理解,形成文化自觉与自信。这些都是问题的关键所在,应当与教学重难点有机结合在一起。这就是说,教学重难点要解决的问题不仅是书法技术层面的问题,更是文化与精神层面的问题。

五、教学过程

（一）教学导入

在义务教育阶段书法教学实施的过程中，导入是一个很关键的环节，好的导入可使教学收到事半功倍的效果。这就要求在设计教案时精心设计导入环节。导入受一些因素的影响，诸如教师的理念与习惯、教学的模式等。从教师的理念与习惯因素来说，书法课教什么、如何教，在一定程度上影响着学生的"学"。教师在确定一个教学内容后，要设计一个环节，在授课开始后帮助学生架起已有知识、经验与新知识之间的桥梁。这个环节可称之为导入。导入环节可以从一个问题开始，也可以从一段书法小故事，或一段小视频，或图片展开。书法课的导入没有固定的模式，具体实施由教师灵活把握。导入的目的是帮助学生了解这节课的学习任务，建立起新知识与自己之间的联系。从教学模式来说，义务教育阶段书法学习不是简单的单向知识传递行为，而是教学相长的促进过程。教师在书法课开始时通过建构一个情境，使学生进入情境，主动完成对知识的建构。教师以建构情境的模式导入，帮助学生完成书法技能与知识的建构无疑是一个较合理的教学模式。在这个情境里，书法课不再是枯燥乏味的技法课，而是有趣的书法探索课。在完成情境建构导入后，学生就成为了教学的主导，其积极性和主动性得到较大释放，眼界也将得到拓宽。与此同时，书法知识借助情境内化为学生的知识与经验。所以教学模式的设计在教案设计中有不容忽视的地位。

（二）教学内容安排

义务教育阶段书法课程有其特殊性，一般是结合语文写字课或美术课开展，很少有学校单独开设书法课。书法课程在中小学校没有独立的地位，在一定程度上决定了中小学课堂上专门用于书法的时间较少。然而书法课的任务并没有因为这样而缩减，毛笔、硬笔都要学习，篆书、隶书、行书、楷书各个书体都涉及。假如教学内容安排考虑各年级学生之间的差异，不考虑每个内容与学生的实际情况，显然这样的课堂是低效的。一般来说，小学一年级的学生宜从楷书学起，端庄的毛笔或硬笔楷书均可作为学习内容，但行书内容学习对于这个年龄段的小学生来说为时过早。对于小学一年级的学生来说，掌握硬笔的握笔姿势与坐姿，了解笔顺笔画的简单知识，能把字写端正，这是当务之急。若能学会毛笔的执笔与运笔，掌握简单的笔画写法，能书写简单的字，这也是较理想的情况。而对于初一年级学生来说，在具备一定楷书基础后，不妨进行隶书、行书或篆书的学习，拓展其书法知识。若能在小学与初中进行不间断的书法学习，到了高年级阶段书法基础已经比较扎实了，加之学习能力的提升，书法学习中也可以涉猎行书。初中高年级阶段即使学习楷书，学习内容也应当与小学、初中低年级有所区别，不妨从实用方面和艺术方面提出一些有挑战的内容。故在教案设计过程中，应根据具体情况安排合理的学习内容。

第九章　义务教育阶段书法教案案例

第一节　毛笔楷书教案

第一课　毛笔楷书书法介绍

一、教学目标

（1）了解书法相关知识，认识文房四宝。

（2）感受楷书的艺术美。

二、教学重点

了解楷书基本知识和认识文房四宝。

三、教学难点

感受楷书的艺术美。

四、教学过程

（一）导入

师：相信同学们通过预习都对毛笔楷书和文房四宝有一定的了解，那接下来一起深入学习吧！

（二）新授

1. 书法的概念

（1）什么叫书法。

广义的书法是指人们写字的方式和方法；狭义的书法是指书法家在一定的规则制约下，用笔墨线条进行艺术表现的方法。毛笔书法历史悠久，若是从甲骨文开始计算，距今约3000年。目前人们把书法分为五种字体。甲骨文和金文统称大篆，其余篆书为小篆，大篆和小篆都是篆书。篆书的盛行时期主要在秦朝以前。隶书产生于秦朝，盛行于西汉、东汉时期。楷书产生于东汉末年，成熟于唐代。行书是一种使用比较广泛的书体，也是对楷书的简写、快写。草书脱胎于隶书是一种艺术性比较强的书体，由于草书符号难以辨认，所以缺乏实用性。今天五种书体依然存在，它们都是书法艺术表现的重要载体。

我们下面重点介绍的是楷书。楷书最早出现于东汉末年，是对隶书的一种改进，隶书的捺画被弱化，特别是横向的捺画不再写成捺，以顿收笔进行处理。相传三国时期魏国的钟繇发明了楷书。到了魏晋南北朝，楷书的样式越来越丰富。唐代是楷书发展的高峰期，楷书的笔法、结构、章法都形成规范，至今这些规范还在影响着人们的书写。楷书又称书体中的楷模，是使用最广泛的书体，也是人们汉字启蒙的重要字体。

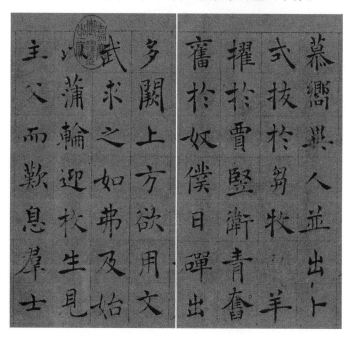

资料来源：（唐）褚遂良的《倪宽赞》，书法空间网，http：//www.9610.com/csl/index.htm.

（2）书法要素。

1）章法：章法指的是整幅书法作品的空间布白的方式和方法。字与字之间的关系构成行，行与行之间的关系构成通篇，通篇协调即是好的章法。

2）结构：结构是指字的框架组合关系。一个字，笔画与笔画会按照一定规律进行组合，呈现出和谐的美感。

3）线条：线条是指毛笔与纸张摩擦留下的痕迹。好的书法线条浓淡干湿得宜，既凝练又飘逸，如万岁之枯藤，给人带来美的感受。线条是不可重复的，下笔的方式、力度、速度等因素不同，线条效果也不一样。

（3）毛笔书法小常识。

1）毛笔楷书的书写规则。一般而言，长笔画细，短笔画粗，笔画多的字写紧凑些，上下结构的字下半部分要端庄平稳，独体字宜写小些。这些关于笔画和结构的规则要遵守。

2）书法入门的基本要求。书法入门宜从楷书学起，初学楷书可写大字，既可以锻炼指、腕、臂的协调性，又可以练习汉字的空间布白，为后续书法学习打下坚实的基础。

3）关于繁简字。繁体字是汉字简化之前使用的文字，笔画繁多，记忆困难。1956年中华人民共和国国务院公布的《汉字简化方案》，对繁体字进行了简化。目前我国港澳台地区，以及新加坡、马来西亚等华人社区仍使用繁体字。在毛笔楷书训练过程中要能区分繁体字和简体字。繁体字也是中华民族传统文化的一部分，辨认繁体字有利于文化传承，如春节楹联、家居书法作品等可以使用繁体字，但正式场合还是以简体字为标准，维护我国语言文字的权威性。

2. 书写工具

（1）文房四宝。

1）笔：笔是书法学习最基础的工具。根据制作材料，笔可以分为狼毫、熊毫、鸡毫、兼毫等。根据笔毫软硬，笔可以分为硬毫、软毫、兼毫。根据笔锋长短，笔可分为长锋笔、短锋笔。一般而言，狼毫、熊毫偏硬但弹性好，羊毫偏软较弱但弹性差，兼毫则软硬适中、弹性较好，初学毛笔书法宜用兼毫笔。不同的情况需要不同的笔，篆书可以使用长锋羊毫，蓄墨较多，使转自如。楷书、隶书用兼毫笔，可以表现出线条的弹性与刚强。书法学习在达到一定程度后，各类笔都能轻松驾驭，但每个书法家的习惯不同，对笔的要求也不一样。

2）墨：墨分墨条和瓶装墨两大类，墨条研磨需要耗费一定时间，相比之下瓶装墨更加便捷。

3）纸：书法练习可以使用半生熟宣纸或毛边纸，纸上应有格子，10公分左右大小的格子适合初学者书法练习。

4）砚：书法练习不必购买砚台，可以用瓷碗或塑料碗代替，便于携带又节约。

（2）重要辅助工具。

1）一本合适的楷书字帖，如颜真卿的《多宝塔碑》、欧阳修的《九成宫醴泉铭》、褚遂良的《雁塔圣教序》、赵孟頫的《玄妙观重修三门记》等。

2）一张小书画毡，约1平方米。

3）一个山形小笔架。

小结：楷书是使用最广泛、通用时间最长的标准字体，想要学好毛笔楷书，就得掌握一定的楷书基本知识，准备文房四宝。

（三）巩固

师：本次课学习了毛笔楷书的常识与工具。哪位同学愿意带大家回顾一下本次课内容？（学生回答）。

教师点评，并与学生回顾本次课内容。

（四）总结

师：本次课我们学习了毛笔楷书的常识与工具，很多同学都掌握了今天所学的内容。希望同学们能在课后温故而知新。

（五）课后作业

（1）复习本次课内容。

（2）预习下次课内容。

第二课　书法姿势及选帖、读帖与临帖

一、教学目标

（1）掌握正确的书法姿势和运笔方法，培养良好的写字习惯。

（2）学会选择合适的字帖，并且能够读帖和临帖。

二、教学重点

掌握正确的书写姿势和运笔方法。

三、教学难点

学会选择字帖与读帖、临帖。

四、课前准备

笔、墨、纸、砚、毛毡。

五、教学过程

（一）导入

师：同学们，我们都知道正确的书写姿势对于写字非常重要，正确的书写姿势不仅能保证书写自如，减轻疲劳，提高书写水平，而且还能促进我们身体的正常发育，预防近视、斜视、脊椎弯曲等多种疾病的发生。书法"不可言宣"的奥妙，主要在笔法的运笔方面，所以掌握正确的运笔方法也相当重要。同样，要学好书法，我们还要学会选帖、读帖与临帖。本节课我们就一起来学习这些内容。

（二）新授

教师示范讲解，学生学习。

（1）坐姿。

坐姿是指坐着的书写姿势，身体与桌子之间约有一拳头距离，左手平放在桌面上扶着纸面，右手执笔，可悬腕，也可枕腕，身体自然放松。坐姿的基本要求是：头正、身直、臂开、足平。

（2）执笔。

古人说："凡学书者，先学执笔。""执笔方法正确了，写字就会得心应手，运转自如"。反之，则不然。

1）五指执笔法：

擫：大拇指的指肚儿按笔杆内侧，由里向外发力；

押：食指头节指肚儿紧贴笔杆外侧，与拇指配合从外向里发力；

钩：中指自外围钩笔管，贴着食指，从上往下发力；

格：无名指指甲盖抵住笔管下侧，由下往上发力；

抵：小指轻轻靠着无名指，与无名指并拢。

2）指实与掌虚：手掌放空，似握鸡蛋，手指自然并拢，灵活运转。

3）腕平而管直：手腕要平，笔管要直，使笔锋保持中锋状态，收放有度。

4）掌竖且心圆：手掌直立，掌心呈圆弧，五指齐力。

5）执笔的高低：古人对执笔高低比较讲究，王羲之认为："真一、行二、草三。"我们今天学习毛笔书法不必生搬硬套，执笔的姿势是为了方便书写。

（3）运腕。

"执笔在指，运笔在腕，运指不如运腕"，"务求笔力从腕中来"，这些都是古人关于运腕的一些总结。以腕力带动笔力。运腕大致有悬肘、着腕、枕腕、提腕四种方式。

1）着腕：有呆板的嫌疑，不提倡；

2）枕腕：灵活性受到一定限制，初学也不提倡；

3）提腕：初学者坐姿适用；

4）悬肘法：初学者站姿书写适用。

（4）运笔。

运笔即用笔方法。学书法，要先学运笔。运笔的好坏决定了书法作品质量。如果掌握了运笔，书法自然充满了美感，由此可见运笔很重要。

每个点画都包含起笔、行笔、收笔三个步骤，运笔过程又包含提按、顿挫、转折、中锋、侧锋、顺锋、逆锋、藏锋、露锋、圆笔、方笔等技巧。

起笔有逆锋和顺锋，逆锋指的是下笔前先往相反方向运动，后着纸运行，起笔的锋颖藏在笔画里，也叫"藏锋"，顺锋也叫露锋，起笔的画笔锋自然外露。

行笔又称运笔，指起笔后的笔在纸面上运动，笔法包含中锋和侧锋。中锋指的是笔在运行过程中笔锋保持在笔画中间，笔画饱满有立体感。侧锋指的是笔在运动过程中笔锋偏向一侧，侧锋取妍。

提笔则笔画变细；按笔则笔画变粗；顿笔则墨色加深；驻笔可以蓄力；转笔与折笔都是笔锋变向，转以成圆，折以成方；衄锋，笔锋呈逆势。

收笔，是指笔画末端笔毫离开纸面时的动作，有回锋收笔和露锋。收笔要笔到力到，不能一带而过，浮滑无力。

初学楷书要注意运笔的每个细节，尽量逆锋起笔，中锋运笔，笔笔都到位。逐渐熟练各种笔法，使笔画更加丰富。

（三）选贴

（1）选贴。

选贴是指选择合适的字帖，也就是向哪个帖学习的问题。选择古人的字帖是在向古人学习，但古人距离我们较远，学习起来有一定困难，就需要书法老师的引导。我们学习是在书法老师引导下向古代经典字帖汲取知识与技能，所以字帖的选择应听取书法老师的建议。

人们选择字帖通常从唐代欧阳询的《九成宫醴泉铭》、唐代颜真卿的《多宝塔碑》、唐代柳公权的《玄秘塔碑》、元代赵孟頫的《玄妙观重修三门记》等经典名碑、名帖入手。这也是我们常说的欧体、颜体、柳体、赵体。选定字帖后要下苦功学习，不能频繁更换字帖，应吃透一家一帖。

（2）读帖。

读帖指的是对字帖的观察、了解和体会，对它的笔法、结构、章法乃至书家的师承渊源等都有较为深入的钻研。多准备几本字帖放在自己经常看到的地方，经常阅读，用心体会。

（3）临帖。

临帖方法较多，通常有对临、选临、放大临、缩小临、背临、意临等。背临、意临不适合初学者。

（四）巩固

师：本次课学习了毛笔楷书的书法姿势和运笔方法。哪位同学愿意带大家回顾一下本次课内容？（学生演示）

教师点评，并带学生回顾本次课内容。

（五）总结

师：汉字书写训练是一门实践性很强的课程，非一朝一夕能练好。掌握正确的书写姿势和运笔方法，培养良好的写字习惯，通过长时间的不断的反复临帖练习，多观察、多思考，感悟其中的奥妙与快乐，才能逐步达到心手合一，愉快书写汉字的效果。本次课我们学习了毛笔楷书的书写姿势和运笔方法，很多同学都掌握了今天所学的内容。希望同学们能在课后温故而知新。

（六）课后作业

（1）复习本次课内容。

（2）预习下次课内容。

第三课　点、横的类型及书写技法

一、教学目标

（1）了解点画和横画的常见类型。

（2）掌握点画和横画的书写技法。

二、教学重点

掌握点画和横画常见类型的基本写法。

三、教学难点

将横画与点画运用到具体例字中，比较各例字点画、横画的不同书写方式。

四、课前准备

笔、墨、纸、砚、毛毡。

五、教学过程

（一）导入

师：基本书法理论知识的课程结束了，那么我们就要开始我们的实践了。先从毛笔的基本笔画开始。我们将会学习点画、横画、竖画、撇画、捺画、钩画、折和挑画。那么这节课，我们就从看似简单写起来却不简单的点画和横画学起。

激发学生们的学习兴趣，活跃课堂氛围。

（二）新授

1. 点画

（1）圆点。

1）笔尖从左上轻提逆锋、向右下轻顿后顺势腹部收笔。

2）逆锋起笔、回锋收笔，背圆腹平。

3）学生在教师的指导下练习圆点的写法，将笔画运用到字中，开始学习"学、头"字。

（2）左点、右点。

1）左点，写法与圆点类似，方向与圆点相反，而形状与圆点相似，比圆点瘦。

2）右点，写法与圆点类似，方向与圆点相同，而形状与圆点接近，比圆点瘦。

3）教师示范左点、右点的书写方式，学生练习；完毕后开始学习"小"字。

（3）直点。

1）也叫竖点，形状类似短竖。

2）逆锋起笔、回锋收笔，上稍重下稍轻。

3）教师示范直点书写方式，学生练习；完毕后开始学习"六"字。

（4）撇点、垂点。

1）撇点，笔尖向右上逆锋、轻顿；掉转笔锋向左下斜撇出锋；比短撇更短，更饱满。

2）垂点，逆锋起笔，从轻到重，状似露珠。

3）教师示范撇点、垂点书写方式，学生练习；完毕后开始学习"灾"字。

（5）出锋点。

1）写法和左右点相似，不同之处在于顺势出锋。

2）教师示范带出锋点书写方式，学生练习；完毕后开始学习"心"字。

（6）长点。

1）也叫反捺。

2）是捺画回锋的写法，饱满圆润。

3）教师示范长点书写方式，学生练习；完毕后开始学习"不、公"字。

2. 横画

（1）长横、短横。

1）长横，逆锋起笔，回锋收笔，中段稍细，两头较粗，略向右上倾斜，取斜势。

2）短横，写法与长横相似，但粗细变化不大。

3）教师讲解并示范长横、短横的书写方式，学生在教师的指导下学习长横、短横的写法，将笔画运用到例字中，开始学习"三"字。

（2）左尖横、右尖横。

1）左尖横，露锋起笔，由轻到重，左细右粗。

2）右尖横，逆起笔，重按轻提，左粗右细。

3）教师讲解并示范左尖横、右尖横的书写方式，学生在教师的指导下学习左尖横、右尖横的写法，并将笔画运用到字中，开始学习"非"字。

小结：横的长短变化，对字的结构起着协调的作用。

（三）巩固

师：本次课学习了毛笔楷书的点画和横画的写法。哪位同学愿意和大家分享课堂训练成果？（学生展示）

教师点评，并带学生回顾本次课内容。

（四）总结

师：本次课我们学习了毛笔楷书的点画和横画的写法，很多同学都掌握了今天所学的内容。希望同学们能在课后温故而知新。

（五）课后作业

（1）复习本次课内容。

（2）预习下次课内容。

第四课　竖、撇的类型及书写技法

一、教学目标

（1）了解竖画、撇画几种类型。

（2）掌握竖画、撇画书写规律，并应用于日常书写。

二、教学重点

了解竖画、撇画几种类型。

三、教学难点

掌握竖画、撇画书写规律，并应用于日常书写。

四、课前准备

笔、墨、纸、砚、毛毡。

五、教学过程

（一）导入

师：在上新课之前，老师想请三个同学将上节课所学的六种横画上台来演示一遍。（学生上台演示）其余同学认真观察并点评。（学生点评，教师补充）

师：本节课我们将继续学习新的笔画，即竖画和撇画。

检查书法用具、坐姿和执笔方式。通过图片展示的直观形式呈现几种竖画和撇画；再逐一介绍几种竖画和撇画的名称。（竖：悬针竖、垂露竖；撇：长直撇、竖撇、短撇、平撇、卷尾撇、兰叶撇）

（二）新授

1. 竖画

（1）悬针竖。

1）逆锋起笔，头部稍微饱满，中段粗细变化不大。

2）末端收笔前驻笔蓄力向下出锋，状若悬针。

3）教师示范上悬针竖的书写方式，学生在教师的指导下学习上悬针竖的写法，将笔画运用到字例中，开始学习"年"字。

（2）垂露竖。

1）逆锋起笔，头部较为饱满，中段粗细变化不大。

2）末端顿笔回锋，形状像是悬挂着的露珠。

3）教师示范上垂露竖的书写方式，学生在教师的指导下学习上垂露竖的写法，将笔画运用到字例中，开始学习"甲"字。

2. 撇画

（1）长直撇、竖撇。

1）长直撇，逆势落笔，掉转笔锋，中锋运笔，速度逐渐加快直至最后撇出笔锋，动作应舒展，至笔画结束后笔在空中继续运动自然停下来。

2）竖撇，逆势落笔，掉转笔锋，中锋运笔，先竖后撇，从竖变撇的过渡要自然。

3）学生在教师的指导下练习平撇的写法，并将笔画运用到字中，开始学习"使"字。

（2）平撇。

1）写法与长直撇类似，笔画较短。

2）向右顿笔掉转笔锋向左行走，撇出笔锋，笔画方向较平，且与左尖横相似。

3）学生在教师的指导下练习平撇的写法，将笔画运用到字中，开始学习"乏"字。

（3）卷尾撇。

1）卷尾撇，逆势落笔，顺势行笔，收笔处卷尾向左上收笔。

2）教师示范卷尾撇书写方式，学生练习；完毕后开始学习"颩"（风）字。

（三）巩固

师：本次课学习了毛笔楷书的竖画和撇画的写法。哪位同学愿意和大家分享课堂训练成果？（学生展示）

教师点评，并带学生回顾本次课内容。

（四）总结

师：本次课我们学习了毛笔楷书的竖画和撇画的写法，很多同学都掌握了今天所学的内容。希望同学们能在课后温故而知新。

（五）课后作业

（1）复习本次课内容。

（2）预习下次课内容。

第五课　捺、折、挑的类型及书写技法

一、教学目标

了解毛笔楷书捺、折、挑的不同类型。通过观察、分析和练习等方式，掌握捺、折、

挑的书写规律并应用于日常书写。

二、教学重点

了解毛笔楷书折、挑的不同类型。

三、教学难点

通过观察、分析和练习等方式，掌握折、挑的书写规律并应用于日常书写。

四、课前准备

笔、墨、纸、砚、毛毡。

五、教学过程

（一）导入

师：同学们，我们上次课学习了竖画和撇画，有谁愿意和大家分享课后训练成果？（学生上台展示，教师点评，并带学生复习上次课内容）

师：同学们认真地完成了课后作业，接下来我们就进行本次课程的学习。

检查书法用具、坐姿和执笔姿势。通过图片展示的直观形式呈现捺、折、挑笔画的例字。

（二）新授

1. 捺画

（1）长斜捺。

1）逆势落笔，左上向右下行笔渐渐将笔毫铺开，至下端即将收笔处重顿，并向右平出，自然带出笔锋。

2）"蚕头燕尾"，"一波三折"。

3）学生在教师的指导下练习长斜捺的写法，将笔画运用到"文"字。

（2）平捺、弧捺。

1）平捺，与长斜捺写法类似，走势趋平，通常作为字的底部承载上部分。

2）弧捺，呈弧形，有包围的态势。

3）学生在教师的指导下练习平捺、弧捺的写法，将笔画运用到"近"字。

（3）反捺。

1）反捺，又叫长点，笔画末端不出锋，顿笔回锋。

2）教师示范反捺的书写，学生练习，并应用到"不"字。

2. 折画

（1）横折。

1）中锋运笔。

2）转折处要轻提再顿笔，调整笔锋顺势写竖画，横折应折中带转略显圆润。

3）教师示范横折的书写，学生练习，并应用到"口"字。

（2）竖折。

1）中锋行笔。

2）转折处驻笔轻顿，再略往右写横画，要有一点棱角。

3）教师示范竖折的书写，学生练习，完毕后学习"區"（区）字。

（3）撇折（撇点）。

1）中锋运笔。

2）撇画连接长点，上笔末端驻笔再向右下写长点，流畅自如。

3）示范撇折的书写，学生练习，并开始学习"妝"（妆）字。

3. 挑画

（1）逆锋起笔，掉转笔锋向右上中锋行笔。

（2）边走边提，直至最后出锋。

（3）教师示范挑画书写方式，学生练习；完毕后开始学习"习（习）、将"字。

（三）评比

师：接下来又到我们的课堂游戏环节了，这次我们稍微改一下规则，老师随机抽取三个小组的同学出来演示本次课的笔画和字例，分别有第二组、第三组还有第六组的同学，其余小组每组有两票，在看完演示之后，进行两分钟的小组讨论投票，并说出投票给他们的原因。（认为写得好的地方，是否有美中不足的地方，有的话并指出来）

学生演示与点评，教师进行适当补充。

活动完毕。本次活动的目的是老师给予平台，让学生的作品得以展示，增强学生的自信心，提高学生的观察分析能力。

（四）巩固

师：本次课学习了毛笔楷书的捺画、折画、挑画写法。哪位同学愿意和大家分享课堂训练成果？（学生展示）

教师点评，并带学生回顾本次课内容。

（五）总结

师：本次课我们学习了毛笔楷书捺画、折画、挑画的写法，很多同学都掌握了今天所学的内容。希望同学们能在课后温故而知新。

（六）课后作业

（1）复习本次课内容。

（2）预习下次课内容。

第六课　钩画

一、教学目标

认识钩画的不同类型，并通过学习能将它们的不同形式呈现在一些较为简单的字中。

二、教学重点

认识钩画的不同类型，掌握其书写技巧，反复练习，学会书写。

三、教学难点

通过学习钩画的不同类型，能将它们的不同形式呈现在例字书写中。

四、课前准备

笔、墨、纸、砚、毛毡。

五、教学过程

（一）导入

师：同学们，我们上次课学习了毛笔楷书的捺、折、挑，有谁愿意和大家分享课后训练成果？（学生上台展示，教师点评，并带学生复习上次课的内容）

师：同学们认真地完成了课后作业，接下来我们就进行本次课程的学习。

检查书法用具、坐姿和执笔姿势。通过图片展示的直观形式来呈现钩画例字。

（二）新授

1. 竖钩

（1）起笔与竖画相似，逆锋起笔，中锋行笔，直画中段粗细变化不大。

（2）钩处笔锋先往左下驻笔蓄势向左上45度角推出笔锋，且出锋要轻快。

（3）形状如鹅头，也叫鹅头钩。

（4）教师示范并讲解竖钩的写法，学生练习，完毕后开始学习"水"字，学生练习例字，教师指导并纠正学生书写过程中的问题。

2. 弧钩

（1）逆锋起笔，中锋运笔，前段弯曲后段稍直，弧度不宜太大，粗细匀称。

（2）起笔和收笔应在水平线的垂线上，弧线要保持平衡，不宜僵直，也不能弯而软。

（3）教师示范并讲解弧钩的写法，学生练习，完毕后开始学习"家"字，学生练习例字，教师指导并纠正学生书写过程中的问题。

3. 斜钩

（1）逆锋起笔，中锋运笔，粗细变化不大。

（2）弧度稍小，要挺拔。

（3）钩与竖钩写法基本相似。

（4）教师示范并讲解斜钩的写法，学生练习，完毕后开始学"式"字，学生练习例字，教师指导并纠正学生书写过程中的问题。

4. 竖弯钩

（1）逆锋起笔，中锋运笔，转弯处渐行渐弯曲，出钩向上。

（2）竖弯钩呈鹅头浮于水面状，又叫浮鹅钩。

（3）教师示范并讲解竖弯钩的写法，学生练习，完毕后开始学习"也"字，学生练习例字，教师指导并纠正学生书写过程中的问题。

5. 卧钩

（1）也叫向心钩，笔画有一定弧度。

（2）下笔从轻到重，中锋运笔。

（3）出钩前驻笔蓄力，从重到轻向整个字的中心方向出钩。

（4）教师示范并讲解卧钩的写法，学生练习，完毕后开始学习"必"字，学生练习例字，教师指导并纠正学生书写过程中的问题。

6. 横钩

（1）起笔与横画类似，中锋运笔，横不能写得太粗。

（2）出钩前微微抬起笔肚，再顿笔顺势出钩，出钩要轻快。

（3）教师示范并讲解横钩的写法，学生练习，完毕后开始学习"家"字，学生练习例字，教师指导并纠正学生书写过程中的问题。

7. 横折钩

（1）起笔跟横画类似，中锋运笔，横不能写得太粗。

（2）折处轻抬笔肚再顿笔顺势写竖画，竖画的方向视横画长短而定，横画长竖画则斜向左下，横画短则竖画垂直。

（3）出钩前先蓄力再向左上出锋，出锋时笔肚先变向笔尖跟后面。

（4）教师示范并讲解横折钩的写法，学生练习，完毕后开始学习"用"字，学生练习例字，教师指导并纠正学生书写过程中的问题。

8. 竖提

（1）起笔与竖画相同。

（2）竖画略向左下倾斜，写提画前轻抬笔肚做切笔动作，顺势向右上带出笔锋。

（3）教师示范并讲解竖提的写法，学生练习，完毕后开始学习"以"字，学生练习例字，教师指导并纠正学生书写过程中的问题。

9. 耳钩

（1）该笔画由横画、短撇、弧钩三笔连写而成，中锋运笔。

（2）左耳旁弧钩的弧度略小，竖画使用垂露竖。右耳旁弧钩的弧度较大，竖画用悬针竖。

（3）教师示范并讲解耳钩的写法，学生练习，完毕后开始学习"随、部"字，学生练习例字，教师指导并纠正学生书写过程中的问题。

（三）巩固

师：本次课学习了毛笔楷书钩画的不同类型以及书写技巧。哪位同学愿意和大家分享课堂训练成果？（学生展示）

教师点评，并带学生回顾本次课内容。

（四）总结

师：本次课我们学习了毛笔楷书钩画的不同类型以及书写技巧，很多同学都掌握了今天所学的内容。希望同学们能在课后温故而知新。

（五）课后作业

（1）复习本次课内容。

（2）预习下次课内容。

第七课 独体字结构的类型及书写技法

一、教学目标

（1）了解独体字结构的类型。

（2）掌握独体字书写规律，并应用于日常书写。

二、教学重点

了解独体字结构的类型。

三、教学难点

掌握独体字书写规律，并应用于日常书写。

四、课前准备

笔、墨、纸、砚、毛毡。

五、教学过程

（一）导入

师：同学们，我们上次课学习了毛笔楷书的钩画，有谁愿意和大家分享课后训练成果？（学生上台展示，教师点评，并带学生复习上次课内容）

师：同学们认真地完成了课后作业，接下来我们就进行本次课程的学习。

检查书法用具、坐姿和执笔方式。通过图片展示的直观形式呈现几个主笔不同、形体不同的独体字；再逐一介绍每个字的注意事项。（以横画、竖画、撇捺为主笔；形体偏斜、扁方、修长、疏密相间的独体字）

（二）新授

1. 横画作主笔的字

（1）横画左低右高，略向右上倾斜，长短得宜，取斜势。

（2）横画较多时，各个横画之间的距离要均匀，方向要统一。

（3）例字：五。

2. 竖画作主笔的字

（1）竖画居中，挺拔劲健，竖画在字中的占比要协调。

（2）例字：平。

3. 撇捺作为主笔的字

（1）撇收捺放，捺画要自然舒展，撇捺的夹角不宜太大，但要具体情况具体分析。

（2）撇捺夹角过大则字显得松散、夹角太小则字显得拘谨。

（3）例字：大。

4. 斜形的字

（1）字形左斜或右斜都要做到斜而不倒，动态中保持平衡。

（2）例字：力。

5. 扁方形的字

（1）字形宽扁，雍容大气。

（2）例字：西。

6. 长方形的字

（1）体势修长，纵向舒展。

（2）例字：身。

7. 疏密相间的字

（1）笔画不在于多少，但要疏密得当，收放自如。

（2）例字：乃。

（三）拓展

独体是指没有偏旁部首的汉字，字中任何一笔都不能分割，缺一笔都不能成为一个完整的字。独体字的字形一般比较简单。独体字相当一部分属于象形字，一个字就像一幅完整的画，如日、月、山、水、牛、羊、子、戈等属于独体的象形字；如天、立、上、下、一、二、三等都是独体的指事字。独体字不可拆分，拆分出来的笔画在字源上找不到依据，且不具备独立意义。独体字使用的频率并不高，所占比例也不大，而使用较多的是由独体字作为部首组成的合体字。虽然独体字在汉字中所占比例不大，但却占有重要地位，它构成大多数汉字的部首。可以这么认为，汉字除了独体字，其余的字是由独体字作为偏旁部首构成的合体字。独体字是汉字学习的基础，学好独体字再学习合体字可以收到事半功倍的学习效果。

（四）评比

师：接下来我们玩个游戏——我是小评委：以小组的形式，选出组内认为写得最好的字，呈现给我们班的同学（小评委），小评委以投票的形式选出自己满意的一张，并说出写得好的地方。

活动完毕。

（五）总结

今天我们学习了独体字结构的类型及书写技法，同学们还记得每个不同的独体字的写法和注意事项吗？（学生答）。希望同学们能牢记今天所学的内容，课后温故而知新。相信大家的楷书会越写越好！

（六）课后作业

课后把本次课所列举的独体字例字再写一遍。

预习下节课的内容。

第八课　品字结构、左右结构

一、教学目标

（1）了解品字结构、左右结构及其例字。

（2）掌握品字结构、左右结构字的书写规律。

二、教学重点

了解品字结构、左右结构及其例字。

三、教学难点

掌握品字结构、左右结构字的书写规律。

四、课前准备

笔、墨、纸、砚、毛毡。

五、教学过程

（一）导入

师：同学们，我们上次课学习了毛笔楷书的独体字结构，有谁愿意和大家分享课后训练成果？（学生上台展示，教师点评，并带学生复习上次课内容）

师：同学们认真地完成了课后作业，接下来我们就进行本次课程的学习。

检查书法用具、坐姿和执笔姿势。通过图片展示的直观形式呈现品字结构、左右结构的例字。

（二）新授

1. 品字形结构

（1）三体同形字，上半部分居中略偏向左边、下半部分左小右大，三体既要穿插又要迎让。

（2）例字：品。

2. 左右结构字的类型及书写技法

（1）长部首型字。

1）靠左，笔画少而形状长；左右部件的高低差不多。左右的比例一般是1∶2。

2）例字：住。

（2）短部首型字。

1）靠左，笔画较少而形状窄小；左下部分空白，左右的比例大概是1∶2。

2）例字：鸣（鳴）。

（3）长偏旁型。

1）靠右，笔画少而形状修长；左右部件长短差不多，左右比例大致是 1 : 1。

2）例字：则（则）。

（4）短偏旁的字。

1）靠右，笔画较少而形状稍短；右边部件居中且略偏下，左右比例多数接近 1 : 1，少数为 1 : 2。

2）例字：和。

（5）左右同形状字。

1）左右两个相同部件构成的字，应做到左边收缩，右边伸展、左部件收紧右部件舒展、左部件小右部件稍大。

2）例字：比。

（6）向背的字。

1）应做到向而不犯，背而不离，左右顾盼生姿、相互呼应。

2）相向字：的。

3）相背字：北。

（7）左中右结构的字。

1）中间长的字：徽。

2）阶梯状的字：御。

（三）巩固

师：本次课学习了毛笔楷书品字结构、左右结构。哪位同学愿意和大家分享课堂训练成果？（学生展示）

教师点评，并带学生回顾本次课内容。

（四）总结

师：本次课我们学习了毛笔楷书品字结构、左右结构，大部分同学都掌握了今天所学的内容。希望同学们能在课后温故而知新。

（五）课后作业

（1）复习本次课内容。

（2）预习下次课内容。

第九课　上下结构字的类型及书写技法

一、教学目标

（1）认识毛笔楷书上下结构。

（2）掌握上下结构书写规律，并应用于日常书写。

二、教学重点

认识毛笔楷书上下结构。

三、教学难点

掌握上下结构书写规律，并应用于日常书写。

四、课前准备

笔、墨、纸、砚、毛毡。

五、教学过程

（一）导入

（1）师：同学们，我们上次课学习了毛笔楷书的品字结构、左右结构，有谁愿意和大家分享课后训练成果？（学生上台展示，教师点评，并带学生复习上次课内容）

（2）师：同学们认真地完成了课后作业，接下来我们就进行本次课程的学习。

（3）检查书法用具、坐姿和执笔姿势。通过图片展示的方式直观呈现上下结构的例字。

（二）新授

1. 天覆字

（1）上部件笔画较少、形状宽扁，能覆盖下方部件。

（2）例字：各。

2. 地载字

（1）部件笔画较少、形态宽扁，能承载上部件。

（2）例字：息。

3. 上部件大的字：上下比例接近 2：1

例字：其。

4. 下部件大的字：上下比例接近 1：2

例字：市。

5. 上下部件均衡的字：上下比例接近 1：1

例字：昆。

6. 上收下放字

（1）上部件笔画密集而紧凑，下部件笔画较粗且舒展。

（2）例字：渠。

7. 上下形状相同的字

（1）上下两个相同部件组成的字，上部件写得小而紧凑，下部件写得稍宽大，呈现上部紧凑下部舒展的态势。

（2）例字：出。

8. 上中下结构的字

（1）由上中下三部分组成的字，应注意各部分的宽窄对比。

（2）例字：喜。

（三）拓展

上下结构的字由上、下两部件组合而成，书写时要注意：重心要平稳，上下组合要协调，左右要对称，上下收放得宜。这就要求书写时必须找准重心，处理好上下两个部件之间的关系。

1. 必须找准重心

字的重心一般位于字中上点或撇捺交接处如"字"的上点、"命"撇捺交接处、

"皇"中间竖画、"宁"的竖钩等，这些都是字的重心所在，书写前要观察仔细。

2. 处理好上下两部分的关系

（1）横多竖少的字，则横画纤细而紧凑且长短和而不同，竖要写粗写短，而且竖画疏朗些。

例字：弄、星、歪、辈。

（2）横竖笔画数量相当，笔画较多的字，上下部件分量相似，在横竖笔画数量均多的情况下，上下部件分量相当，略有不同，形状类似梯形。

例字：孟、虽、冒、恩、留、智、需。

（3）上部件由左右两部分构成而笔画较多，下部件笔画较少的字，上部件写得细且宽扁，下部件笔画粗而形状略窄。

例字：努、热、娶、盟、劈。

（4）上部件笔画少，下部件笔画多的字，应写得上紧下松。

例字：亩、骂、兹、崴、雍。

（5）上下相同重叠的字，上收下放，中间横画或竖画共用。

例字：吕、多、炎、昌、出、串、哥。

（6）上下相同堆垒的字，上部件稍大且居中，下部件中左稍小而下部件右稍大。

例字：品、晶、森、淼、磊。

（7）中间长横作主笔的字，横画长，上下部分笔画都要写得紧凑些。

例字：尖、杂、安、妾、吾、寻、昔、岳。

（四）巩固

师：本次课学习了毛笔楷书上下结构。哪位同学愿意和大家分享课堂训练成果？（学生展示）

教师点评，并带学生回顾本次课内容。

（五）总结

师：本次课我们学习了毛笔楷书上下结构，大部分同学都掌握了今天所学的内容。希望同学们能在课后温故而知新。

（六）课后作业

（1）复习本次课内容。

（2）预习下次课内容。

第十课　包围结构字的类型及书写技法

一、教学目标

（1）认识并掌握包围结构的类型及书写技法。

（2）在例字练习中通过观察、分析包围结构的书写规律。

二、教学重点

掌握包围结构的类型及书写技法。

三、教学难点

在例字练习中观察、分析包围结构的书写规律。

四、课前准备

笔、墨、纸、砚、毛毡。

五、教学过程

（一）导入

师：同学们，我们上次课学习了毛笔楷书的上下结构，有谁愿意和大家分享课后训练成果？（学生上台展示，教师点评，并带学生复习上次课内容）

师：同学们认真地完成了课后作业，接下来我们就进行本次课程的学习。

检查书法用具、坐姿和执笔姿势。通过图片展示的直观形式呈现包围结构例字。

（二）新授

1. 全包围结构的字

（1）字框大小受框内部件影响，框内部件复杂而笔画多且长则字框大而长，框内笔画少而短则字框宽扁，应视具体情况具体分析。

（2）例字：四。

2. 上包围下的字

（1）被包围部件居中且靠上，字框的宽窄受框内部件影响，框内笔画多寡、部件大小长短决定字框形状。一般而言，字框左高右低。字框的形状有上下宽窄相近、上窄下宽、上宽下窄等几种情况。

（2）例字：同。

3. 下包围上的字

（1）字框往上贴，字要写得紧凑。

（2）例字：幽。

4. 左包围右字

（1）竖折书写要连贯且折角分明，竖折的竖画与横画不粘连稍有缝隙，被包围部件居中略向上移但不被上横完全覆盖。

（2）例字：臣。

5. 右包围左的字

（1）若有横折钩，折画的曲直受横画影响，横长则折画略斜，横短则折画稍直。应注意的是，被包围部件居中略向左偏移。

（2）例字：可。

6. 左上包围右下的字

（1）包围部件稍窄，被包围的部件写得较为舒展。

（2）例字：君。

7. 右上包围左下的字

（1）包围的部件右边舒展，被包围的部件写得窄小紧凑。

（2）例字：武。

8. 左下包围右上字

（1）被包围的部件窄小而偏左，包围的部件舒展张扬。

（2）例字：運（连）。

（三）拓展

1. 全包围结构的字

全包围结构的字指的是，四面都有框包围的字。书写时应注意，字框大小视框内部件而定。若框内部件复杂且笔画多，则字框宜写大些，若框内部件简单而笔画少，则外框相应缩小些。全包围结构的字书写时应注意，外框左上角稍留缝隙，外框大小视内部部件而定，被包部件靠上且偏左。

2. 半包围结构的字

半包围结构的字分六种情形：上包围下、下包围上、左上包围右下、右上包围左下、左下包围右上、左包围右六种情况。

（1）上包围下的字与全包围的字类似，不同之处在于其框内部件写得偏左、偏上。

（2）左包围右的字，被包围部件稍偏右而超出上横少许，形状类似直角梯形。左包围右字的书写顺序为先写横画，再写框内部件，最后写竖折。

（3）下包围上的字，字框呈上开下合之势，框内部件不应被完全包围。下包围上的字在书写下框时应尽量压低，以使上面部件位置不至于过高，保持整个字的平衡。

（4）左上包围右下的字，书写时作为包围部件的字头应稍写小些，而被包围部件偏右要超出字头的最右侧，不被字头完全覆盖。

（5）右上包围左下的字，被包部件要写得紧凑些且靠左。

（6）左下包围右上的字，被包部件要左移且写得紧凑些。字底的长笔画要写得平稳而舒展些，能承载起被包围的部件。若底部有捺画应作平捺，捺画写到被包围部件的最右边开始出捺脚。

（四）评比

师：接下来我们玩个游戏——我是小评委：以小组的形式，各小组选出组内写得最好的字，呈现给我们班的同学（小评委），小评委以投票的形式选出自己满意的一张，并说出写得好的地方。

活动完毕。

（五）巩固

师：本次课学习了毛笔楷书包围结构。哪位同学愿意和大家分享课堂训练成果？（学生展示）

教师点评，并带学生回顾本次课内容。

（六）总结

师：本次课我们学习了毛笔楷书包围结构，大部分同学都掌握了今天所学的内容。希望同学们能在课后温故而知新。

（七）课后作业

（1）复习本次课内容。

（2）预习下次课内容。

第十一课　笔画变化及同旁求变

一、教学目标

（1）认识并掌握笔画变化及同旁求变。

（2）理解笔画变化以及同旁求变的规律。

二、教学重点

熟练掌握笔画变化及同旁求变的常见模式。

三、教学难点

理解笔画变化以及同旁求变的规律。

四、课前准备

笔、墨、纸、砚、毛毡。

五、教学过程

（一）导入

师：同学们，我们上次课学习了毛笔楷书的包围结构，有谁愿意和大家分享课后训练

成果？（学生上台展示，教师点评，并带学生复习上次课内容）

师：同学们认真地完成了课后作业，接下来我们就进行本次课程的学习。

检查书法用具、坐姿和执笔姿势。通过图片展示的直观形式呈现笔画变化以及同旁求变例字。

（二）新授

1. 有横折钩或弧钩的字

（1）横稍细竖稍粗、折画向左倾斜，钩画出锋字的中心位置，出锋要干净利落。

（2）例字：爲（为）。

2. 有竖弯钩或斜钩的字

（1）竖弯钩转弯的弧度要圆转流畅，出钩前应向右舒展且在格子中横向占比较大，钩画要向上出锋。

（2）斜钩从左上往右下行笔，笔画写得较为舒展。

（3）例字：亂（乱）、貳（贰）。

3. 复合点的字

（1）点画的大小和长短都要略有区别，顾盼生姿而形态各具变化。

（2）例字：學（学）。

4. 撇或捺较多的字

（1）撇画多的字，撇画之间距离均与方向一致，各个撇画又要和而不同。

（2）捺画多的字，只留一个舒展的捺画，其余作反捺（长点）。

（3）撇画捺画均多的字，下撇要微微向上撇有一定弧度，但笔画之间不能粘连。

例字：效。

5. 同部件的字

（1）同一个笔画或部件在不同的字里长短宽窄有所不同，字形字音字义都发生相应变化。

（2）例字：士、土。

6. 横画、竖画多的字

（1）横画多的字，横之间距离要均匀，方向平行，而长短粗细略有变化，藏锋露锋有区别。

（2）竖画多的字，左竖短右竖长，左紧右松，要有变化。

（3）横竖画都多的字，笔画与笔画之间应做到和而不同。

（4）例字：重。

7. 形状相近的字

（1）要有变化，和而不同，和谐里有细微的变化，使之大方得体。

（2）例字：旬、甸。

8. 同一部件位置不同的字

（1）左右耳旁的字，左耳旁的耳垂稍小做让右之势，右耳旁耳垂大与左部件呼应，左耳旁用垂露竖。右耳用悬针竖，竖稍长、位偏低。

（2）十、大、又、木、火、羊、月等数十个偏旁部首也因位置不同而写法有变化，需认真揣摩，把握细微变化。

（3）例字：院、邪。

（三）评比

师：接下来我们玩个游戏——我是小评委：以小组的形式，各小组选出组内写得最好的字，呈现给我们班的同学（小评委），小评委以投票的形式选出自己满意的一张，并说出写得好的地方。

活动完毕。

教师点评，并带学生回顾本次课内容。

（四）总结

师：本次课我们学习了毛笔楷书笔画变化及同旁求变，大部分同学都掌握了今天所学的内容。希望同学们能在课后温故而知新。

（五）课后作业

（1）复习本次课内容。

（2）预习下次课内容。

第十二课　毛笔楷书的结构原理

一、教学目标

（1）认识毛笔楷书的结构原理。

（2）掌握楷书结构原理，并应用于日常书写。

二、教学重点

认识毛笔楷书的结构原理。

三、教学难点

掌握楷书结构原理，并应用于日常书写。

四、课前准备

笔、墨、纸、砚、毛毡。

五、教学过程

（一）导入

师：同学们，我们上次课学习了毛笔楷书的笔画变化及同旁求变，有谁愿意和大家分享课后训练成果？（学生上台展示，教师点评，并带学生复习上次课内容）

师：同学们认真地完成了课后作业，接下来我们就进行本次课程的学习。

检查书法用具、坐姿和执笔姿势。通过图片展示的直观形式呈现毛笔结构原理。

（二）新授

1. 疏密有致

例字：载（載）。

2. 重心平衡

例字：夕。

3. 点画之间呼应

例字：心。

4. 横平竖直

例字：中。

5. 内外和谐

例字：問（问）。

6. 避让迎就

例字：妙。

7. 向背得宜

例字：北、約（约）。

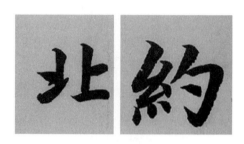

8. 主次分清

例字：安。

9. 穿插和谐

例字：丹。

10. 错落有致

例字：顺（顺）。

11. 比例协调

例字：思。

12. 自然与和谐

例字：工。

（三）拓展

起笔规律大致归纳为点、带、转三种。这种起笔方式较为连贯，为行书学习打下良好基础。任何笔画都可以用点起笔，以点带线。笔杆不必完全垂直于纸面，可以与纸面成50度左右夹角。点，下笔由笔尖着纸，由轻到重，由左上往右下逐渐铺开笔毫，蓄势为下一步做好充分准备。带，目的是让起笔的痕迹变得清晰，也为转笔做好准备。例如，写横画，以点入纸后，侧锋带动笔毫形成切面，既使得笔画的起笔处棱角分明，又隐藏了侧锋的单薄，使笔画看起来更加饱满。应注意的是，"带"应盖住"点"入纸的痕迹。转，是在点和带的基础上调整成为中锋，为笔画的运行保持中锋运笔提供保障。点和带形成切角后，笔毫蓄势向笔画运动的方向转动，将笔画的起笔由侧锋向中锋转换。转，应将注意力放在笔毫的调整上，有时可以辅以指和腕的轻微旋转完成该动作，笔毫转动顺利则适当削弱指腕的小动作，转动不顺畅可以配合指腕运动完成转笔。转的目的是从侧锋向中锋过渡，不应该为了转而转，多余的小动作会影响到笔画的质感。无论横、竖、撇、捺都离不开完整的起笔动作，既能通过点、带、转，使笔锋起笔看起来更加丰富和饱满，又能保持笔画中锋运笔。值得一提的是，尽管所有的起笔都遵循点、带、转三个规律，但不同的笔画处理方式应有所区别。

（四）评比

师：接下来我们玩个游戏——我是小评委：以小组的形式，各小组选出组内写得最好

的字，呈现给我们班的同学（小评委），小评委以投票的形式选出自己满意的一张，并说出写得好的地方。

活动完毕。

教师点评，并带学生回顾本次课内容。

（五）总结

师：本次课我们学习了毛笔楷书结构原理，大部分同学都掌握了今天所学的内容。希望同学们能在课后温故而知新。

（六）课后作业

（1）复习本次课内容。

（2）预习下次课内容。

第十三课　章法布局

一、教学目标

（1）了解毛笔书法章法布局相关知识。

（2）运用章法布局知识进行创作。

二、教学重点

了解章法的内涵，理解书法章法布局的常见处理方式。

三、教学难点

将所学章法布局知识应用于书法创作。

四、课前准备

（一）导入

要写好一幅楷书作品，不仅要把单个字写好，也应当掌握字与字、行与行组合的规则，以及作品中上下留白、落款、盖章等规则。我们把这些规则叫作章法。一幅好的书法作品，其章法是精心设计的，布局较为考究。

（二）新授

1. 章法的内涵

从大的方面来说，章法包含字的结构和通篇布局。单个字的结构安排，是小的章法。通常人们说的章法是指整幅作品的"空间布白"或"通篇设计"。章法布局是作品创作的基础，掌握章法的规律才能使作品从整体上有高级的设计感，而又变化丰富，给人带来美的视觉感受。章法安排不合理，作品就会杂乱无章，缺乏美感。尤其是在当代的展厅里，合理的章法布局才能使作品产生应有的视觉冲击力，吸引观众的眼球。

计白当黑指的是章法设计，在书法创作前应对作品的章法布白有个整体设计，做到胸有成竹。作品里大到整体的安排，小到局部的处理，都在落笔之前形成预期。疏可走马，密不透风，疏密得宜是常见的章法。字与字的关系、行与行的关系，这些都处理得当了，一个好的章法也就呼之欲出了。

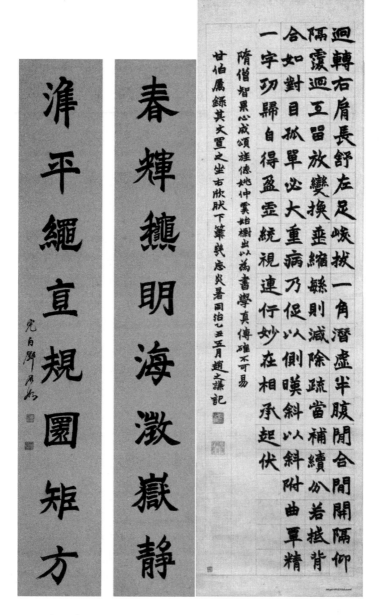

资料来源：左图：邓石如的《楷书八言联》，书法空间网，http：//www.9610.com/dsr/p3.htm；右图：赵之谦的《楷书心成颂》轴，书法空间网，http：//www.9610.com/zhzhq/01.htm.

2. 常见的三种楷书章法

（1）无行无列：主要表现为字与字之间大小不统一，上下错落，字距、行距均没有很强的规律可循，通篇缺少安排的痕迹。这类章法如乱石铺路，虽看起来乱，却乱中有序，错落有致，对于初学楷书的同学来说很难把握。

（2）有行无列：这类章法使用频率较高，不受字体限制，楷书中也经常使用，尤其魏晋南北朝小楷章法有行无列居多。该章法行距分明，并无明显的列，左右字之间错落有致，看起来比较为雅致。这种章法虽然有行无列，但书写时依然要照顾到字与字之间上下、左右的呼应关系，加之艺术性较强，应在落笔前精心设计。

（3）有行有列：这类章法通常带有格子，几乎是一个萝卜一个坑，每个字都在格子里安排得宜。字与字大小相近，上下左右距离差不多相同，行与行之间的距离也较为接近，可谓行距、字距分明，庄严肃穆。楷书多用这种形式。该章法看起来比较整齐，通篇布局均匀，字与字之间相安无事，却又互相呼应，各随其形。这种循规蹈矩的章法规律性较强，比较适合初学者进行楷书创作。

3. 完整作品的构成要素：正文、落款、钤印

（1）正文：正文作为书法作品的主体，内容选择要与字体、书体、笔法和谐，才能表现出特定的意境。不管是古诗词文，还是名言警句，或自作古诗文，都要富有哲理和诗意，与书体、字体、笔法统一。

（2）落款。落款又称款文、款识，是指书法作品在完成正文之后书写的说明文字。落款由款和识组成。介绍正文的文字称之为"识"，而作者与受赠人的姓名为款。落款用语要高雅，涉及时间应采用天干地支纪年。

落款可分上款与下款。上款格式一般为"受赠人姓名+称呼+谦词"，若作品没有受赠人则无须写上款，只落单款即可，也就是下款。下款的格式一般为"正文出处+作者议论语+时间+地点+作者姓名"。下款的格式没有严格的限制，若留白太少可只写作者名字（穷款），若留白较多可以适当增加议论语句，使作品看起来更加饱满。

落款的字略小于正文，但又不能使差距过于悬殊，应该视具体情况而定。总的来说，落款是为了衬托正文，使作品看起来更加有设计感，所以落款简练且与正文和谐为佳。

落款的位置，不能贴正文太近，也不要离得太远，距离应在 5～10 公分。若另起一行落款，落款的上部与正文要有错落，不可平齐，底部略高于正文，留出钤印的空间。

（3）钤印。钤印，指的是写完正文与落款后盖章。钤印也是书法作品章法的一个组成部分。钤印受落款的影响，主要是弥补正文与落款空间的遗憾，起到衬托作品的作用。印章一般使用青田石、寿山石等篆刻材料，用篆书文字，纯手工刻制而成。印面文字凹下去叫印文，又叫白文，因印面笔画无法与印泥接触成白笔画而得名；印面文字凸起叫阳文，又叫朱文，因印面笔画与印泥接触印出笔画为红色而得名。

印章通常分为名章和闲章，名章即作者姓名章，除了名章以外的章都可以叫闲章，闲章又分引首章、压角章等。名章印面一般为规整的正方形，而闲章则各随其形。

（三）评比

师：接下来我们玩个游戏——我是小评委：以小组的形式，各小组选出组内写得最好的作品，呈现给我们班的同学（小评委），小评委以投票的形式选出自己满意的一张，并说出写得好的地方。

活动完毕。

教师点评，并带学生回顾本次课内容。

（四）总结

师：本次课我们学习了毛笔楷书章法布局，大部分同学都掌握了今天所学的内容。希望同学们能在课后温故而知新。

（五）课后作业

（1）复习本次课内容。

（2）预习下次课内容。

第十四课　书法幅式

一、教学目标

（1）了解毛笔书法幅式的种类。

（2）了解毛笔书法幅式的特点与处理技巧。

二、教学重点

了解毛笔书法幅式的种类。

三、教学难点

在创作中根据作品内容选择合适的幅式。

（一）导入

"三分长相，七分妆扮。"一个人想要变得更加好看，打扮一下还是有必要的。这种打扮就是根据自身的条件来进行装饰。人需要打扮，书法作品也需要装饰一番，有一种说法叫作"三分书，七分裱。"书法之美不仅美在笔墨，还有装裱的幅式。今天我们就一起来学习丰富多样的书法幅式吧。出示本课课题《书法幅式》。

（二）新授

（1）横式。横式的书法作品，宽度大于高度，作品向横向伸展。常见的横式有横幅、匾额、长卷等。

1）横幅：横幅呈横向排列，横幅的内容可以写长也可以写短，书写的格式是从上往下书写，一行一行从右至左排列。行与行之间要呼应，也叫行气。行的底部不必追求平齐，自然参差为宜。

资料来源：赵之谦的楷书《憨雲槎》横幅，书法空间网，http://www.9610.com/zhzhq/82.htm.

2）匾额：匾额也属于横式，经常出现在城门、庙堂、餐馆、书房。匾额的制作分为书写和雕刻两道工序。匾额的正文字数较少且大，结构考究，气势恢宏，落款较为简略。

3）长卷：长卷的长度较长，往往是横幅的数倍有余。由于横向占空间较多就决定了长卷不适合悬挂，只能捧在手上展开欣赏，所以又叫"手卷"。长卷的正文内容可以是长篇大论，也可是多篇古诗文的抄录。卷首之外有"题签"，卷内开头部分有"引首"。卷尾可以有"题跋"。

（2）竖式。竖式是指可以垂直悬挂的书法作品，常见的有条幅、中堂、条屏、对联等。

1）条幅：条幅是一条长条形的单幅作品，也叫立轴，将四尺、六尺等长度作品纵向对开后字自上而下排列，行自右向左排列。应注意的是，条幅创作过程中段落开头不用空格，句子与句子之间也不使用标点符号隔开，整幅作品一气呵成。

2）中堂：中堂作品呈竖式，宽度大于条幅，一般为四尺整张，悬挂在厅堂正中。中堂空间宽阔，正文书写的内容和形式不受严格限制，可以是长篇的小字内容，也可以是一两个大字。中堂可单独悬挂，也可以配一副对联悬挂于中堂两边。

3）条屏：条屏由多条条幅作品组成，这些条幅的数量一般为偶数，如四条屏、六条屏、八条屏等。条幅的内容应是连贯、完整的或相关的古诗文，以及自作文。

4）对联：对联又称楹联，用途广泛，如春节楹联、喜事楹联、贺寿楹联等，常张贴或镂刻在门两边、厅堂中间、庙殿楹柱上。在一般情况下，对联的落款分为上款与下款。当对联字数较多时可分数行合抱书写，又叫"龙门对"。

5）斗方。斗方是正方形的作品幅式，一般四尺或六尺宣纸横向对开即可得到斗方。其书写格式与中堂类似，若斗方内写楷书，字形与用笔都应当尽量活泼些，不能呆板。斗方可独立悬挂，常作为书房或茶室装饰之用。

6）扇面。扇面是在扇面或扇形纸张上完成的书法作品。扇面分为折扇和团扇两种，团扇如满月，呈圆形或椭圆形，也可以圆中有方，形式丰富而饱满。折扇呈现上宽下窄的圆弧状，章法要灵活多变，要精心设计，尤其要注意留白。扇面适合表现文雅的内容，且对笔墨的要求较高，非笔精墨妙很难写出雅致的作品。若扇面裱轴，常以多个扇面从上到下组合排列装裱。

资料来源：赵之谦的篆隶书扇面，书法空间网，http：//www.9610.com/zhzhq/59.htm.

（三）反馈活动

教师在多媒体设备上展示几幅书法作品图片，学生以小组为单位，从老师准备的书法作品中选择一幅作品，然后全组进行鉴定，看看这幅书法作品属于什么幅式，并说出自己小组是根据哪些特点来判断的，最后老师进行点评。

（四）评比

师：接下来我们玩个游戏——我是小评委：以小组的形式选择一种作品幅式创作。各小组选出组内写得最好的作品，呈现给我们班的同学（小评委），小评委以投票的形式选出自己满意的一张，并说出写得好的地方。

活动完毕。

教师点评，并带学生回顾本次课内容。

（五）总结

师：本次课我们学习了毛笔楷书作品幅式，大部分同学都掌握了今天所学的内容。希望同学们能在课后温故而知新。

（六）课后作业

（1）复习本次课内容。

（2）预习下次课内容。

第二节　毛笔隶书教案

第一课　汉隶

一、教学目标

（1）认识隶书，了解汉代隶书名作。

（2）了解汉代隶书《曹全碑》。

（3）通过对汉代隶书书法碑帖图片的欣赏，培养学生对书法美的感受和书法审美能力。

二、教学重点

了解汉代隶书《曹全碑》。

三、教学难点

区分《曹全碑》与汉代其他隶书碑帖。

四、课前准备

笔、墨、纸、砚、毛毡。

五、教学过程

（一）导入

师：课前老师要求同学们收集了有关《曹全碑》的资料，有哪位同学可以和大家分享一下他收集到的资料呢？（学生答）

师：汉隶《曹全碑》和我们学过的楷书相比有什么不同？

讲解隶书的由来，隶书碑帖的选择《曹全碑》。

（二）新授

1. 《曹全碑》

《曹全碑》全称《汉郃阳令曹全碑》，分碑阴和碑阳两面。《曹全碑》的字迹较为清晰，笔笔到位，长短得宜，字形中宫收紧，四周舒展飘逸，结构显得较为宽扁且匀称。《曹全碑》是汉代隶书的重要代表作。

资料来源：墨点字帖. 曹全碑历代经典碑帖高清放大对照本第二辑［M］. 武汉：湖北美术出版社，2016.

2. 《乙瑛碑》

《乙瑛碑》又称《孔和碑》或《汉鲁相乙瑛置百石卒史碑》。碑文讲述鲁相乙瑛上书汉廷设立掌握孔庙礼器官吏的故事。书法风格雄强端庄，气息高古，成为后世学习隶书的重要范本。

资料来源：薛元明. 历代碑帖精粹汉乙瑛碑［M］. 合肥：安徽美术出版社，2014.

3. 《张迁碑》

《张迁碑》又称《张迁表颂》，全称《汉故谷城长荡阴令张君表颂》，碑分阴阳两面。该碑的隶书风格拙朴，带有篆书笔意，章法有行无列，通篇字体大小错落有致，是汉代难得的隶书佳作。

资料来源：杜浩. 历代碑帖精粹·汉：张迁碑［M］. 合肥：安徽美术出版社，2014.

4. 《石门颂》

《石门颂》又称《杨孟文颂》，全称《汉故司隶校尉犍为杨君颂》，是东汉时期的摩崖隶书。碑文记录着汉中太守王升表彰杨孟文等开凿石门通道的事迹。全碑书法风格古朴、奇趣逸宕，用笔瘦硬而圆转流畅。

资料来源：（汉）《石门颂》，书法空间网，http：//www. 9610. com/qinhan/shimen/index. htm.

5. 《史晨碑》

《史晨碑》又称《史晨前、后碑》《史晨前碑》《史晨后碑》，分阴阳两面，是东汉时期的隶书名作。碑文记录了尊孔、祭孔的活动情况。该隶书笔法完备，用笔厚实古雅，气势恢宏。

资料来源：薛元明. 历代碑帖精粹·汉：史晨碑［M］. 合肥：安徽美术出版社，2015.

（三）巩固

师：我们欣赏了这五个碑帖图片，现在有哪位同学能告诉大家《曹全碑》和其他四个碑帖有什么不同呢？

教师点评和补充，并带学生回顾本次课内容。

（四）总结

师：书法是我国特有的传统艺术。我们不仅应掌握语言文学，而且应该了解书法这门传统艺术，使中国传统文化艺术得到传承和发展。本次课我们学习了毛笔隶书名碑的书法风格特点，大部分同学都掌握了今天所学的内容。希望同学们能在课后温故而知新。

（五）课后作业

（1）复习本次课内容。

（2）预习下次课内容。

第二课　点画和横画

一、教学目标

（1）认识点画和横画，逐步会书写"文、冰、客、商、江、溪、照、王、高、言、升、皇"较简单的例字。

（2）通过观察和讨论等形式，学会书写笔画点画和横画的不同形态，比较各例字点画和横画的不同书写方式。

（3）体会例字当中两个笔画起收笔位置的穿插错落之感。

二、教学重点

掌握点画和横画的写法，并学会书写笔画点画和横画的不同形态。

三、教学难点

体会例字当中两个笔画起收笔位置的穿插错落之感。

四、课前准备

笔、墨、纸、砚、毛毡。

五、教学过程

（一）导入

师：同学们，我们上次课学习了毛笔隶书的特点，有谁愿意带大家一起回顾上次课内容？（学生答，教师点评，并带学生复习上次课内容）

师：同学们认真地完成了复习任务，接下来我们就进入本次课程的学习。

检查书法用具、坐姿和执笔姿势。书写例字"文、冰、客、商、江、溪、照、王、高、言、升、皇"，提问：这几个字其中的横画和点画的特点（学生畅所欲言）。通过图片展示的直观形式呈现毛笔隶书点画和横画例字。

（二）新授

1.点画

（1）竖点。

1）起笔处藏锋逆势入纸。

2）掉转笔锋向右下稍按再转锋向下。

3）垂直往下行走一小段，回锋收笔。

4）学生在教师的指导下练习竖点的书写，将笔画运用到"文"字。

（2）尖点。

1）裹锋逆势入起笔。

2）掉转笔锋向右稍顿笔，再向右边行笔边提起笔尖直至出锋。

3）出锋速度要慢一些，笔画要含蓄，不可太尖利。

4）教师书写示范尖点的书写，学生练习，将笔画运用到"冰"字。

（3）撇点。

1）逆锋起笔，折笔向右下稍按。

2）转回中锋并向左下出锋。

3）教师示范撇点的书写，学生练习"客"字。

（4）平点。

1）隶书中平点与横笔形状相似，藏锋逆势入笔。

2）折笔并调回中锋，向右平运笔。

3）收笔处驻锋，或回锋收笔。

4）教师示范平点的书写，学生练习"商"字。

（5）竖三点。

1）三点水是纵向排列的三点，点画之间距离要均匀。

2）上点稍短略向右下斜，中点最粗且长，中点舒展取平势。

3）下点较上点长，而较中点短，向右上方提笔出锋。

4）教师示范竖三点的书写，学生练习"江"字。

（6）横三点。

1）遇到横向排列的三点时，各点画的姿态略有变化。

2）三点要有呼应，注意保持平衡。

3）教师示范横三点的书写，学生练习"奚"字。

（7）四点。

1）各点起笔收笔方向要有区别，点画间距也稍有变化。

2）左右两点呈八字形打开，遥相呼应，中间两点稍紧凑。

3）教师示范四点的书写，学生练习"照"字。

2. 横画

（1）上横。

1）若上横画不作为主笔则写得较平而直些，笔锋逆势入纸，调整笔锋回到中锋再向右行笔，笔画末端回锋收笔。

2）若上部横画作为字的主笔则横画末端以波挑收笔，横画呈"蚕头燕尾"状。逆锋入笔再向左下角稍按，呈"蚕头"状，掉转笔锋回到中锋，即将收笔处重按笔，再向右上捺出笔锋。

3）教师示范两种上部横的书写，学生练习"王、高"字。

（2）中横。

1）若中部横画不作为主笔，则写得平正得宜，弱化笔画末端波画。藏锋逆势入纸；调整笔锋回到中锋再向右行笔；收笔处驻锋，或回锋。

2）若中部横画作为字的主笔则横画末端做波挑，捺出笔锋。藏锋起笔再向左下角按笔，形成"蚕头"，调整笔锋回到中锋，"燕尾"向右上挑出。

3）教师示范两种中横的书写，学生练习"言、升"字。

（3）下横。

1）下横作为字的主笔，应写得粗壮有力，且稍长一些，以承载上部笔画。

2）藏锋逆入，向左下角按成"蚕头"状，调整笔锋回到中锋向右行笔。

3）在"燕尾"处重按笔蓄势，将捺画向右上挑。

4）教师示范下部横的书写，学生练习"皇"字。

（三）评比

师：接下来我们玩个游戏——我是小评委：以小组的形式，各小组选出组内写得最好的字，呈现给我们班的同学（小评委），小评委以投票的形式选出自己满意的字，并说出写得好的部分。

活动完毕。

教师点评，并带学生回顾本次课内容。

（四）总结

师：本次课我们学习了毛笔隶书点画和横画，大部分同学都掌握了今天所学的内容。希望同学们能在课后温故而知新。

（五）课后作业

（1）复习本次课内容。

（2）预习下次课内容。

第三课　竖画、撇画

一、教学目标

（1）了解笔画竖画、撇画的多种形式。

（2）掌握不同形态的竖和撇的写法，并将所学的变化笔画运用到一些较为简单的字中。

（3）感受字体中各种笔画变换之间相互搭配对字的结构起着平衡作用的书法之美。

二、教学重点

学习并掌握笔画竖画、撇画的多种形式与书写方法。

三、教学难点

感受字体中各种笔画变换之间相互搭配对字的结构起着平衡作用的书法之美。

四、课前准备

笔、墨、纸、砚、毛毡。

五、教学过程

（一）导入

师：同学们，我们上次课学习了毛笔隶书点画和横画，有谁愿意带大家一起回顾上次课内容？（学生上台演示，教师点评，并带学生复习上次课内容）

师：同学们认真地完成了复习任务，接下来我们就进行本次课程的学习。

检查书法用具、坐姿和执笔姿势。通过图片呈现几种不同隶书笔画的竖画和撇画，让学生说出其名称。（竖：长竖、弯尾竖、尖尾竖，撇：尖头撇、长撇、短撇、竖弯撇、弯头撇）

（二）新授

1. 竖画

（1）长竖。

1）隶书的竖画回锋竖居多，竖画也不是绝对垂直的，笔画末端回锋较楷书钝一些，显得比较含蓄。

2）藏锋逆势入笔。

3）调整笔锋回到中锋再向下运笔，收笔处提笔回锋。

4）教师讲解并示范长竖的书写，学生在教师的指导下学习长竖的写法，将笔画运用到"車（车）"字。

（2）弯尾竖。

1）形状与撇画相近，笔画末端回锋收笔或向上挑出笔锋。

2）先直后弯曲，下半段弯向左下方行笔。

3）教师示范弯尾竖的书写，学生在教师的指导下学习弯尾竖的写法，将笔画运用到"報（报）"字。

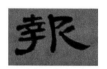

（3）尖尾竖。

1）起笔较圆，收笔较尖，呈现由粗到细的变化。

2）藏锋起笔，收笔处出锋。

3）教师讲解并示范尖尾竖的书写，学生在教师的指导下学习尖尾竖的写法，将笔画运用到"而"字。

2．撇画

（1）尖头撇。

1）撇画的起笔处较细，而收笔较粗，露锋向左下行笔。

2）起笔稍轻，笔尖着纸后从轻到重，向左下方边行笔边按，方向宜直。

3）至末端回锋收笔。

4）教师示范尖头撇的书写，学生练习"傅（传）"字。

（2）长撇。

1）与楷书的长撇不同的是，隶书的长撇画撇出渐渐按笔。

2）至笔画末端驻笔回锋，整个撇画长且厚重，与右部件取得平衡。

3）教师示范长撇的书写，学生练习"少"字。

（3）短撇。

1）短撇写法与长撇类似，短撇长度稍短一些，笔画的姿态比较丰富，收笔处可方可圆，可出锋可回锋。

2）尽管姿态各异，但起收笔和行笔过程相差不大。

3）教师示范短撇的书写，学生练习"人"字。

（4）竖弯撇。

1）竖弯撇的前半段如写竖画，要先作竖画的运笔，先直后弯曲，后半段大弧度向左弯曲。

2）收笔处回锋或向上提笔挑出。

3）教师示范竖弯撇书写，学生练习"史"字。

（5）弯头撇。

1）弯头撇藏锋起笔，起笔的一小段与主体笔画的运行方向相反，后改变方向向左下方撇出。

2）收笔处回锋或顿笔顺势向左上挑。

3）教师示范弯头撇的书写，学生练习"有"字。

小结：竖要写得挺拔劲健。竖的长短对字的结构起着重要的协调作用。撇画要有弧度，笔画末端可回锋可向上带出笔尖，长短、轻重、起收等要统一。

（三）评比

师：接下来我们玩个游戏——我是小评委：以小组的形式，各小组选出组内认为写得最好的字，呈现给我们班的同学（小评委），小评委以投票的形式选出自己满意的字，并说出写得好的部分。

活动完毕。

教师点评，并带学生回顾本次课内容。

（四）总结

师：本次课我们学习了毛笔隶书竖画和撇画，大部分同学都掌握了今天所学的内容。希望同学们能在课后温故而知新。

（五）课后作业

（1）复习本次课内容。

（2）预习下次课内容。

第四课　捺画、折画

一、教学目标

（1）了解隶书捺画和折画。

（2）掌握隶书捺画和折画，应用到例字临摹中。

二、教学重点

了解隶书捺画和折画。

三、教学难点

掌握隶书捺画和折画，应用到例字临摹中。

四、课前准备

笔、墨、纸、砚、毛毡。

五、教学过程

（一）导入

师：同学们，我们上次课学习了毛笔隶书竖画和撇画，有谁愿意带大家一起回顾上次课内容？（学生上台演示，教师点评，并带学生复习上次课内容）

师：同学们认真地完成了复习任务，接下来我们就进行本次课程的学习。

检查书法用具、坐姿和执笔姿势。通过图片呈现隶书笔画的捺画和折画例字。

（二）新授

1. 捺画

（1）斜捺。

1）与楷书的斜捺相似，隶书的斜捺起笔处较细，整个笔画斜度稍大。

2）隶书中，有捺画的字，横画不作波挑，避免有两个捺画出现，也就是"燕不双飞"。

3）教师示范斜捺的书写，学生在教师的指导下学习斜捺的写法，将笔画运用到"大"字。

（2）平捺。

1）平捺的起收笔、形状与斜捺相似，但方向较斜捺平而较横画斜一些。

2）可以适当弱化"蚕头"。

3）平捺往往作为字的主笔，要写得舒展大方。

4）教师示范平捺的书写，学生练习"之"字。

（3）心字的捺。

1）隶书中心字或心字底的卧钩作捺画。

2）弱化起笔的"蚕头"，捺画出锋微微向上翘，厚重而又舒展。

3）捺画斜度不宜太大，稍有弧度。

4）教师示范心字的捺写书，学生练习"心"字。

（4）戈字的捺。

1）隶书中戈字或戈字部的钩应写成捺。

2）弱化起笔的"蚕头"，捺画沿着对角线走斜线且有一定弧度，捺画出锋微微向上翘，厚重而又舒展。

3）形状的微弯与斜度较心捺要大。

4）教师示范戈捺的书写，学生练习"成"字。

2. 折画

（1）横折。

1）从横画向竖画过渡，在转折处提笔写竖画，竖画呈小背弓状。

2）横画末端另起笔写竖画，横竖衔接要自然。

3）教师示范横折的书写，学生练习"石"字。

（2）竖折。

1）从竖画向横画过渡，竖画稍向内倾斜。

2）竖画末端顺势向左起笔写横画，横画起笔向左突出，横画中段微微向上拱。

3）教师示范竖折的书写，学生练习"山"字。

（3）竖折捺。

1）与竖折不同的是，转折处竖与折连贯书写，竖画与折画稍抬笔而过，不必另外起笔连接。折角可方可圆，视具体情况而定。

2）教师示范竖折捺书写，学生练习"纪（纪）"字。

（4）弯折。

1）以逆锋起笔，调整笔锋回到中锋，转折处圆转而过，有篆书笔意。

2）教师示范弯折的书写，学生练习"女"字。

（三）评比

师：接下来我们玩个游戏——我是小评委：以小组的形式，各小组选出组内写得最好的字，呈现给我们班的同学（小评委），小评委以投票的形式选出自己满意的字，并说出写得好的部分。

活动完毕。

教师点评，并带学生回顾本次课内容。

（四）总结

师：本次课我们学习了毛笔隶书的捺画和折画，大部分同学都掌握了今天所学的内容。希望同学们能在课后温故而知新。

（五）课后作业

（1）复习本次课内容。

（2）预习下次课内容。

第五课　左右结构部首技法（一）

一、教学目标

（1）认识左右结构的部首"亻部、刂部、力部、卩部、右阝部、左阝部、氵部、山部、土部、尸部。"

（2）感受字体中左右结构的部首之间相互搭配对字的结构安排的书法之规律。

二、教学重点

认识左右结构的部首"亻部、刂部、力部、卩部、右阝部、左阝部、氵部、山部、土部、尸部。"

三、教学难点

感受字体中左右结构的部首之间相互搭配对字的结构安排的书法之规律。

四、课前准备

笔、墨、纸、砚、毛毡。

五、教学过程

（一）导入

师：同学们，我们上次课学习了毛笔隶书折画和捺画，有谁愿意带大家一起回顾上次课内容？（学生答，教师点评，并带学生复习上次课内容）

师：同学们认真地完成了复习任务，接下来我们就进行本次课程的学习。

检查书法用具、坐姿和执笔姿势。通过图片呈现隶书偏旁部首"亻部、刂部、力部、卩部、右阝部、左阝部、氵部、山部、土部、尸部"。

（二）新授

1. 亻部

（1）先写撇再写竖。

（2）撇画方向稍平，由细到粗，笔画末端可方可圆回锋收笔。

（3）竖画逆锋起笔回锋收笔，微微呈现由粗到细，长度视具体情况而定。

（4）教师讲解并示范亻部的书写，学生在教师的指导下学习亻部的写法，将笔画运用到"供"字。

2. 刂部

（1）短竖作横画，竖钩的出钩向左平推。

（2）若左竖作竖折且与竖钩粘连，则为篆书偏旁写法，这种写法在隶书中较常见。

（3）教师讲解并示范刂部的书写，学生在教师的指导下学习刂部的写法，将笔画运用到"别"字。

3. 力部

（1）力部呈右斜形，要在斜势中取得平衡，使字趋于平稳。

（2）长度和斜度要视具体情况而定，与左部件相协调。

（3）教师讲解并示范力部的书写，学生在教师的指导下学习力部的写法，将笔画运用到"功"字。

4. 卩部

（1）卩部在字中位置偏低，横折的转折处可虚接，但笔势要连贯。

（2）竖画要写得挺拔劲健，与横折的横画粘连。

（3）教师示范卩部的书写，学生练习"却"字。

5. 右阝部

（1）右阝部在字中位置偏低，横折折钩的横画取平势。

（2）第一个折为锐角，第二个折为弧画且写得舒展一些。

（3）竖画略有摆动，由粗到细，回锋收笔，笔画末端低于左部件。

（4）教师示范右阝部的书写，学生练习"都"字。

6. 左阝部

（1）横折折钩的横画较短，两个折笔均有弧度。

（2）第一折弧度较第二折弧度大，竖要节制长度。

（3）竖画由粗到细，回锋收笔。

（4）教师示范左阝部的书写，学生练习"陽（阳）"字。

7. 氵部

（1）首点取平势且稍短。

（2）中间点起笔向左突，逆锋起笔，出锋要含蓄，长而挺拔。

（3）下点向右上挑出笔锋，三点距离要均匀。

（4）教师示范左氵部的书写，学生练习"清"字。

8. 山部

（1）先写中间竖画，横画取平势。

（2）三个竖画距离要均匀，竖折与右竖呈上开下合之势且有呼应。

（3）作为左旁时，应写小点且位置靠上。

（4）教师示范左山部的书写，学生练习"嵯"字。

9．土部

（1）土的横画取平势，竖画与横画的交点偏左，作出让右之势。

（2）作为左偏旁时下横应写平。

（3）教师示范左土部的书写，学生练习"城"字。

10．尸部

（1）横折的横画长折画短，折画较横画略向左倾斜，下横画稍长。

（2）撇画不与上横粘连，从下横上方起笔大弧度向左下方舒展，应写得稳健而飘逸。

（3）教师示范尸部的书写，学生练习"居"字。

（三）评比

师：接下来我们玩个游戏——我是小评委：以小组的形式，各小组选出组内写得最好的字，呈现给我们班的同学（小评委），小评委以投票的形式选出自己满意的字，并说出写得好的部分。

活动完毕。

教师点评，并带学生回顾本堂课内容。

（四）总结

师：本堂课我们学习了毛笔隶书左右结构，大部分同学都掌握了今天所学的内容。希望同学们能在课后温故而知新。

（五）课后作业

（1）复习本次课内容。

（2）预习下次课内容。

第六课　左右结构部首技法（二）

一、教学目标

（1）认识隶书左右结构的部首"寸部、弓部、扌部、女部、彳部、子部、口部、日部、戈部、方部"。

（2）通过观察、分析和练习等方式，能将左右结构偏旁部首技法应用于临摹。

二、教学重点

认识隶书左右结构的部首"寸部、弓部、扌部、女部、彳部、子部、口部、日部、戈部、方部"。

三、教学难点

通过观察、分析和练习等方式，能将左右结构规律应用于临摹。

四、课前准备

笔、墨、纸、砚、毛毡。

五、教学过程

（一）导入

师：同学们，我们上次课学习了毛笔隶书左右结构的部分偏旁部首，有谁愿意带大家一起回顾上次课内容？（学生上台演示，教师点评，并带学生复习上次课内容）

师：同学们认真地完成了复习任务，接下来我们就进行本次课程的学习。

检查书法用具、坐姿和执笔姿势。通过图片呈现隶书左右结构的"寸部、弓部、扌部、女部、彳部、子部、口部、日部、戈部、方部"例字。

（二）新授

1. 寸部

（1）横画作为字的主笔时，笔画的末端以捺出锋，"蚕头燕尾"。

（2）竖钩的出钩向左平推。点画逆锋起笔，向右上带出笔锋。

（3）教师示范上部首寸部的书写，学生在教师的指导下学习寸部写法，将笔画运用到"封"字。

2. 弓部

（1）横画要写得细一些，横折的折笔笔势与下横起笔呼应，竖折的夹角为锐角。最后的折钩呈竖撇状，钩画大弧度向左伸展。

（2）横折钩的末端可方可圆，收笔回锋。

（3）教师示范弓部的书写，学生练习"张（张）"字。

3.扌部

（1）上横稍短，提画向左伸展取平势，竖钩先直后弯钩，下端向左下方伸展。

（2）竖钩与横画交点偏右，横画收笔平齐，作让右之势。

（3）教师示范扌部的书写，学生练习"掖"字。

4.女部

（1）撇画略直，行至笔画末端抬笔变向写折画，折画有弧度。

（2）下撇弧度较撇折的撇画弧度大，横画写得稍平一些。

（3）作为左旁时，右边收笔平齐，作让右之势。

（4）教师示范女部的书写，学生练习"好"字。

5.彳部

（1）竖画作弧形画，下半部分大弧度向左伸展，笔画末端可方可圆，回锋收笔。

（2）两撇写得稍平一些，上撇收笔与下撇起笔笔势有呼应。

（3）右边收笔平齐，作让右之势。

（4）教师示范彳部的书写，学生练习"德"字。

6.子部

（1）横折的横画稍短，弯钩的弯度稍小，钩画向左平出，横折与弯钩要保持平衡。

（2）横画应写平而短。右边收笔平齐，作让右之势。

（3）教师示范子部的书写，学生练习"孔"字。

7. 口部

（1）取平势，横平竖直，横竖的折角为锐角。

（2）作为右偏旁时，应写得稍宽扁些。

（3）教师示范口部的书写，学生练习"知"字。

8. 日部

（1）作为左偏旁时写得稍小一些，整个部件向右取斜势，依附于右部件。

（2）各横画的方向不相同。

（3）教师示范日部的书写，学生练习"時（时）"字。

9. 戈部

（1）斜钩作为主笔，应写长而粗壮些。

（2）出钩作捺状，重按笔蓄势向右捺出笔锋，出锋要含蓄。

（3）教师示范戈部的书写，学生练习"伐"字。

10. 方部

（1）竖点收笔与横画起笔笔势呼应，撇画由细到粗。

（2）弯钩取势视撇画斜度而定，撇画与弯钩要保持平衡。作为左偏旁时，撇画向左舒展。右边收笔平齐，作让右之势。

（3）师示范方部的书写，学生练习"旅"字。

（三）评比

师：接下来我们玩个游戏——我是小评委：以小组的形式，各小组选出组内写得最好的字，呈现给我们班的同学（小评委），小评委以投票的形式选出自己满意的字，并说出写得好的部分。

活动完毕。

教师点评，并带学生回顾本次课内容。

（四）总结

师：本次课我们学习了隶书左右结构的部首"寸部、弓部、扌部、女部、彳部、子部、口部、日部、戈部、方部"。大部分同学都掌握了今天所学的内容，希望同学们能在课后温故而知新。

（五）课后作业

（1）复习本次课内容。

（2）预习下次课内容。

第七课　左右结构部首技法（三）

一、教学目标

（1）认识左右结构偏旁部首"歹部、欠部、殳部、木旁、火部、斤部、月部、王部"。

（2）掌握左右结构偏旁部首书写规律，并应用于临摹。

二、教学重点

认识左右结构偏旁部首"歹部、欠部、殳部、木旁、火部、斤部、月部、王部"。

三、教学难点

掌握左右结构偏旁部首书写规律，并应用于临摹。

四、课前准备

笔、墨、纸、砚、毛毡。

五、教学过程

（一）导入

师：同学们，我们上次课学习了毛笔隶书左右结构的部分偏旁部首，有谁愿意带大家一起回顾上次课内容？（学生上台演示，教师点评，并带学生复习上次课内容）

师：同学们认真地完成了复习任务，接下来我们就进行本次课程的学习。

检查书法用具、坐姿和执笔姿势。通过图片呈现隶书左右结构的"歹部、欠部、殳部、木旁、火部、斤部、月部、王部"。

（二）新授

1. 歹部

（1）短横略向上拱，上撇画短下撇长，取侧势。

（2）撇画末端回锋圆收笔。

（3）教师示范并讲解歹部的写法，学生练习"列"字，教师指导并纠正学生书写过程中的问题。

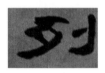

2. 欠部

（1）上撇写得短小一些，横折与撇画收紧。

（2）左撇作短竖画。整个部件左边平齐，作让左之势。

（3）捺画向右下方舒展，斜度较大。

（4）教师示范并讲解欠部的写法，学生练习"欲"字，教师指导并纠正学生书写过程中的问题。

3. 殳部

（1）殳部的上部收紧，左部与横折的折画呈上开下合之势。

（2）撇画呈圆弧状，末端向左上翘。捺画挺拔且向右下舒展。整个部件左边收笔平齐，作让左之势。

（3）教师示范并讲解殳部的写法，学生练习"役"字，教师指导并纠正学生书写过程中的问题。

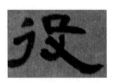

4. 木旁

（1）作左旁时写得窄长一些。

（2）横画稍短，取平势。撇画向左下舒展，略有弧度，末端可方可圆，回锋收笔。

（3）捺画作点状。

（4）教师示范并讲解木旁的写法，学生练习"林"字，教师指导并纠正学生书写过程中的问题。

5. 火部

（1）两点顾盼生姿。

（2）作为左偏旁时竖撇稍直，捺画写得长点。

（3）作为右偏旁时，撇画收敛，捺画要写得舒展一些。

（4）教师示范并讲解火部的写法，学生练习"煌"字，教师指导并纠正学生书写过程中的问题。

6. 斤部

（1）上撇写得稍短且平一些。

（2）左撇作竖画，横画向右舒展，"燕尾"稍粗一些。

（3）最后一笔竖画要写得挺拔劲健。

（4）教师示范并讲解斤部的写法，学生练习"斷"（断）字，教师指导并纠正学生书写过程中的问题。

7. 月部

（1）竖撇逆锋起笔，收笔向左平出，呈弧状。

（2）横折钩的横画与竖画约成直角，折笔的竖画要挺拔，钩画省略。

（3）作为左旁时应瘦长；作为右偏旁稍宽一些，竖撇的弧度略小。

（4）教师示范并讲解月部的写法，学生练习例字"明"，教师指导并纠正学生书写过程中的问题。

8．王部

（1）各横画之间距离均匀，取势平势，下横收笔不能写成"燕尾"。

（2）作左旁时字形较窄，右边收笔平齐，作让右之势。

（3）教师示范并讲解王部的写法，学生练习"理"字，教师指导并纠正学生书写过程中的问题。

（三）评比

师：接下来我们玩个游戏——我是小评委：以小组的形式，各小组选出组内写得最好的字，呈现给我们班的同学（小评委），小评委以投票的形式选出自己满意的字，并说出写得好的部分。

活动完毕。

教师点评，并带学生回顾本次课内容。

（四）总结

师：本次课我们学习了隶书左右结构的偏旁部首"歹部、欠部、殳部、木旁、火部、斤部、月部、王部"。大部分同学都掌握了今天所学的内容，希望同学们能在课后温故而知新。

（五）课后作业

（1）复习本次课内容。

（2）预习下次课内容。

第八课　左右结构部首技法（四）

一、教学目标

（1）认识左右结构偏旁部首"攵部、忄部、禾部、牛部、纟部、衤部、言部、贝部"。

（2）通过观察、分析和练习等方式，能将左右结构偏旁部首技法应用于临摹。

二、教学重点

认识左右结构偏旁部首"攵部、忄部、禾部、牛部、纟部、衤部、言部、贝部"。

三、教学难点

通过观察、分析和练习等方式，能将左右结构偏旁部首技法应用于临摹。

四、课前准备

笔、墨、纸、砚、毛毡。

五、教学过程

（一）导入

师：同学们，我们上次课学习了毛笔隶书左右结构的部分偏旁部首，有谁愿意带大家一起回顾上次课内容？（学生上台演示，教师点评，并带学生复习上次课内容）

师：同学们认真地完成了复习任务，接下来我们就进行本次课程的学习。

检查书法用具、坐姿和执笔姿势。通过图片呈现隶书左右结构的"攵部、忄部、禾部、牛部、纟部、衤部、言部、贝部"例字。

（二）新授

1. 攵部

（1）攵部一般作为字的右偏旁。

（2）上撇稍短，横画微向上拱，下撇起笔位于横画中点，撇画呈弧形，捺画稍直向右舒展。

（3）教师示范攵部的书写，学生练习"政"字。

2. 忄部

（1）忄部写法与篆书写法相似。

（2）中竖挺拔劲健，左侧的短竖略有弧度，以折画与中竖粘连，右侧短竖向以折画与中竖粘连，最右边的短竖作点。

（3）教师示范忄部的书写，学生练习"情"字。

3. 禾部

（1）上撇写得稍平一些。

（2）作为左偏旁时，竖画起笔偏右，右边的笔画收笔平齐，作让右之势。

（3）下撇稍长而斜，捺画作点。

（4）教师示范禾部的书写，学生练习"程"字。

4. 牛部

（1）撇与横粘连，竖画写得挺拔劲健，收笔处要回锋。

（2）作为左偏旁时，笔画向左边伸展，右边收笔平齐。

（3）教师示范牛部的书写，学生练习"特"字。

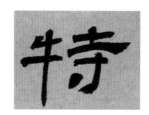

5. 纟部

（1）纟部作为左旁时，上部的撇折圆转呈弧形，与篆书写法相近。

（2）下部三点，中点作短竖画，左右两点呈"八"字形展开，左点略低右点略高。

（3）教师示范纟部的书写，学生练习"絕（绝）"字。

6. 礻部

（1）上点写成短横。

（2）横撇的横画和撇画分开写，撇画起笔位于横画中点。

（3）竖画偏右。整个部件右边收笔平齐，作让右之势。

（4）教师示范礻部的书写，学生练习"祖"字。

7. 言部

（1）上点在隶书常作短横，各横画之间的距离要均匀，口部稍偏右。

（2）作为左旁时，整个部件右边收笔平齐，作让右之势。

（3）教师示范言部的书写，学生练习"諸（诸）"字。

8. 貝部

（1）左竖与横折的竖画构成的框上开下合，框内横画小巧，与竖画粘连如榫卯相接，要稳固而灵活。各个横画之间的距离要均匀。

（2）下部两点呈八字形展开，与上部保持平衡。

（3）教师示范貝部的书写，学生练习"賜（赐）"字。

（三）评比

师：接下来我们玩个游戏——我是小评委：以小组的形式，各小组选出组内写得最好的字，呈现给我们班的同学（小评委），小评委以投票的形式选出自己满意的字，并说出写得好的部分。

活动完毕

教师点评，并带学生回顾本次课内容。

（四）总结

师：本次课我们学习了隶书左右结构的部首"夂部、忄部、禾部、牛部、纟部、衤部、言部、貝部"。大部分同学都掌握了今天所学的内容，希望同学们能在课后温故而知新。

（五）课后作业

（1）复习本次课内容。

（2）预习下次课内容。

第九课　左右结构部首技法（五）

一、教学目标

（1）认识隶书左右结构的偏旁部首"見部、車部、卓部、隹部、辛部、頁部、金部、馬部"。

（2）通过观察、分析和练习等方式，能将左右结构偏旁部首技法应用于临摹。

二、教学重点

认识隶书左右结构的偏旁部首"見部、車部、卓部、隹部、辛部、頁部、金部、馬部"。

三、教学难点

通过观察、分析和练习等方式，能将左右结构偏旁部首技法应用于临摹。

四、课前准备

笔、墨、纸、砚、毛毡。

五、教学过程

（一）导入

师：同学们，我们上次课学习了毛笔隶书左右结构的部分偏旁部首，有谁愿意带大家一起回顾上次课内容？（学生上台演示，教师点评，并带学生复习上次课内容）

师：同学们认真地完成了复习任务，接下来我们就进入本次课程的学习。

检查书法用具、坐姿和执笔姿势。通过图片呈现隶书左右结构的"見部、車部、卓部、隹部、辛部、頁部、金部、馬部"。

（二）新授

1. 見部

（1）上部写得端庄，左竖与横折的竖画呈上开下合之势，框内横画距离均匀。

（2）撇画略直且稍收缩，竖弯钩的转折处稍抬笔再向右铺毫，钩部作"燕尾"向右捺出笔锋，出锋要含蓄。

（3）教师示范見部的书写，学生练习"親（亲）"字。

2. 車部

（1）横画较多，各个横画之间距离要均匀。

（2）作为左偏旁时，下横画向左伸展。

（3）中部左竖与横折形成的框上开下合。中竖挺拔劲健，回锋收笔。

（4）教师示范車部的书写，学生练习"輔（辅）"字。

3. 卓部

（1）上部"十"作点横。"曰"写得稍扁，上开下合。

（2）下部"十"写得舒展些，竖笔与上点对正。

（3）教师示范卓部的书写，学生练习"乾"字。

4. 隹部

（1）头部短撇与横撇收紧。

（2）四个短横画距离要均匀。下横收笔作"燕尾"，捺出笔法，出锋稍短。

（3）教师示范隹部的书写，学生练习"離（离）"字。

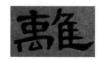

5. 辛部

（1）上点写成短横。

（2）各个横画距离要均匀，起收笔、姿态要和而不同。长横收笔作"燕尾"。两点呈上开下合之势聚拢。

（3）教师示范辛部的书写，学生练习"辟"字。

6. 頁部

（1）一般作为字的右偏旁。

（2）上横写得稍长，短撇起笔位于横画偏左的位置。

（3）"目"写得端正平稳，左右两竖呈向外鼓的外拓形状。下部两点居中且写得小而紧凑些，与上部笔画保持平衡。

（4）教师示范頁部的书写，学生练习"頭（头）"字。

7. 金部

（1）作为左偏旁时，上撇向左伸展，捺画作点画。

（2）下部各个变化间距要匀称，两点往上移，中竖要写得挺拔劲健。

（3）教师示范金部的书写，学生练习"録（录）"字。

8. 馬部

（1）横之间距离要均匀，竖画排列要整齐。

（2）底部四点要写得和而不同，各具姿态。作为左偏旁时，写得略窄一些。

（3）教师示范马部的书写，学生练习"騷（骚）"字。

（三）评比

师：接下来我们玩个游戏——我是小评委：以小组的形式，各小组选出组内写得最好的字，呈现给我们班的同学（小评委），小评委以投票的形式选出自己满意的字，并说出写得好的部分。

活动完毕。

教师点评，并带学生回顾本次课内容。

（四）总结

师：本次课我们学习了隶书左右结构的偏旁部首"見部、車部、卓部、隹部、辛部、頁部、金部、馬部"。大部分同学都掌握了今天所学的内容，希望同学们能在课后温故而知新。

（五）课后作业

（1）复习本次课内容。

（2）预习下次课内容。

第十课　上下结构部首技法（一）

一、教学目标

（1）认识上下结构的偏旁部首"一部、十部、儿部、人部、厶部、八部、亠部、口部、小部、寺部"。

（2）通过观察、分析和练习等方式，能将上下结构偏旁部首技法应用于临摹。

二、教学重点

认识上下结构的偏旁部首"一部、十部、儿部、人部、厶部、八部、宀部、口部、小部、寺部"。

三、教学难点

通过观察、分析和练习等方式，能将上下结构偏旁部首技法应用于临摹。

四、课前准备

笔、墨、纸、砚、毛毡。

五、教学过程

（一）导入

师：同学们，我们上次课学习了毛笔隶书左右结构的部分偏旁部首，有谁愿意带大家一起回顾上次课内容？（学生上台演示，教师点评，并带学生复习上次课内容）

师：同学们认真地完成了复习任务，接下来我们就进行本次课程的学习。

检查书法用具、坐姿和执笔姿势。通过图片呈现隶书上下结构的"一部、十部、儿部、人部、厶部、八部、宀部、口部、小部、寺部"例字。

（二）新授

1. 一部

（1）一部作为上横取平势。

（2）下部笔画较多，且有舒展的撇捺，所以上横写短而收敛些。

（3）教师讲解并示范一部的书写，学生在教师的指导下学习一部的写法，将笔画运用到"死"字。

2. 十部

（1）十部在字中的位置居中，横稍平竖要直。

（2）若下部件宽，则十部的横画稍短。

（3）教师讲解并示范十部的书写，学生在教师的指导下学习十部的写法，将笔画运用到"南"字。

3. 儿部

（1）撇画与横画粘连如榫卯相接，灵活而稳固，撇画稍短，弧度稍小。

（2）竖弯钩的转折处驻笔蓄势向右下铺毫，以"燕尾"状捺出锋。

（3）教师讲解并示范儿部的书写，学生在教师的指导下学习儿部的写法，将笔画运用到"先"字。

4. 人部

（1）撇画和捺画要舒展，但角度不可过大，要保持协调。

（2）下部件要写得自然紧凑些。

（3）教师示范人部的书写，学生练习"合"字。

5. 厶部

（1）厶部的各笔画都取斜势，但要保持平稳。

（2）作为下部件时，撇折的折画稍平，撇和点画呈八字形展开。

（3）教师示范厶部的书写，学生练习"去"字。

6. 八部

（1）左右两点应写得自然紧凑，取势对称。

（2）两点小巧，但能承载上部笔画。

（3）教师示范八部的书写，学生练习"舆（与）"字。

7. 亠部

（1）竖点要居中。

（2）横画取平势，作为主笔要写长一些，末端以"燕尾"捺出。

（3）横画要写得舒展大方，以能覆盖下部笔画为宜。

（4）教师示范亠部的书写，学生练习"高"字。

8. 口部

（1）两横写得稍平，两竖呈上开下合之势。

（2）作为下部件时，"口"部应写得稍扁一些。

（3）教师示范口部的书写，学生练习"害"字。

9. 小部

（1）短竖在字中要居中。

（2）两点顾盼生姿，围绕短竖自然分布。

（3）教师示范小部的书写，学生练习"常"字。

10. 寺部

（1）上下横稍短，中横作为主笔要写得长而舒展，中横收笔以"燕尾"捺出笔锋。

（2）各横的长短视具体情况而定，因结构需要而变化。

（3）教师示范寺部的书写，学生练习"等"字。

（三）评比

师：接下来我们玩个游戏——我是小评委：以小组的形式，各小组选出组内写得最好的字，呈现给我们班的同学（小评委），小评委以投票的形式选出自己满意的字，并说出写得好的部分。

活动完毕。

教师点评，并带学生回顾本次课内容。

（四）总结

师：本次课我们学习了隶书上下结构的部首"一部、十部、儿部、人部、厶部、八部、宀部、口部、小部、寺部"。大部分同学都掌握了今天所学的内容，希望同学们能在课后温故而知新。

（五）课后作业

（1）复习本次课内容。

（2）预习下次课内容。

第十一课　上下结构部首技法（二）

一、教学目标

（1）认识隶书上下结构中"巾部、子部、宀部、夂部、日部、土部、禾部、木底、艹部、卄部"等部首。

（2）通过观察、分析和练习等方式，能将上下结构偏旁部首技法应用于临摹。

二、教学重点

认识隶书上下结构中"巾部、子部、宀部、夂部、日部、土部、禾部、木底、艹部、卄部"等部首。

三、教学难点

通过观察、分析和练习等方式，能将上下结构偏旁部首技法应用于临摹。

四、课前准备

笔、墨、纸、砚、毛毡。

五、教学过程

（一）导入

师：同学们，我们上次课学习了毛笔隶书上下结构的部分部首，有谁愿意带大家一起回顾上次课内容？（学生上台演示，教师点评，并带学生复习上次课内容）

师：同学们认真地完成了复习任务，接下来我们就进行本次课程的学习。

检查书法用具、坐姿和执笔姿势。通过图片呈现隶书左右结构的"巾部、子部、宀部、夂部、日部、土部、禾部、木底、艹部、卄部"例字。

（二）新授

1. 巾部

（1）作为下部件时写得略宽，竖画稍短。

（2）左竖与横折的折画呈上开下合之势，省略钩画。

（3）教师示范巾部的书写，学生在教师的指导下学习巾部写法，将笔画运用到"布"字。

2. 子部

（1）横折写得紧凑，弯钩作撇画呈大弧形，末端可圆可方，回锋收笔。

（2）横画写得稍平且短一些。

（3）教师示范子部的书写，学生练习"李"字。

3. 宀部

（1）宀部作为上部件，一般应写得宽扁一些。

（2）上点与横钩粘连，左点与横钩不粘连，留出一定空间更显通透。

（3）上点在字中要居中。

（4）教师示范宀部的书写，学生练习"定"字。

4. 夂部

（1）上紧下松，撇画末端可方可圆，回锋收笔。

（2）作为上部件时，撇捺左右舒展，以能覆盖下部件为宜。

（3）作为右部件时，撇画稍收缩，捺画自然向右下舒展。

（4）教师示范夂部的书写，学生练习"洛"字。

5. 日部

（1）横画写得稍平一些，竖画与横折的折画呈上开下合之势，中横居中且与竖画不粘连。

（2）作为上部件时，日部写得宽扁一些。

（3）教师示范日部的书写，学生练习"景"字。

6. 土部

（1）作为下部件时，竖画写短且居中。

（2）上横写得短而平。底横舒展，以"燕尾"捺出笔锋。

（3）若字中有宝盖，底横不能比宝盖宽。

（4）教师示范土部的书写，学生练习"室"字。

7. 禾部

（1）上撇稍短且平。

（2）作为上部件，横画与上撇间稍紧凑，竖画作短竖。

（3）作为下部件时，撇、捺要写得舒展大方。

（4）教师示范禾部的书写，学生练习"香"字。

8. 木底

（1）作为下部件时，横画"蚕头燕尾"左右舒展。

（2）竖画居中，写得挺拔劲健。撇、捺收缩作点，顾盼生姿。

（3）教师示范木底的书写，学生练习"樂（乐）"字。

9. 耂部

（1）耂部写法与篆书相似。

（2）上横稍短。下横长且舒展，"蚕头燕尾"，波势明显。

（3）撇画向左下舒展，与长横画形成覆下部件之势。

（4）教师示范耂部的书写，学生练习"者"字。

10. 艹部

（1）隶书中"草字头"写成两个"十"。

（2）艹部的宽窄、长短受下部件结构需要而定，与下部件配合协调，要注意字中的穿插、避让关系。

（3）教师示范艹部的书写，学生练习"若"字。

（三）评比

师：接下来我们玩个游戏——我是小评委：以小组的形式，各小组选出组内写得最好的字，呈现给我们班的同学（小评委），小评委以投票的形式选出自己满意的字，并说出写得好的部分。

活动完毕。

教师点评，并带学生回顾本次课内容。

（四）总结

师：本次课我们学习了隶书上下结构的部首"巾部、子部、宀部、夂部、日部、土部、禾部、木底、耂部、艹部"。大部分同学都掌握了今天所学的内容。希望同学们能在课后温故而知新。

（五）课后作业

（1）复习本次课内容。

（2）预习下次课内容。

第十二课　上下结构部首技法（三）

一、教学目标

（1）了解隶书上下结构偏旁部首"示部、心部、爪部、灬部、穴部、石部、春部、立部、皿部、四部"。

（2）通过观察、分析和练习等方式，能将上下结构偏旁部首技法应用于临摹。

二、教学重点

了解隶书上下结构偏旁部首"示部、心部、爪部、灬部、穴部、石部、春部、立部、皿部、四部"。

三、教学难点

通过观察、分析和练习等方式，能将上下结构偏旁部首技法应用于临摹。

四、课前准备

笔、墨、纸、砚、毛毡。

五、教学过程

（一）导入

师：同学们，我们上次课学习了毛笔隶书上下结构的部分部首，有谁愿意带大家一起回顾上次课内容？（学生上台演示，教师点评，并带学生复习上次课内容）

师：同学们认真地完成了复习任务，接下来我们就进行本次课程的学习。

检查书法用具、坐姿和执笔姿势。通过图片呈现隶书左右结构的"示部、心部、爪部、灬部、穴部、石部、春部、立部、皿部、四部"例字。

（二）新授

1. 示部

（1）两横均写得平一些，上横短下横长，

（2）竖稍短且居中，由粗到细，回锋收笔。

（3）两点作撇捺状，左右舒展。

（4）教师示范并讲解示部的写法，学生练习"宗"字。

2. 心部

（1）卧钩写长，起笔弱化"蚕头"，中段走势稍平，收笔处"燕尾"平出，含蓄饱满。

（2）三个点画各具姿态，各点之间互相呼应。

（3）教师示范并讲解心部的写法，学生练习"志"字。

3. 爪部

（1）平撇写成横画，取平势，长度以能覆盖下面三个点画为宜。

（2）三个点画各具姿态，顾盼生姿。

（3）整个部件宜写得紧凑些。

（4）教师示范并讲解爪部的写法，学生练习"遥"字。

4. 灬部

（1）四个点画长短、粗细、方向要有变化，各具姿态，又要做到和而不同。

（2）各个点画之间要有呼应，笔断意连。

（3）教师示范并讲解灬部的写法，学生练习"無（无）"字。

5. 穴部

（1）穴部上部宝盖应写得宽扁，能覆盖下部件。

（2）左点作短竖。横钩写成横折。

（3）短撇和竖折均应写得紧凑且靠上。

（4）教师示范并讲解穴部的写法，学生练习"空"字。

6. 石部

（1）横画写得稍短且平一些，末端回锋收笔。

（2）作为下部件时，撇画作为主笔向左舒展。

（3）整个部件宜写得宽扁。

（4）教师示范并讲解石部的写法，学生练习"碧"字。

7. 春部

（1）三横取平势，各横画之间距离要均匀。

（2）竖撇分为竖画和撇画，竖画居中，撇画起笔偏左。

（3）撇、捺左右舒展，呈对称之势，以能覆盖下部件为宜。

（4）教师示范并讲解春部的写法，学生练习"春"字。

8. 立部

（1）上点写成短横，各个横画写得稍平一些，横画之间距离均匀。

（2）两点作短竖画，宜写得紧凑些。

（3）教师示范并讲解立部的写法，学生练习"竟"字。

9. 皿部

（1）作为字的下部件，两竖画呈上开下合之势。

（2）底部横画作为主笔，向左右舒展，"蚕头燕尾"，笔画末端以捺出锋。

（3）教师示范并讲解皿部的写法，学生练习"盡（尽）"字。

10. 四部

（1）两横画微微向上拱，整个部件写得较宽扁。

（2）框内各个竖画间距要均匀，若下部件窄则左竖与横折的折画向下延伸。

（3）教师示范并讲解四部的写法，学生练习"蜀"字。

（三）评比

师：接下来我们玩个游戏——我是小评委：以小组的形式，各小组选出组内写得最好的字，呈现给我们班的同学（小评委），小评委以投票的形式选出自己满意的字，并说出写得好的部分。

活动完毕。

教师点评，并带学生回顾本次课内容。

（四）总结

师：本次课我们学习了隶书上下结构的部首"示部、心部、爪部、灬部、穴部、石部、春部、立部、皿部、四部"。大部分同学都掌握了今天所学的内容，希望同学们能在课后温故而知新。

（五）课后作业

（1）复习本次课内容。

（2）预习下次课内容。

第十三课　上下结构部首技法（四）

一、教学目标

（1）了解隶书偏旁部首"贝部、豕部、臼部、食部、辰部、马部、聿部、雨部"。

（2）通过观察、分析和练习等方式，能将上下结构偏旁部首技法应用于临摹。

二、教学重点

了解隶书偏旁部首"贝部、豕部、臼部、食部、辰部、马部、聿部、雨部"。

三、教学难点

通过观察、分析和练习等方式，能将上下结构偏旁部首技法应用于临摹。

四、课前准备

笔、墨、纸、砚、毛毡。

五、教学过程

（一）导入

师：同学们，我们上次课学习了毛笔隶书上下结构的部分部首，有谁愿意带大家一起

回顾上次课内容？（学生上台演示，教师点评，并带学生复习上次课内容）

师：同学们认真地完成了复习任务，接下来我们就进行本次课程的学习。

检查书法用具、坐姿和执笔姿势。通过图片呈现隶书左右结构的"貝部、豕部、臼部、食部、辰部、馬部、聿部、雨部"例字。

（二）上下结构部首技法

1. 貝部

（1）貝部写得稍窄。"目"部呈长方形，四横稍平，和而不同，距离均匀。

（2）底部两点居中，且呈八字形。

（3）教师示范贝部的书写，学生练习"貢（贡）"字。

2. 豕部

（1）三个撇画粗细、长度稍有不同，各具姿态。弯钩作弧画，省略钩。

（2）末笔的捺画要自然舒展。

（3）教师示范豕部的书写，学生练习"家"字。

3. 臼部

（1）左竖与横折呈倒梯形。各个横画距离要均匀，和而不同，各具变化。

（2）臼部要写得紧凑些，为下部笔画的舒展让出空间。

（3）教师示范臼部的书写，学生练习"學（学）"字。

4. 食部

（1）撇画从细到粗，向左舒展。

（2）人部的捺要舒展，"燕尾"较大且长。良部的捺画作短小的点，做到"燕不双飞"。

（3）教师示范食部书写，学生练习"養（养）"字。

5. 辰部

（1）各横画写得稍平，距离均匀。

（2）撇捺向左右舒展，捺画"燕尾"稍平。

（3）竖提先竖后提，回锋收笔。

（4）教师示范辰部的书写，学生练习"農（农）"字。

6. 馬部

（1）横画稍平，距离均匀。竖画写得挺拔劲健。

（2）底部四点长短、粗细、方向不尽相同，各具姿态。

（3）教师示范馬部的书写，学生练习"駕（驾）"字。

7. 聿部

（1）五横距离均匀，起收笔、长短、方向稍有不同，第二横作为主笔写得舒展。

（2）竖画写得挺拔劲健。

（3）教师示范聿部的书写，学生练习"書（书）"字。

8. 雨部

（1）上短横画稍平且居中。

（2）左竖与横钩不粘连，留有一定空隙，横钩写成横折。

（3）框内四点自然分布，顾盼生姿。

（4）教师示范雨部的书写，学生练习"雲（云）字"。

（三）评比

师：接下来我们玩个游戏——我是小评委：以小组的形式，各小组选出组内写得最好的字，呈现给我们班的同学（小评委），小评委以投票的形式选出自己满意的字，并说出写得好的部分。

活动完毕。

教师点评，并带学生回顾本次课内容。

（四）总结

师：本次课我们学习了隶书上下结构的部首"贝部、豕部、臼部、食部、辰部、马部、聿部、雨部"。大部分同学都掌握了今天所学的内容，希望同学们能在课后温故而知新。

（五）课后作业

（1）复习本次课内容。

（2）预习下次课内容。

第十四课　包围结构部首技法

一、教学目标

（1）认识隶书包围结构的偏旁部首"走部、右字头、厂部、横折钩部、广字头、扩部、辶部、几部、冂部、匚部、門部、國部"。

（2）通过观察、分析和练习等方式，能将上下结构偏旁部首技法应用于临摹。

二、教学重点

认识隶书包围结构的偏旁部首"走部、右字头、厂部、横折钩部、广字头、扩部、辶部、几部、冂部、匚部、門部、國部"。

三、教学难点

通过观察、分析和练习等方式，能将包围结构偏旁部首技法应用于临摹。

四、课前准备

笔、墨、纸、砚、毛毡。

五、教学过程

（一）导入

师：同学们，我们上次课学习了毛笔隶书上下结构的部分部首，有谁愿意带大家一起回顾上次课内容？（学生上台演示，教师点评，并带学生复习上次课内容）

师：同学们认真地完成了复习任务，接下来我们就进行本次课程的学习。

检查书法用具、坐姿和执笔姿势。通过图片呈现隶书包围结构的"走部、右字头、厂部、横折钩部、广字头、疒部、辶部、几部、冂部、匚部、門部、國部"例字。

（二）新授

1. 走部

（1）上部收紧，下部的捺画自然舒展，以"燕尾"捺出。

（2）被包围部分靠上，且写得紧凑些。

（3）教师讲解并示范走部的书写，学生练习走部的书写，将笔画运用到"赴"字。

2. 右字头

（1）横画作为主笔要写长，"蚕头燕尾"，"燕尾"要饱满含蓄。

（2）撇画起笔偏左，上段向左弯曲，穿过横画向右弯曲，收笔向上挑出笔锋。

（3）教师讲解并示范右字头的书写，学生练习右字头的书写，将笔画运用到"右"字。

3. 厂部

（1）上横写得短且稍平，中段微微向上拱。

（2）竖撇由细到粗向左伸展，收笔可圆可方，回锋收笔。

（3）教师讲解并示范厂部的书写，学生练习厂部的书写，将笔画运用到"原"字。

4. 横折钩

（1）横画有向上弯曲的弧度，折画向左倾斜，整个部件取向右的斜势。

（2）折笔处方中带圆。

（3）横折钩中折画的末端省略钩画，驻笔回锋，收笔要干脆利落。

（4）教师示范横折钩的书写，学生练习"司"字。

5. 广字头

（1）点画与横画粘连，位于横画中点。横画微微向上拱。

（2）撇画先向被包围部分压，再向左下拐出。撇画的末端可方可圆，回锋收笔。

（3）教师示范广字头的书写，学生练习"庭"字。

6. 疒部

（1）与广字头写法接近，左撇稍直而长些。

（2）下部外展，末端向上挑出笔尖收笔，与两点呼应。

（3）教师示范疒部的书写，学生练习"疾"字。

7. 辶部

（1）隶书中辶的上部点画与横折折撇常写成两点或三点。

（2）捺画前半段平，后半段斜。

（3）捺画作为主笔要写长而舒展，"燕尾"以捺出锋。

（4）教师示范左辶部的书写，学生练习"述"字。

8. 几部

（1）撇画和横折弯钩呈内压之势。横画写得稍平些。

（2）弯钩呈"燕尾"状，以捺画收笔，捺脚要饱满含蓄。

（3）教师示范几部的书写，学生练习"風（风）"字。

9. 冂部

（1）左竖作竖撇，上段内压，下段向左下撇出，末端向上挑出笔锋，与横折的起笔有笔势呼应。

（2）横折的横画要写得稍平，至末端另起笔写折画。

（3）教师示范冂部的书写，学生练习"同"字。

10. 匚部

（1）上横写得短而平些。竖折的短竖略有弧度，折画另起一笔写出长横。

（2）竖折的折画作为主笔左右舒展，"蚕头燕尾"。

（3）教师示范左匚部的书写，学生练习"臣"字。

11. 門部

（1）左右两部形状相似，有对称趋势。横画取平势，各横之间距离要均匀。

（2）字框的两竖中段有内压之势，左竖收笔作撇状，右竖挺拔劲健。

（3）教师示范門部的书写，学生练习"間（间）"字。

12. 國部

（1）横画微微向上拱起，两个竖画有外拓之势。

（2）框内笔画分布要均匀。

（3）教师示范國部的书写，学生练习"國（国）"字。

（三）评比

师：接下来我们玩个游戏——我是小评委：以小组的形式，各小组选出组内写得最好的字，呈现给我们班的同学（小评委），小评委以投票的形式选出自己满意的一张，并说出写得好的地方。

活动完毕。

教师点评，并带学生回顾本次课内容。

（四）总结

师：本次课我们学习了隶书上下结构的包围结构的部首"走部、右字头、厂部、横折钩部、广字头、疒部、辶部、几部、冂部、匚部、門部、國部"。大部分同学都掌握了今天所学的内容。希望同学们在课后温故而知新。

（五）课后作业

（1）复习本次课内容。

（2）预习下次课内容。

第十五课　《曹全碑》单字的间架结构

一、教学目标

（1）了解《曹全碑》单字的间架结构的"方正形、扁平形、长方形、异体形、上紧下松、左右相称、横画平行、错综复杂"等情况。

（2）将《曹全碑》单字的间架结构应用到临摹与创作。

二、教学重点

了解《曹全碑》单字的间架结构的"方正形、扁平形、长方形、异体形、上紧下松、左右相称、横画平行、错综复杂"等情况。

三、教学难点

将《曹全碑》单字的间架结构应用到临摹与创作。

四、课前准备

笔、墨、纸、砚、毛毡。

五、教学过程

（一）导入

师：同学们，我们上次课学习了毛笔隶书的包围结构，有谁愿意带大家一起回顾上次课内容？（学生上台演示，教师点评，并带学生复习上次课内容）

师：同学们认真地完成了复习任务，接下来我们就进行本次课程的学习。

检查书法用具、坐姿和执笔姿势。通过图片呈现隶书间架结构"方正形、扁平形、长方形、异体形、上紧下松、左右相称、横画平行、错综复杂"等例字。

（二）新授

1. 方正形

（1）形状方正，端庄典雅。在字形方正的前提下，每个字的姿态略有不同。

（2）字内笔画分布要匀称，横竖撇捺位置各占其位，搭配协调。

（3）教师讲解并示范方正形字例"室、敦"的书写，学生在教师的指导下练习。

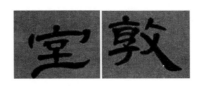

2. 扁平形

（1）汉代隶书以宽扁结构的字居多。横向舒展，纵向收缩，突出宽博的态势。

（2）字中有撇捺或长横，要写得左右舒展，横向取势。

（3）教师讲解并示范扁平形字例"曹、郭"的书写，学生在教师的指导下进行练习。

3. 长方形

（1）汉代隶书中长方形的字出现频率不高。这类字多为上下结构或上中下结构。各个部件均要纵向收缩，避免整个字过长，部件之间自然协调。

（2）隶书中取纵势的字也要写得壮实，不可瘦弱。

（3）教师讲解并示范纵长形字例"舊（旧）李"的书写，学生在教师的指导下进行练习。

4. 异体形

（1）汉代隶书中部分字形特殊，比普通写法多笔画或少笔画。

（2）字中有些笔画或部件的写法与篆书相似，导致字的形状异于常规。

（3）教师讲解并示范异体形字例"年""曹"的书写，学生在教师的指导下进行练习。

5. 上紧下松

（1）在汉代隶书中，上下结构的字，若上部件较复杂而笔画较多时，应写得自然紧凑些。

（2）下部笔画围绕中心线作自然舒展，以承载上部件。

（3）教师讲解并示范上紧下松字例"等、学"的书写，学生在教师的指导下进行练习。

6. 左右相称

（1）在汉代隶书中，遇到左右结构的字，要合理安排左右部件。

（2）左右部件的占比约为1∶1，两部分搭配要匀称。

（3）教师示范左右相称例字"封、酥"的书写，学生在教师的指导下进行练习。

7. 横画平行

（1）与楷书不同的是，隶书横笔画一般取平势。

（2）多横排列时，各个横画之间距离要均匀，横画与横画基本平行。

（3）横画作主笔写出"蚕头燕尾"，使整个字静中有动。

（4）教师讲解并示范横画平行字例"誰（谁）、輔（辅）"的书写，学生在教师的指导下进行练习。

8. 错综复杂

（1）汉代隶书中遇到笔画繁多且复杂的字，结构安排要各随其形，处理好穿插和避让关系。

（2）笔画间既要互不侵犯，又要相互相迎，自然和谐。

（3）教师讲解并示范错综复杂字例"壽（寿）、愛（爱）"的书写，学生在教师的指导下进行练习。

（三）评比

师：接下来我们玩个游戏——我是小评委：以小组的形式，各小组选出组内写得最好的字，呈现给我们班的同学（小评委），小评委以投票的形式选出自己满意的字，并说出写得好的部分。

活动完毕。

教师点评，并带学生回顾本次课内容。

（四）总结

师：本次课我们学习了隶书间架结构的"方正形、扁平形、长方形、异体形、上紧下松、左右相称、横画平行、错综复杂"。大部分同学都掌握了今天所学的内容。希望同学们在课后温故而知新。

（五）课后作业

（1）复习本次课内容。

（2）预习下次课内容。

第三节　毛笔篆书教案

第一课　直点、斜点、横点、短横画

一、教学目标

（1）认识甲骨文常见点画和横画。

（2）掌握甲骨文篆书常见点画写法。

二、教学重点

认识甲骨文常见点画和横画。

三、教学难点

掌握甲骨文篆书常见点画写法，并能应用到具体例字中。

四、课前准备

笔、墨、纸、砚、毛毡。

五、教学过程

（一）导入

师：课前老师要求同学们收集了有关篆书的资料，有哪位同学可以和大家分享一下他收集到的资料呢？（学生答）

师：篆书和我们其他书体相比有什么不同？（讲解篆书简史）

检查书法用具、坐姿和执笔姿势。通过图片呈现篆书直点、斜点、横点、短横画、长横画等。

（二）新授

1. 甲骨文

（1）"直点"示范："母、雨、祭、盛"。

1）"母"。

A. 下笔无须裹锋，衄挫后顺势收笔裹住笔锋。

B. 逆锋入纸，两次衄挫再收笔且裹锋。

C. 教师书写示范，学生在教师的指导下学习直点的写法，将笔画运用到字中，开始学习"母"字。

2）"雨"。

A. 逆入藏锋，掉转笔锋下行，即做一个衄挫的动作，轻提起笔锋完成收笔。

B. 教师书写示范，学生练习，完毕后学习"雨"字。

3）"祭"。

A. 微微向上逆锋，裹住锋下行，即做一个衄挫的动作，裹住笔锋完成收笔。

B. 教师书写示范，学生练习，完毕后学习"祭"字。

4）"盛"。

A. 微微向上逆锋，裹住锋下行，衄挫后行笔速度加快，迅速裹锋收笔，使得笔势更加灵活。

B. 教师书写示范，学生练习，完毕后学习"盛"字。

（2）"斜点"示范："易、贝、考、米"。

1）"易"。

A. 裹锋逆势入纸时，从左上往右下中锋运笔；笔画中段两次衄挫稍快而稳健，裹笔收笔也取斜势。

B. 教师书写示范，学生在教师的指导下学习斜点的写法，并将笔画运用到字中，开始学习"易"字。

2）"贝"。

A. 右上点从右上方裹锋向下行；衄挫时不可迟滞，笔画要灵活；裹锋收笔处速度稍慢些，做到沉着稳健。

B. 教师书写示范，学生练习，完毕后学习"贝"字。

3）"考"。

A. 底部的长斜点取斜势，逆笔裹锋入纸，自右上往左下运行，衄挫要沉着痛快，收笔时抬笔往上做"空收"动作。

B. 教师书写示范，学生练习，完毕后学习"考"字。

4)"米"。

A. "米"字的六个点，应各具姿态，和而不同。下笔的方向、力度、速度，以及衄挫的动作，也应稍有不同，这样才能姿态丰富。

B. 教师书写示范，学生练习，完毕后学习"米"字。

(3)"横点"示范："昏、旦、戍、食"。

1)"昏"。

A. 裹锋逆势入纸，斜向衄笔，速度要快；笔画末端提笔回锋，要笔到力到。

B. 教师书写示范，学生在教师的指导下学习横点的写法，将笔画运用到字中，开始学习"昏"字。

2)"旦"。

A. 横点稍长，状若横画。裹锋逆势入纸，衄挫后快速右行至笔画末端回锋收笔。

B. 教师书写示范，学生练习，完毕后学习"旦"字。

3)"戍"。

A. 笔锋逆入逆收，收笔时笔势向上带出并滑翔一段自然停下。

B. 由于笔画较短，逆锋入纸后衄挫宜慢些，力求稳健。

C. 教师书写示范，学生练习，完毕后学习"戌"字。

4）"食"。

A. 由于笔画较短，逆锋入纸后衄挫宜慢些，两次衄笔，裹锋收笔的笔势往下，沉着稳健。

B. 教师书写示范，学生练习，完毕后学习"食"字。

（4）"短横画"示范："曰、示、高、立"。

1）"曰"。

A. 裹锋逆势入纸，运笔过程中三次衄笔，回锋收笔的动作宜慢一些。

B. 教师示范书写，学生在教师的指导下学习短横点的写法，将笔画运用到字中，开始学习"曰"字。

2）"示"。

A. 裹锋逆势入纸，运笔过程中三次衄笔，收笔时回锋笔势向下，与下边长横相呼应。

B. 教师书写示范，学生练习，完毕后学习"示"字。

3）"高"。

A. 裹锋逆势入纸，两次衄挫，收笔处回锋且与斜画有搭接。

B. 起笔和收笔均要裹锋，笔画微微上翘，与其他笔画相呼应。

C. 教师书写示范，学生练习，完毕后学习"高"字。

4）"立"。

A. 裹锋逆势入纸行笔稍慢，三次衄笔，裹锋收笔，笔画末端稍作停留使得锋颖不外露，笔画饱满。

B. 教师书写示范，学生练习，完毕后学习"立"字。

（三）评比

师：接下来我们玩个游戏——我是小评委：以小组的形式，各小组选出组内写得最好的字，呈现给我们班的同学（小评委），小评委以投票的形式选出自己满意的字，并说出写得好的部分。

活动完毕。

教师点评，并带学生回顾本次课内容。

（四）总结

师：本次课我们学习了毛笔篆书的直点、斜点、横点、短横画，大部分同学都掌握了今天所学的内容，希望同学们能在课后温故而知新。

（五）课后作业

（1）复习本次课内容。

（2）预习下次课内容。

第二课　横画、竖画、斜画、弧画

一、教学目标

（1）认识甲骨文篆书常见笔画，横画、竖画、斜画、弧画。

（2）掌握甲骨文篆书横画、竖画、斜画、弧画的写法。

二、教学重点

认识甲骨文篆书常见笔画，横画、竖画、斜画、弧画。

三、教学难点

掌握甲骨文篆书横画、竖画、斜画、弧画的写法，并应用到例字中。

四、课前准备

笔、墨、纸、砚、毛毡。

五、教学过程

（一）导入

师：同学们，我们上次课学习了毛笔篆书的直点、斜点、横点、短横画，有谁愿意带

大家一起回顾上次课内容？（学生上台演示，教师点评，并带学生复习上次课内容）

师：同学们认真地完成了复习任务，接下来我们就进行本次课程的学习。

检查书法用具、坐姿和执笔姿势。通过图片呈现甲骨文篆书笔画的横画、竖画、斜画、弧画的例字。

（二）新授

1. 甲骨文

（1）"长横"示范："方、弗、用、斗"。

1）"方"。

A. "方"字裹锋逆势入纸，与左竖搭接，三次衄笔，回锋收笔稍慢，笔画末端与右竖粘连。

B. 教师书写示范，学生在教师的指导下学习长横的写法，将笔画运用到字中，开始学习"方"字。

2）"弗"。

A. "弗"的三个横画长度相当，都需裹锋逆入，相对而言第二、第三横行笔稍慢；笔画中段三次衄笔，稳健而挺拔。

B. 教师书写示范，学生练习，完毕后学习"弗"字。

3）"用"。

A. "用"字的两长横画位于竖画中间，与竖画粘连。横画裹锋逆势入纸，行笔速度稍慢，中段衄笔，笔画力求挺拔劲健。

B. 教师书写示范，学生练习，完毕后学习"用"字。

4）"斗"。

A. "斗"字的长横画微微向上弯曲，挺拔劲健，能托起上部件。裹锋逆势入纸，速度稍慢将全身力量灌注于笔毫，起笔以衄笔藏锋，收笔回锋。

B. 教师书写示范，学生练习，完毕后学习"斗"字。

（2）"竖画"示范："我、啟、才、户"。

1）"我"。

A. "我"字两个竖画左长右短，逆锋入纸后衄笔，收笔处要回锋。

B. 教师书写示范，学生在教师的指导下学习竖画的写法，将笔画运用到字中，开始学习"我"字。

2）"啟"。

A. "啟"字两竖画左短右长，起笔、收笔都要裹锋，笔画中段都要衄笔，使笔画更加厚重。

B. 教师书写示范，学生练习，完毕后学习"啟"字。

3）"才"。

A. "才"字的长竖画，裹锋逆势入笔，行笔速度稍慢些，笔画中段两次衄笔，收笔处带出笔锋后空中向上取势。

B. 教师书写示范，学生练习，完毕后学习"才"字。

4）"户"。

A. 长竖画的写法与"才"字相同。

B. 竖画，裹锋逆势入笔，行笔速度稍慢些，中段衄笔，收笔时与横画搭接。

C. 教师书写示范，学生练习，完毕后学习"米"字。

（3）"斜画"示范："千、辛、帝、寅"。

1）"千"。

A. 裹锋逆势入笔，衄笔速度稍快，收笔处裹锋。

B. 笔画走斜势，两笔呈上开下合之势。

C. 教师书写示范，学生在教师的指导下学习斜画的写法，将笔画运用到字中，开始学习"千"·字。

2）"辛"。

A. 四个斜画，左边和右边斜画下笔方式趋同，裹锋逆入，左右斜画呈上开下合之势，与中间竖画粘连。

B. 教师书写示范，学生练习，完毕后书写"辛"字。

3）"帝"。

A. 裹锋逆势入笔，衄笔速度稍快，收笔处斜向回锋。

B. 教师书写示范，学生练习，完毕后书写"帝"字。

4）"寅"。

A. 六个斜画，裹锋逆势入笔，收笔回锋。向左取斜势，逆锋速度稍快一些，向右斜的笔画速度稍慢些。

B. 教师书写示范，学生练习，完毕后学习"寅"字。

（4）"弧形画"示范："室、非、追、既"。

1）"室"。

A. 两个弧形画均裹锋逆势入笔，锋颖处稍作区别，化解呆板。

B. 教师书写示范，学生在教师的指导下学习弧形画的写法，将笔画运用到字中，开始学习"室"字。

2）"非"。

A. "非"字两个弧形画，裹锋逆势入笔，速度稍快。衄笔后带出笔锋，向上做空中收笔动作，出锋不可太尖利，力求含蓄。

B. 教师书写示范，学生练习，完毕后学习"非"字。

3）"追"。

A. "追"字四个斜画都呈弧形。裹锋逆势入笔，回锋处也需裹锋，各个笔画书写节奏有所不同，做到姿态丰富。

B. 教师书写示范，学生练习，完毕后学习"追"字。

4）"既"。

A. "既"字四个弧形的弧度有所差别。裹锋起笔与收笔相同，笔画中段衄笔配合其他笔法，使笔画姿态丰富。

B. 教师书写示范，学生练习，完毕后学习"既"字。

（三）评比

师：接下来我们玩个游戏——我是小评委：以小组的形式，各小组选出组内写得最好的字，呈现给我们班的同学（小评委），小评委以投票的形式选出自己满意的字，并说出写得好的部分。

活动完毕。

教师点评，并带学生回顾本次课内容。

（四）总结

师：本次课我们学习了毛笔篆书的横画、竖画、斜画、弧画，大部分同学都掌握了今天所学的内容，希望同学们能在课后温故而知新。

（五）课后作业

（1）复习本次课内容。

（2）预习下次课内容。

第三课　金文与石鼓文基本笔画

一、教学目标

（1）认识金文以及石鼓文部分常见笔画。

（2）掌握金文以及石鼓文几种点画写法。

二、教学重点

认识金文以及部分石鼓文常见笔画。

三、教学难点

掌握金文以及石鼓文几种点画写法。

四、课前准备

笔、墨、纸、砚、毛毡。

五、教学过程

（一）导入

师：同学们，我们上次课学习了毛笔篆书的横画、竖画、斜画、弧画，有谁愿意带大家一起回顾上次课内容？（学生上台演示，教师点评，并带学生复习上次课内容）

师：同学们认真地完成了复习任务，接下来我们就进行本次课程的学习。

检查书法用具、坐姿和执笔姿势。通过图片呈现金文以及石鼓文部分常见笔画的例字。

（二）新授

1. 金文

（1）"小弧形画"示范："比、方、戈、走"。

1）"比"。

A. "比"字笔画以小弧形为主。弧画逆锋入纸，行笔时适当增加绞笔动作；笔画搭接处，行笔速度稍慢。行笔慢如铜水流动，流动而不失金石韵味。笔尖含墨较少时，可通过"搭"或"筑锋"使笔画处于中锋裹锋状态进行书写。

B. 教师书写示范，学生在教师的指导下学习小弧形画的写法，将笔画运用到字中，开始学习"比"字。

2）"方"。

A. "方"的小弧要富有弹性。裹锋逆入在与横画相交接处衄笔，收笔驻笔回锋向上做空中收笔动作。

B. 教师书写示范，学生练习，完毕后学习"方"字。

3）"戈"。

A. "戈"字除了一个横画，其余为弧形。中间弧形笔画衄笔动作宜快，笔画末端向上做空中收笔动作虚提。笔画交会处应慢一些。

　　B. 教师书写示范，学生练习，完毕后学习"戈"字。

　　4）"走"。

　　A. "走"笔画都呈弧形。逆锋入笔，收笔回锋做法与前面类似，行笔速度与衄笔应有所区别，力避呆板。

　　B. 教师书写示范，学生练习，完毕后学习"走"字。

　　（2）"大弧形画"示范："西、冀、申、盂"。

　　1）"西"。

　　A. "西"由两个大弧形画组成，裹锋逆势入笔与前面类似，两笔搭接处如榫卯连接，应通透一些。

　　B. 教师书写示范，学生在教师的指导下学习大弧形画的写法，将笔画运用到字中，开始学习"西"字。

　　2）"冀"。

　　A. "冀"字笔画全部由弧形组成。每个笔画裹锋起笔又裹锋收笔。笔画搭接处衄笔，增加金石气。

　　B. 教师书写示范，学生练习，完毕后学习"冀"字。

　　3）"申"。

A．"申"字全部由弧形笔画组成，两个大弧形画中段衄笔，行笔宜迅速些，裹锋收笔的动作要有所区别。

B．教师书写示范，学生练习，完毕后学习"申"字。

4）"盂"。

A．"盂"字的弧形笔画逆锋入纸，收笔处要回锋。大弧形画行笔速度要慢一些，使笔画凝练厚重。

B．教师书写示范，学生练习，完毕后学习"盂"字。

2．石鼓文

（1）"点"示范："母、时、彤、杨"。

1）"母"。

A．"母"字的两点，都要裹锋逆势入纸，行笔快慢得宜，裹锋收笔迅速向上空中做回锋动作，笔画沉着痛快。

B．教师书写示范，学生在教师的指导下学习点的写法，将笔画运用到字中，开始学习"母"字。

2）"时"。

A．"时"字中"日"部的点画短，寸部的点画长。书写时均裹锋逆势入笔。寸部的长点中段应衄笔。

B．教师书写示范，学生练习，完毕后学习"时"字。

3）"彤"。

A. "彤"字的点画较圆润，裹锋逆势入笔再衄笔，行笔要沉着痛快，笔画要厚重。

B. 教师书写示范，学生练习，完毕后学习"彤"字。

4）"杨"。

A. "杨"字点画也比较圆润，裹锋逆势入笔。笔画末端逆笔裹锋带出笔锋，向上取势。行笔速度宜快。

B. 教师书写示范，学生练习，完毕后学习"杨"字。

（2）"横画"示范："于、同、佳、其"。

1）"于"。

A. 两个"横画"起笔和收笔处要裹锋。以衄笔为主，长横画行笔速度要慢一些。

B. 教师书写示范，学生在教师的指导下学习横画的写法，将笔画运用到字中，开始学习"于"字。

2）"同"。

A. 两横画的用笔以衄笔为主，写法略作区别，取势也稍有不同，避免陷入呆板。起

笔、收笔应裹锋，以及与竖画搭接处应稍慢些。

B. 教师书写示范，学生练习，完毕后学习"同"字。

3）"隹"。

A. 四个横画都取斜势，每个横画的起收笔、中段衄笔次数稍作区别，达到和而不同的艺术效果。

B. 教师书写示范，学生练习，完毕后学习"佳"字。

4）"其"。

A. 三个横画，姿态各异又要和谐。裹锋而逆入，回锋收笔，笔画中段衄挫技巧相似。

B. 教师书写示范，学生练习，完毕后学习"既"字。

（三）评比

师：接下来我们玩个游戏——我是小评委：以小组的形式，各小组选出组内写得最好的字，呈现给我们班的同学（小评委），小评委以投票的形式选出自己满意的字，并说出写得好的部分。

活动完毕。

教师点评，并带学生回顾本堂课内容。

（四）总结

师：本堂课我们学习了金文以及石鼓文部分常见笔画。金文中的横、竖画写法与甲骨文基本相同，弧形笔画居多，弧度大的环状笔画较多。大部分同学都掌握了今天所学的内容，希望同学们能在课后温故而知新。

（五）课后作业

（1）复习本次课内容。

（2）预习下次课内容。

第四课　石鼓文和小篆笔画

一、教学目标

（1）了解石鼓文和小篆常见笔画。

（2）区别并掌握石鼓文和小篆常见笔画写法。

二、教学重点

了解石鼓文和小篆常见笔画。

三、教学难点

区别并掌握石鼓文和小篆常见笔画写法。

四、课前准备

笔、墨、纸、砚、毛毡。

五、教学过程

（一）导入

师：同学们，我们上次课学习了金文以及石鼓文部分常见笔画，有谁愿意带大家一起回顾上次课内容？（学生上台演示，教师点评，并带学生复习上次课内容）

师：同学们认真地完成了复习任务，接下来我们就进行本次课程的学习。

检查书法用具、坐姿和执笔姿势。通过图片呈现出石鼓文以及小篆常见笔画例字。

（二）新授

1. 石鼓文

（1）"竖画"示范："止、里、不、古"。

1）"止"。

A. 裹锋入纸，加入"筑锋"笔法，使笔画更加雄强刚劲，笔画中段以衄笔调节。

B. 教师书写示范，学生在教师的指导下学习竖画的写法，将笔画运用到字中，开始学习"止"字。

2）"里"。

A. 中间的长竖画，裹锋入纸与横画搭接，行笔速度宜慢些，力求稳健。收笔与前面做法相同。

B. 教师书写示范，学生练习，完毕后学习"里"字。

3）"不"。

A. "不"字中间的竖画裹锋入纸后涩行,速度稍慢些,笔画要写出挺拔劲健的效果。

B. 教师书写示范,学生练习,完毕后学习"不"字。

4)"古"。

A. 竖画裹锋逆势入纸,中段衄笔,行笔速度不宜太快,笔画要写得沉实稳健。

B. 教师书写示范,学生练习,完毕后学习"古"字。

(2)"弧形画"示范:"如、吾、马、既"。

1)"如"。

A. "如"字除口部的横画外,其余笔画为弧形,弯度有所区别。裹锋入纸,回锋收笔后向上取势,笔画连接处行笔速度放慢些。

B. 教师书写示范,学生在教师的指导下学习弧形画的写法,将笔画运用到字中,开始学习"如"字。

2)"吾"。

A. "吾"字弧形画较多,第一笔弧画起笔要裹住笔锋,增加"筑锋"笔法,使笔画更加果断。各个弧画之间要和而不同,起笔、收笔均要有一定的区别。

B. 教师书写示范,学生练习"吾"字。

3）"马"。

A. 笔画都是弧形画，裹锋逆势入纸，收笔的方向和形状要有所区别，避免陷入呆板。

B. 教师书写示范，学生练习"马"字。

4）"既"。

A. 除短横外，其余笔画都是弧形画。裹锋逆势入纸逆角度、力度应有所变化，搭接处如榫卯相接既要稳固又要灵活，收笔处要有变化。

B. 教师书写示范，学生练习"既"字。

2. 小篆点画学习

（1）"点"示范："犬、章、今、光"。

1）"犬"。

A. 点画长如弧形画，裹锋逆势入纸，回锋收笔，笔画要活泼而沉着。

B. 教师书写示范，学生在教师的指导下将笔画运用到"母"字。

2）"章"。

A. 点画作长横画。裹锋逆势入纸，笔画中段衄笔速度稍快，笔画要沉着，不能浮滑无力。

B. 教师书写示范，学生练习"章"字。

3）"今"。

A. "今"字点画作短横。裹锋逆势入纸，行笔速度宜快一些。收笔取斜势，避免呆滞。

B. 教师书写示范，学生练习"今"字。

4）"光"。

A. 上部两个点作弧画，裹锋逆势入纸，起笔、收笔略有不同，两点趋于对称，又要避免过于机械。

B. 教师书写示范，学生练习"光"字。

（2）"横画"示范："元、贝、呈、宁"。

1）"元"。

A. "元"字的横画上短下长，起笔、收笔相近，但笔画中段不同的笔法可以避免雷同。

B. 教师书写示范，学生在教师的指导下学习横画的写法，将笔画运用到"元"字。

2）"贝"。

A. 四个短横画，中间两横姿态相似，上下两横画呈小弧形状，承接两竖的笔势。

B. 教师书写示范，学生练习"贝"字。

3）"呈"。

A. "呈"字六个横画，虽起笔、收笔方法相似，但下笔的角度、力度不同，加之中段衄笔笔法各异，各横也和而不同，姿态丰富。

B. 教师书写示范，学生练习"呈"字。

4）"宁"。

A. 上部长横画与底部长横画要有所区别。起笔、收笔裹锋相似，横画与其他笔画交接处如榫卯相接要灵动而稳固。

B. 教师书写示范，学生练习"宁"字。

（三）评比

师：接下来我们玩个游戏——我是小评委：以小组的形式，各小组选出组内写得最好的字，呈现给我们班的同学（小评委），小评委以投票的形式选出自己满意的字，并说出写得好的部分。

活动完毕。

教师点评，并带学生回顾本次课内容。

（四）总结

师：本次课我们学习了石鼓文和小篆常见笔画。大部分同学都掌握了今天所学的内容，希望同学们能在课后温故而知新。

（五）课后作业

（1）复习本次课内容。

（2）预习下次课内容。

第五课　小篆和缪篆笔画

一、教学目标

（1）认识小篆和缪篆常见笔画。

（2）了解小篆和缪篆的常见笔画写法。

二、教学重点

认识小篆和缪篆的常见笔画。

三、教学难点

了解小篆和缪篆的常见笔画写法。

四、课前准备

笔、墨、纸、砚、毛毡。

五、教学过程

（一）导入

师：同学们，我们上次课学习了石鼓文以及小篆常见笔画，有谁愿意带大家一起回顾上次课内容？（学生上台演示，教师点评，并带学生复习上次课内容）

师：同学们认真地完成了复习任务，接下来我们就进行本次课程的学习。

检查书法用具、坐姿和执笔姿势。通过图片呈现出小篆和缪篆常见笔画例字。

（二）新授

1. 小篆

（1）"竖画"示范："巫、干、帐、壮"。

1）"巫"。

A. "巫"字的竖画长，要写得挺拔劲健。竖画起笔可加以"筑锋"，使笔画更具金石气。

B. 教师书写示范，学生在教师的指导下学习竖画的写法，将笔画运用到"巫"字。

2）"干"。

A. "干"字的竖画要写得壮实，力能扛鼎，以"筑锋"起笔增加金石气息。

B. 教师书写示范，学生练习"干"字。

3）"帐"。

A. 左长竖画要写得挺拔劲健，但又又要避免僵直，与其他偏旁有呼应，稍有姿态。

B. 教师书写示范，学生练习"帐"字。

4）"壮"。

A. "壮"字的两竖画写法稍有不同，但又要保持和谐，与其他笔画交会处宜写慢些，不能显得浮滑，要沉着痛快。

B. 教师书写示范，学生练习"壮"字。

（2）"弧形画"示范："心、妃、川、常"。

1）"心"。

A. "心"字由多个弧形的笔画组成。笔画交接处如榫卯相接，要写得灵活一些，不能呆板。

B. 教师书写示范，学生在教师的指导下学习弧形画的写法，将笔画运用到"心"字。

2）"妃"。

A. "妃"字的女部都是弧画。笔画中段宜减少衄挫笔，避免僵硬；同时又要避免浮滑，婉约流畅而不失沉着。

B. 教师书写示范，学生练习"妃"字。

3）"川"。

A. "川"字的三笔都是弧形画,各笔起笔、收笔方法大致相同,但又略作变化,弧度要和而不同,姿态丰富。

B. 教师书写示范,学生练习"川"字。

4)"常"。

A. "常"字的弧形笔画多,各个笔画的姿态应有所不同。下笔的力度、角度、速度、裹锋的程度稍作区别,使笔画灵动多姿,避免陷入呆板。

B. 教师书写示范,学生练习"常"字。

2. 缪篆点画学习

(1)"点"示范:"衣、意、血、金"。

1)"衣"。

A. "衣"字的"点"可写长也可写短,起笔要裹锋入纸,沉着稳健。

B. 教师书写示范,学生在教师的指导下学习点的写法,将笔画运用到"衣"字。

2)"意"。

A. "意"字的点作横画或竖画处理。起笔、收笔都要裹锋。笔画交会处宜慢些,使笔画更具金石气。

B. 教师书写示范,学生练习"意"字。

3)"血"。

A. "血"字的左右两个点画向纵向伸展。可以"筑锋"起笔,使两点各具姿态,避免雷同。

  B. 教师书写示范，学生练习"血"字。

  4）"金"。

  A."金"字的四个点画笔势各异，起笔、收笔裹锋的方法相似，行笔的节奏有所不同，加之力度、角度的变化，四个点画姿态丰富。

  B. 教师书写示范，学生练习"金"字。

  （2）"横画"示范："色、齐、马、四"。

  1）"色"。

  A."色"字中六个横画长度不同。虽起笔、收笔裹锋的方法类似，但行笔的节奏有所不同，横画也较为丰富。

  B. 教师书写示范，学生在教师的指导下学习横画的写法，将笔画运用到"色"字。

  2）"齐"。

  A."齐"字第一横画要写得挺拔，"筑锋"起笔，增加金石气，为整个字开个好头。下部两个短横和竖画交会如榫卯相接。

  B. 教师书写示范，学生练习"齐"字。

  3）"马"。

A. "马"字四个横画，起笔、收笔方法类似，但笔画各具姿态，变化丰富。

B. 教师书写示范，学生练习"马"字。

4)"四"。

A. "四"字的两个横画是字的主体。要写得沉稳雄健，与竖画交接处行笔宜慢一些，横竖交会如榫卯相接，稳固而灵动，避免僵硬。

B. 教师书写示范，学生练习"四"字。

（三）评比

师：接下来我们玩个游戏——我是小评委：以小组的形式，各小组选出组内写得最好的字，呈现给我们班的同学（小评委），小评委以投票的形式选出自己满意的字，并说出写得好的部分。

活动完毕。

教师点评，并带学生回顾本次课内容。

（四）总结

师：本次课我们学习了小篆和缪篆的常见笔画。大部分同学都掌握了今天所学的内容，希望同学们能在课后温故而知新。

（五）课后作业

（1）复习本次课内容。

（2）预习下次课内容。

第六课　缪篆笔画与笔顺

一、教学目标

（1）认识缪篆的笔画与篆书笔顺。

（2）掌握缪篆的篆书笔顺规律。

二、教学重点

认识缪篆的笔画与篆书笔顺。

三、教学难点

掌握缪篆的篆书笔顺规律。

四、课前准备

笔、墨、纸、砚、毛毡。

五、教学过程

（一）导入

师：同学们，我们上次课学习了小篆和缪篆的常见笔画，有谁愿意带大家一起回顾上

次课内容？（学生上台演示，教师点评，并带学生复习上次课内容）

师：同学们认真地完成了复习任务，接下来我们就进行本次课程的学习。

检查书法用具、坐姿和执笔姿势。通过图片呈现出缪篆的笔画与笔顺规则例字。

（二）新授

1. 缪篆

（1）"竖画"示范："用、阜、门、雨"。

1）"用"

A. 竖画裹锋逆势入笔，起笔切笔形成方角，行笔过程中要保持中锋，各个竖画收笔处稍作变化。

B. 教师书写示范，学生在教师的指导下学习竖画的写法，将笔画运用到"用"字。

2）"阜"。

A. "阜"字的竖画较长，作为整个字的支柱要写得挺拔劲健。竖画裹锋逆势入笔，起笔切笔形成方角，笔画中段衄笔，裹锋收笔，收笔处的形状方圆结合。

B. 教师书写示范，学生练习"阜"字。

3）"门"。

A. "门"字两个长竖画作为整个字的支柱要写得挺拔劲健。两个短竖画与横画搭接如榫卯相接，要通透灵动。

B. 教师书写示范，学生练习"门"字。

4）"雨"。

A．"雨"字的三个竖画各具姿态，行笔过程保持中锋运笔，方圆结合。

B．教师书写示范，学生练习"雨"字。

（2）"弧形画"示范："身、老、矛、瓜"。

1）"身"。

A．"身"字弧形画转弯处稍提笔而过，笔画中段可用衄笔。

B．教师书写示范，学生在教师的指导下学习弧形画的写法，将笔画运用到"身"字。

2）"老"。

A．"老"字弧画裹锋逆势入笔，转弯处速度放慢稍提笔而过，书写要婉转流畅。

B．教师书写示范，学生练习"老"字。

3）"矛"。

A．"矛"字弧形画较少，起笔方圆兼备，收笔呈方形，笔画中段要裹锋且保持中锋运笔，笔画不宜扁平。

B．教师书写示范，学生练习"矛"字。

4）"瓜"。

A.“瓜”字的弧形画要有变化，下笔的角度、力度，以及行笔的速度稍有不同，笔画中段衄挫次数不一样，笔画的最终效果也会有所区别。

B. 教师书写示范，学生练习“瓜”字。

2. 笔顺

在篆书的学习过程中，笔画技法熟练后要按照一定的笔顺进行书写，使整个字更有美感。篆书的结构看似复杂，不少同学不知从何处下笔。其实篆书也是有一定规律可循的，比如它的笔顺是遵守一定规则的。

（1.）先上后下。

篆书文字里，有些字的书写顺序是从上往下的，如“衣、简、方、来”等。

（2）先横后竖。

篆书文字里，有些字先写横画再写竖画。如“武”字，先写长横，再完成其他笔画。如“方、来”等字也是先写横画，再写其他笔画。

（3）先左后右。

篆书文字里，涉及左右结构的合体字，一般先写左边再写右边。如“既”字先写左部件再写右部件。

（4）先围后入。

篆书文字里，涉及包围结构的文字，应先写字框或者包围的部件，再写内部被包围的部件。如“庶、写”，应先完成外围，再写里面的部件。

（5）先中间后两边。

篆书文字里，涉及左中右结构的字，应先写中间再写两边，如“乡”应先写中间部件，再写两边的部件。中间是整个字的重心所在，先写中间稳住重心，即使结构再复杂也不至于杂乱无序。

（三）评比

师：接下来我们玩个游戏——我是小评委：以小组的形式，各小组选出组内写得最好的字，呈现给我们班的同学（小评委），小评委以投票的形式选出自己满意的字，并说出写得好的部分。

活动完毕。

教师点评，并带学生回顾本次课内容。

（四）总结

师：本次课我们学习了缪篆的笔画与篆书笔顺。大部分同学都掌握了今天所学的内容，希望同学们能在课后温故而知新。

（五）课后作业

（1）复习本次课内容。

（2）预习下次课内容。

第七课　基本结构

一、教学目标

（1）了解篆书的基本结构类型。

（2）理解篆书的结构规律。

二、教学重点

了解篆书的基本结构类型。

三、教学难点

理解篆书结构规律。

四、课前准备

笔、墨、纸、砚、毛毡。

五、教学过程

（一）导入

师：同学们，我们上次课学习了缪篆的笔画与笔顺规则，有谁愿意带大家一起回顾上次课内容？（学生上台演示，教师点评，并带学生复习上次课内容）

师：同学们认真地完成了复习任务，接下来我们就进行本次课程的学习。

检查书法用具、坐姿和执笔姿势。通过图片呈现出篆书的基本结构例字。

（二）新授

1. 独体字结构

（1）笔画疏密有致，位置各占其位。如"来"字中间竖画作为整个字的支柱，要写得挺拔劲健，其他笔画以竖画为对称轴，称左右对称之势，应注意的是两边的笔画起收笔和笔画弧度可以稍有区别，力求产生不同的美感。

（2）重心平稳。独体字的笔画不多，因此对字体的要求较高，若有一个笔画处理不当，将导致整个字重心不稳。独体字的结构可谓牵一发而动全身，因此在书写时要注意保持重心平稳。

2. 合体字结构

合体篆书文字是由两个或两个以上偏旁部首组合而成的文字。合体字要充分考虑各部件之间的组合，做到搭配得宜。下面分别举例说明：

（1）上下结构。

"男、吾"两字是由上下两个部件构成的字，上下部件的组合要协调。"男"字的田部位于左上角，下方力部位于右下，两个部件的摆放微微错位，产生寓险绝于平正的视觉效果。

"吾"字属于上下结构，书写时不应被弧形画迷惑，要抓住特点，上部件应写得略扁一些，下部件应写得稍窄长一些，呈现上宽下窄的形状等。

（2）上中下结构。

上中下结构中，三个部件形态各异，应根据各个部件的笔画多寡来安排各自的空间占比。如笔画少则适当写扁，笔画多则适当拉长。如"蕃"中部笔画较多稍微拉长些，空间占比稍大。"简"字的中间部件拉长，下部件应写得紧凑些。

（3）左右结构。

左右部件组合要紧凑。若左部件笔画较少时，中间区域留白稍多一些，使左右部件组合更加饱满一些。如"既"的左右两个部件的笔画数量相当，各自的空间占比差不多，中间区域留白可以适当少一些，使左右更加紧凑自然，避免结构散乱。

（4）左中右的结构。

左中右结构的字，左部件和右部件应写得稍短而窄，中间部件也不宜过长。如"吾"字的中间部件较高且稍长，整个字端庄而紧凑。

（5）上包围下结构。

上包围下结构的字外围要舒展一些，被包围的部件应尽量写得均匀、紧凑而富有变化。如"庶、寇、写"等字，"写、寇"的外围舒展且左右对称，被包围部件写得自然紧凑一些。

（三）评比

师：接下来我们玩个游戏——我是小评委：以小组的形式，各小组选出组内写得最好的字，呈现给我们班的同学（小评委），小评委以投票的形式选出自己满意的字，并说出写得好的部分。

活动完毕。

教师点评，并带学生回顾本次课内容。

（四）总结

师：本次课我们学习了篆书的基本结构。篆书要写得灵动自然，收放有度，整个字充满美感，就要对篆书结构的规律有一定的了解，并按照这些结构规律进行书写。

结构是由笔画与笔画之间，各个部件之间，按照一定的规则组合起来的。笔画与笔画搭配，部件与部件搭配都是有规律可循的。篆书文字里，点、画和各部件搭配得当能带来自然和谐的美感，若搭配杂乱无章则字不成形且呆板僵硬。

篆书文字各具姿态，或沉着稳健，或雄强豪放、挺拔劲健，或柔美飞动，或险中有稳，或中规中矩中带有灵动。篆书文字笔画的粗细、长短、相背、俯仰、伸缩，以及部件的高和低、宽和窄、敧和正等，正是这些矛盾而又统一的对比关系造就了篆书的结构之美。这些笔画、部件的搭配方法即是"结体"的之法。篆书文字里，除了独体字外，其余都是合体字。独体字和合体字都有其结构方法。大部分同学都掌握了今天所学的内容，希望同学们能在课后温故而知新。

（五）课后作业

（1）复习本次课内容。

（2）预习下次课内容。

第八课 篆书笔法：提、落、活、搭、转、衄、蹲、驻、抢、急

一、教学目标

（1）了解并掌握篆书笔法的落、提、活、搭、转、衄、蹲、驻、抢、急。

（2）认识篆书笔法内在规律。

二、教学重点

掌握篆书笔法的落、提、活、搭、转、衄、蹲、驻、抢、急。

三、教学难点

认识篆书笔法内在规律。

四、课前准备

笔、墨、纸、砚、毛毡。

五、教学过程

（一）导入

师：同学们，我们上次课学习了篆书的基本结构，有谁愿意带大家一起回顾上次课内容？（学生上台演示，教师点评，并带学生复习上次课内容）

师：同学们认真地完成了复习任务，接下来我们就进行本次课程的学习。

检查书法用具、坐姿和执笔姿势。通过图片呈现出提、落、活、搭、转、衄、蹲、驻抢、急笔法例字。

（二）新授

1. 落

起笔时逆锋入纸，完成起笔动作后笔锋藏在笔画正中间，不能偏向任何一侧。如甲骨文中"龙"字，起笔的横画都需要逆锋起笔后藏锋；"云"字竖画，以及"还"字，第一笔的斜画，起笔时都是逆锋入纸。若行笔过程中笔锋出现偏向一侧或松散，则需要再次逆锋，同时施以"勒、蹲、驻、理、衄、挫"等笔法，使笔画苍劲有力，骨肉匀称。

2. 提

起笔之后，虚提笔杆叫作"提"。虚提笔杆并不是笔杆完全离开纸面，而是笔肚、笔尖稍微提起来。提笔过程中点到为止，达到"抽丝""拉筋"效果即可。逆锋入笔之后，稍"提"，蓄力前行，使笔画更加遒劲。

3. 活

在笔画运动过程中，仅用"提"法是不够的，应兼用"活"法。"活"通常指的是用墨浓淡枯湿的巧妙搭配，使笔画姿态万千。"活"法来自于用笔的灵活。在篆书书写过程中，使用"活"法，使笔画姿态富有变化，收放自如，充满弹性。值得注意的是，篆书笔法中的"活"，既要有浓淡枯湿墨韵，又不能显得浮滑无力。笔法中的"活"是对事物变化的再现，如"万岁之枯藤""千里之阵云""公孙大娘舞剑"等，抓住这些规律笔画便活起来了。"活"法不是一种单一的笔法，是多种笔法巧妙配合呈现的效果。这是对多种笔法熟练运用，加之用心体会事物变化规律，表现于笔端的结果。

4. 搭

两个笔画的交接处应留出一点缝隙，不能贴得严严实实，毫无生趣。笔画与笔画的搭接如榫卯相接，应稳固而灵活。在篆书笔法中，笔画与笔画的搭接方法叫作"搭"。我们从古代的书法作品中可以窥见一斑。如甲骨文"高"和"降"等字，若每笔都接得严严实实，那么字形就显得呆板了。

5. 转

篆书笔画中以转居多。写圆转的笔画时，速度稍慢一些。转，写得太快则笔锋调整的速度跟不上书写的速度，转弯时难免出现硬拽转弯的情况；或以笔尖滑过，笔画浮于纸面。转的笔法要婉而通，要有筋力。

6. 衄

笔画运动过程中，出现笔毫平铺的情况时，笔画会变得呆板无神。"衄"笔，可以及时使笔锋裹紧并保持中锋运笔，使笔画骨肉匀称。笔锋在运动过程中，有意制造阻力，使笔锋出现伸缩并裹紧再继续运行，叫作衄笔回锋，简称"衄"或"衄挫"。衄笔的优势在于，书写者可以随时根据笔画效果的需求，数次衄笔，使笔画更有金石气息。应注意的是，篆书长竖、长横、长弧形画的笔画中段可以稍增加"衄"笔的次数，短的笔画适当减少衄笔的次数。笔锋运行过程中，衄笔是为了达到特定的笔画效果，无故衄笔会导致笔画呆滞无力。衄笔次数过多产生的节点在视觉效果上与金文拓片斑驳笔画相似，但并不可取。书写者应保持书写的自然流畅，在此基础上追求金石之气才是正道。

7. 蹲

在运笔过程中，不可重按硬拽，重按硬拽墨太多或太干，笔墨缺乏生趣。行笔太顺，速度太快则笔画浮滑无力。篆书笔法中的"蹲"，如蹲着前行，步步为营，沉着有力。提、活要配合"蹲"，笔画沉稳劲健。"蹲"要忌呆板，应配合"提""活"等笔法，笔画要凝重而流动。

8. 驻

笔画着纸即走，快慢得宜；书写时不急不躁，不为强弩之力，也不能迟滞不前，点画的安排了然于胸叫作"驻"。使用"驻"笔以悬腕或悬肘执笔，力灌笔端，下笔后以笔抓纸，不能让笔画呆滞无力。"驻"笔有一定难度，书写者要做到心平气和，凝神静气，既要保持腕和指灵活，又要将注意力集中在笔毫的运动上，做到游刃有余。

9. 抢

用笔过程中笔半虚半实的"折"画叫"抢"。这种笔法最早见于甲骨文中。甲骨文多数是用利器在兽骨上刻制文字，兽骨材料较硬，很难表现转折的笔画，这就出现了"抢"笔。隶书、行书、楷书的"抢"法都是由此演变而来。"抢"可以分为直抢、侧抢、空抢三种。使用时应视具体情况而定，如圆蹲用直抢，偏蹲用侧抢；如笔头墨干则实抢，使笔画更加结实，笔头墨多则虚抢，如榫卯相接。

10. 急

运笔速度较快，而又笔笔到位，叫作"急"。"急"可以使笔画流畅，整个字神采飞扬。"急"是调节书写节奏的重要手段，使笔画变得更加果断而富于节奏的变化。在篆书中"急"要用得恰到好处，也不能过度依赖这种笔法，否则篆书过于流畅，流于圆滑。

（三）评比

师：接下来我们玩个游戏——我是小评委：以小组的形式，各小组选出组内写得最好的字，呈现给我们班的同学（小评委），小评委以投票的形式选出自己满意的字，并说出写得好的部分。

活动完毕。

教师点评，并带学生回顾本次课内容。

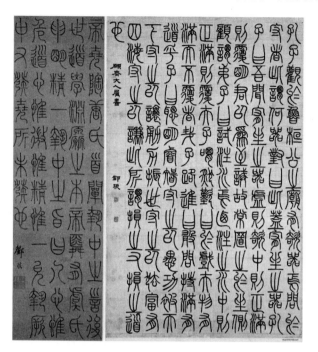

资料来源：邓石如的《篆书文》轴，书法空间网，http：//www.9610.com/dsr/16.htm.

（四）总结

师：本次课我们学习了篆书笔法的落、提、活、搭、转、衄、蹲、驻、抢、急。大部分同学都掌握了今天所学的内容，希望同学们能在课后温故而知新。

（五）课后作业

（1）复习本次课内容。

（2）预习下次课内容。

第九课　笔法：缓、涩、捷、虚、实

一、教学目标

（1）学会分解篆书笔法的缓、涩、捷、虚、实。

（2）理解篆书笔法的缓、涩、捷、虚、实，并应用到书写中。

二、教学重点

学会分解篆书笔法的缓、涩、捷、虚、实。

三、教学难点

理解篆书笔法的缓、涩、捷、虚、实，并应用到书写中。

四、课前准备

笔、墨、纸、砚、毛毡。

五、教学过程

（一）导入

师：同学们，我们上次课学习了篆书笔法的"提、落、活、搭、转、衄、蹲、驻、

抢、急",有谁愿意带大家一起回顾上次课内容?(学生上台演示,教师点评,并带学生复习上次课内容)

师:同学认真地完成了复习任务,接下来我们就进行本次课程的学习。

检查书法用具、坐姿和执笔姿势。通过图片呈现出篆书笔法"缓、涩、捷、虚、实"的例字。

(二)新授

1.缓

"缓"是相对于"急"来说的,两者都用于调节篆书书写的节奏。"缓"法行笔速度稍慢,使纸留得住笔墨,笔画更加富有肌理、层次感。"缓"和"急"并不是对立的,两者是对立而又统一的关系,一个笔画之中可以兼用"急"和"缓"两种笔法。两种笔法配合得当,笔画富有节奏的变化,达到凝重又流动的艺术效果。

由于早期篆书墨迹较少,甲骨文、金文、石鼓文等刻制或铸造的文字,经过自然风化形成的斑驳,使后世篆书学习者无从下手。若一味地追求金石之气而描摹金石文字的斑驳笔画,则笔画难免呆滞,失去书写性。明朝时期,受狂草笔法影响,出现以赵寒山为代表的"草篆"书法家。赵寒山草篆笔势连贯,提按、顿挫分明,笔势跳动。清代邓石如为篆书的书写打开了新的思路。吴昌硕、齐白石也对这种笔法运用得恰到好处。

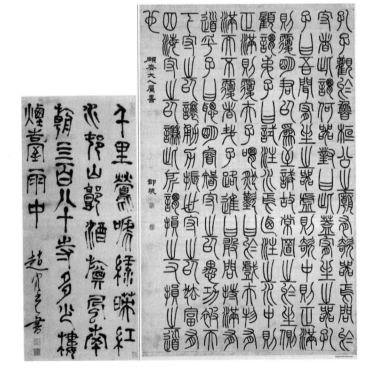

资料来源:左图:赵宧光的《杜牧七绝诗》,书法空间网,http://www.9610.com/ming/zhaoyiguang/05.htm;右图:邓石如的《篆书文》轴,书法空间网,http://www.9610.com/dsr/16.htm.

在篆书书写过程中，使用单一的笔法，如只使用"缓"法是很难有好的笔画效果的，应配合"活""急"等其他笔法使用才能有更好的笔画效果，使作品富有节奏感。

2. 涩

"涩"指的是迟涩的意思，在篆书书写过程中有意制造阻力以使笔的运动速度慢一些，从而产生凝重、拙朴的笔画。这是调节书写节奏和线条质感的一种方法，不可过度使用，否则笔画迟滞呆板。

3. 捷

"捷"是指在篆书书写过程中笔的运动如珠子在盘子上转动，旋转自如，流畅而不失沉稳。"捷"也是调节篆书书写节奏的方法之一，其流畅不同于浮滑。所以在篆书书写时使用"捷"的笔法，既要流畅，又要留得住笔。这种笔法有一定的难度，对于初学者来说稍不谨慎则不合法度，笔画变得草率而失去内涵。

4. 虚

"虚"指的是墨色枯的笔画效果，是根据章法的需要而出现的笔法。在篆书创作过程中，任何一个字都不是孤立存在的，应与前后左右的字有联系，通篇做到虚实相生。"虚"的笔画墨色较枯，书写速度稍慢些，使纸和笔充分摩擦，富有质感。应注意的是，虚笔要做到枯中有润，而不是干燥。

5. 实

"实"与"虚"是相辅相成的，虚笔空灵，实笔雄健，以实为主以虚为辅，互相调节。虚实相生的作品充满韵律。实的笔法能做到凝练沉雄，力能扛鼎，作品中当以"实"的笔法为主。

（三）评比

师：接下来我们玩个游戏——我是小评委：以小组的形式，各小组选出组内写得最好的字，呈现给我们班的同学（小评委），小评委以投票的形式选出自己满意的字，并说出写得好的部分。

活动完毕。

教师点评，并带学生回顾本次课内容。

（四）总结

师：本次课我们学习了篆书笔法的缓、涩、捷、虚、实。大部分同学都掌握了今天所学的内容，希望同学们能在课后温故而知新。

（五）课后作业

（1）复习本次课内容。

（2）预习下次课内容。

第十课　笔法：峭、纵、劲、铺、拙

一、教学目标

（1）学会分解篆书笔法的峭、纵、劲、铺、拙。

（2）理解篆书笔法的峭、纵、劲、铺、拙的书写技法，并应用到书写中。

二、教学重点

学会分解篆书笔法的峭、纵、劲、铺、拙。

三、教学难点

理解篆书笔法的峭、纵、劲、铺、拙的书写技法，并应用到书写中。

四、课前准备

笔、墨、纸、砚、毛毡。

五、教学过程

（一）导入

师：同学们，我们上次课学习了篆书笔法的"缓、涩、捷、虚、实"，有谁愿意带大家一起回顾上次课内容？（学生上台演示，教师点评，并带学生复习上次课内容）

师：同学们认真地完成了复习任务，接下来我们就进行本次课程的学习。

检查书法用具、坐姿和执笔姿势。通过图片呈现篆书笔法"峭、纵、劲、铺、拙"的例字。

（二）新授

1. 峭

篆书书写过程中，"提""活""蹲"等笔法配合使用，才能使骨肉相称，筋骨强健。犹如老藤盘树干，老而不枯，劲峭圆融而充满活力。

2. 纵

"纵"是一种不拘一格的下笔方式，气势豪放。"纵"法综合了多种笔法，下笔瞬间笔法完备，看似随意，实则收放自如。对于初学者来说，这种笔法并不适用，稍有不慎，则笔画臃肿浮滑，毫无内涵。应注意的是，"纵"法不等同于狂怪，更不是信笔涂鸦。

3. 劲

沉稳而流动的笔法叫"劲"，线条流畅而不失金石气息。篆书的金石气息看不见、摸不着，讲起来比较虚，不利于理解。用刻刀在石头上进行篆刻时可以感受到这种流畅而凝重的金石之气。所以对于一个篆书爱好者来说，仅仅学习篆书是不够的，应兼修篆刻课程。以篆书养篆刻，以篆刻反哺篆书，在篆刻和篆书中都能感受到"劲"的笔法。

4. 铺

"铺"法看似随意，实则下笔瞬间诸法兼备。只有对各种笔法精熟，才能在"铺"笔时随心所欲不逾矩。"铺"法一般用于调节字数较多且篇幅较长的作品，使作品富于节奏变化。字数少的篆书作品，以"铺"法为主，使作品更加有张力，能抓住观众的眼球。作品中应适当使用"铺"的笔法，使作品焕发神采。

5. 拙

大巧若拙，"拙"是高级的巧。"拙"作为一种笔法，受到历代书法家推崇，书法线条老拙为美，属于美的一种形式。一幅作品通篇精美，总缺少一点让人过目不忘的内涵，若某处用"拙"做点缀则有可能令人过目不忘。比如王羲之的《兰亭序》通篇优美，却有几处涂抹，依然不失美感，令人流连忘返。

（三）评比

师：接下来我们玩个游戏——我是小评委：以小组的形式，各小组选出组内写得最好的字，呈现给我们班的同学（小评委），小评委以投票的形式选出自己满意的字，并说出写得好的部分。

活动完毕。

教师点评，并带学生回顾本次课内容。

（四）总结

师：本次课我们学习了篆书笔法的峭、纵、劲、铺、拙。大部分同学都掌握了今天所学的内容，希望同学们能在课后温故而知新。

（五）课后作业

（1）复习本次课内容。

（2）预习下次课内容。

第十一课 篆书笔法：逸、趣、捐、筑锋、跌宕、沉静

一、教学目标

（1）能分解篆书笔法的逸、趣、捐、筑锋、跌宕、沉静。

（2）理解篆书笔法的逸、趣、捐、筑锋、跌宕、沉静的书写技巧，并应用到具体书写之中。

二、教学重点

能分解篆书笔法的逸、趣、捐、筑锋、跌宕、沉静。

三、教学难点

理解篆书笔法的逸、趣、捐、筑锋、跌宕、沉静的书写技巧，并应用到具体书写之中。

四、课前准备

笔、墨、纸、砚、毛毡。

五、教学过程

（一）导入

师：同学们，我们上次课学习了篆书笔法的峭、纵、劲、铺、拙，有谁愿意带大家一起回顾上次课内容？（学生上台演示，教师点评，并带学生复习上次课内容）

师：同学们认真地完成了复习任务，接下来我们就进行本次课程的学习。

检查书法用具、坐姿和执笔姿势。通过图片呈现篆书笔法"逸、趣、捐、筑锋、跌宕、沉静"的例字。

（二）新授

1. 逸

"逸"是一种调节性的笔法，在拙朴厚重的线条中用纤细灵动的笔法，打破作品中的

木讷、沉闷，使作品更具有节奏感。"逸"笔要用得恰到好处，且不能频繁使用，避免作品过于草率。篆书的用笔以拙朴为主，而不能为了追求逸笔的趣味，失去基本格调。

2. 趨

"趨"有行走速度较快，飞奔之意。在使用"趨"笔的时候，笔锋运动速度较快，对书写者要求较高。书写者既要熟练掌握各种笔法，又要全神贯注。笔画在快速运动中又充满节奏感，线条焕发出强劲的生命力。应注意的是，"趨"法带来的笔画效果是稳健而流畅的。

3. 捐

"捐"指的是省略笔画中多余的部分，笔画在省去一部分后依然富有意趣。笔画有未到之处，而意趣长远。不管是长笔画还是短笔画都恰到好处，都能给人以无限遐想。要求书写者有较强的空间意识，留住该留的笔画部分，合理地省去多余的部分。

4. 筑锋

"筑锋"与藏锋类似，区别在于"筑锋"发力明显大于藏锋。甲骨和金文的书写中常用到筑锋笔法，使得线条更加凝重、沉雄，富有金石气息。以筑锋书写带来的裹锋使得线条刚劲有力。笔画交接处筑锋如榫卯相接，稳固而通透。

5. 跌宕

"跌宕"是在各种笔法的基础上，笔、墨、纸的巧妙配合能偶然出现的效果。这是对笔法的熟练掌握之后，临池不辍，特定状态下的笔墨效果。比如王羲之书写的《兰亭序》、颜真卿书写的《祭侄文稿》，都是偶然出现的佳作，即便是作者本人也无法重复，再次书写也无法超越前者的艺术效果。在篆书创作中也是这样的。因此，对于跌宕的艺术效果不能刻意追求。对于初学者来说，一味追求跌宕的效果容易误入歧途，耽误书法学习。

6. 沉静

"沉静"是篆书的主基调，一幅好的书法作品能给人带来视觉享受，既沉静又不失跌宕。沉静不再是笔法熟练就能解决的问题，更多在于字外功夫，即个人修养。书法学习不仅要学习技法，而且要学习与之相关的文学、哲学等内容，更要游历名山大川，增加知识，拓宽眼界，内心沉静，书法作品自然能达到沉静的艺术效果。

（三）评比

师：接下来我们玩个游戏——我是小评委：以小组的形式，各小组选出组内写得最好的字，呈现给我们班的同学（小评委），小评委以投票的形式选出自己满意的字，并说出写得好的部分。

活动完毕。

教师点评，并带学生回顾本次课内容。

（四）总结

师：本次课我们学习了篆书笔法的逸、趨、捐、筑锋、跌宕、沉静。大部分同学都掌握了今天所学的内容，希望同学们能在课后温故而知新。

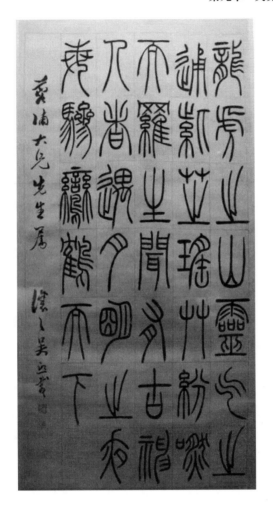

资料来源：吴熙载的《篆书龙虎之山轴》，书法空间网，http：//www. 9610. com/qing/wrz/51. htm.

（五）课后作业

（1）复习本次课内容。

（2）预习下次课内容。

第十二课　墨法

一、教学目标

（1）认识并知道如何选墨、合墨，了解墨阶的产生。

（2）掌握墨色的焦、渴和润泽，正确运用墨韵，知道其方法和技巧。

二、教学重点

认识并知道如何选墨、合墨，了解墨阶的产生。

三、教学难点

掌握用笔墨的方法技巧，培养学生的墨韵感。

四、课前准备

笔、墨、纸、砚、毛毡。

五、教学过程

（一）导入

师：同学们，我们上次课学习了篆书笔法的"逸、趣、捐、筑锋、跌宕、沉静"，有谁愿意带大家一起回顾上次课内容？（学生上台演示，教师点评，并带学生复习上次课内容）

师：同学们认真地完成了复习任务，接下来我们就进行本次课程的学习。

检查书法用具、坐姿和执笔姿势。通过图片呈现篆书墨法的相关作品。

（二）墨法的学习

1. 选墨与合墨

"工欲善其事必先利其器"。墨是书法学习的重要工具，选墨也是有一定讲究的。市面上的墨分为墨条和瓶装墨汁两大类。墨条最好选择制作精良且陈放较久的。如果是新制作的墨条应选细腻而密度较大的，轻轻敲击发出清脆响声的墨条质量稍好一些。

如果时间允许，墨汁应在使用前研磨好，也可以选用瓶装墨汁（一得阁、曹素功、胡开文等）。

篆书书写适宜用墨稍浓一些，也要根据纸的特性加入适量清水调整墨汁的浓度。调制好的墨汁应及时使用，宿墨并不适宜初学者使用。

选墨与合墨需要通过不断摸索来掌握。选择或调制适合自己的墨汁，书写起来才能心手双畅。书写不同幅式的作品需要使用不同的墨，纸张不同墨也应做出调整，才能达到最好的书写效果。

2. 墨阶的产生

墨色的层次又叫"墨阶"。墨阶的产生受诸多因素的影响。好的墨条一般是由松烟和少许胶质制成的，松烟颗粒的大小、胶质的含量，以及掺水的量、掺水的时机，都会对墨阶的产生有一定影响。任何一个因素发生变化，其墨阶便会有所不同。

东亚与东南亚的汉字书法家倾向于创作少字的大作品。因为日常生活远离汉字，使用大篇幅汉字内容创作确实有一定难度，欣赏也有困难。所以书法家创作时选择一个或几个有特定含义的篆书或繁体字进行创作。有时一个字即是一幅作品。为了增加作品的观赏性，不仅需要在作品形式、结构空间上下功夫，更要借助墨阶使作品更具吸引力。国内书法家进行狂草创作也常常借助墨阶进行表现，使作品富有层次感。一般来说，以饱含水的笔毫蘸墨进行书写，墨色由浓变淡；或以饱含墨的笔毫蘸水进行书写，墨色由浅到深。这些书法家根据自己的感觉，使水和墨巧妙配合，层次分明，也就产生了墨阶。

3. 枯和润

一幅好的书法作品是富于墨色变化的，线条墨色的枯和润对立又统一，使得作品和谐自然。笔毫含墨量少而连续书写便可得到枯的墨色，枯墨要做到枯而不燥。笔毫含墨较多时，线条的效果是润的，润的线条要有骨力，不可成为"墨猪"。值得注意的是，书法作品应以润的墨色为主调，枯的墨色作为调节。

4. 墨韵

墨韵指的是墨色的浓淡枯湿、墨阶的自然变化，以及书写的节奏所产生的韵味。墨韵是在对笔法、作品幅式较为熟悉的前提下，对整幅书法作品的墨法构思，下笔前便要胸有成竹。墨色的枯和润不仅是笔毫含墨多少造成的，枯的线条效果也可以通过快速行笔使墨与纸面接触时间缩短而得到。这便有了速度的变化。若是自然书写变枯的线条，笔毫墨少时为了使墨充分与纸张接触，必然行笔慢一些，甚至有意制造阻力，增加笔与纸的摩擦力。这行笔速度的变化、笔毫与纸张摩擦形成的肌理都是欣赏点。笔毫先蘸墨再蘸水，或先蘸水再蘸墨形成的墨阶也有很强的层次感。颜色、速度、层次与肌理，这些因素共同构成了墨韵。

砚台对墨韵的形成也有一定影响，不同的砚台细腻程度不一样，研磨出来的墨细腻程度也有所不同，书写韵味也不一样。墨法是具有时代性的，每个时代对墨法的追求不尽相同，我们也要考虑这个时代的纸张、作品形式、展厅等因素，追求属于这个时代的墨韵。

资料来源：吴昌硕的篆书《雪庐》横幅，书法空间网，http://www.9610.com/wcs/60.htm.

（三）提问和巩固

（1）我们现在对墨法进行了更进一步的学习，认识并知道如何选墨、合墨，了解墨阶的产生，掌握墨色的焦、渴和润泽，正确运用墨韵，那么现在有哪位同学愿意分享我们如何选墨？在写书法作品的时候应该如何处理其墨韵。（请多个学生回答）

（2）给予学生肯定和鼓励，并给同学们一些补充和建议。（教师点评）

（四）总结

（1）墨法对于书法创作来说较为重要，它直接决定了作品的生命力。篆书作品创作也要遵循相应的墨法。优秀的书法作品之所以打动人，不仅是因为内容、形式新颖，更是由于用墨等所产生的韵味，给人带来美的享受。墨法的熟练运用对于书法创作来说具有很大的帮助。

（2）希望通过本次课的学习，同学们能够掌握墨法的基本知识，并合理运用到书法作品当中，写出美的作品，老师相信同学们都是最棒的！

（五）课后作业

（1）复习今天的墨法知识，合理运用到书法作品当中。

（2）预习下节课的内容。

第四节　毛笔行书教案

第一课　横画

一、教学目标

（1）认识毛笔行书横画，并在教师的讲解引导下，应用到"短、长、夫"等例字。

（2）通过观察和讨论，比较各例字横画的不同起笔、收笔方式，掌握长横、短横的不同写法，理解毛笔行书"横"画的不同形态。

（3）通过对王羲之书法作品《兰亭序》的欣赏，培养学生的书法审美能力。

二、教学重点

掌握横画的书写。

三、教学难点

横画的不同起笔和收笔方式及长横和短横的不同特点。

四、课前准备

（1）笔、墨、纸、砚、毛毡。

（2）课前教师布置同学们收集的有关王羲之和《兰亭序》的资料。

五、教学过程

（一）导入

（1）师：课前老师要求同学们收集了有关王羲之和他的书法作品《兰亭序》的资料，有哪位同学可以和大家分享一下你收集到的资料呢？（生答）

（2）师：行书《兰亭序》和我们学过的楷书相比有什么不同？

（3）讲解行书的由来、行书字帖为何选择《兰亭序》。介绍行书用笔的特点：速度稍快、变换丰富等。

（4）检查书法用具、坐姿和执笔姿势。通过图片呈现毛笔行书横画的例字。

（二）新授

1. 左尖横

（1）露锋起笔，略向右上倾斜。

（2）中锋运笔，边行笔边按，至末端重按，回锋收笔。

（3）笔画从细到粗变化。

（4）学生在教师的指导下练习左尖横的写法，将笔画运用到"短"字。

2. 上挑横

（1）露锋向右下轻顿起笔。

（2）向右上行笔，边行笔边转回中锋。

（3）至笔画末端稍驻笔，向左上挑出笔锋。

（4）教师示范上挑横的书写，学生练习，并训练"夫"字。

3. 带钩横

（1）露锋起笔。

（2）向右下轻顿笔，再向右上边行笔边转中锋。

（3）至笔画末端顿笔回锋，从笔画内部向左下挑出笔锋，与下一笔起笔呼应。

（4）教师示范带钩横的书写，学生练习，并训练"长"字。

（三）评比

师：接下来我们玩个游戏——我是小评委：以小组的形式，各小组选出组内写得最好的字，呈现给我们班的同学（小评委），小评委以投票的形式选出自己满意的字，并说出写得好的地方。

活动完毕。

教师点评，并带学生回顾本次课内容。

（四）总结

师：本次课我们学习了毛笔行书三种"横"的写法，并训练了"短、夫、长"三个例字。短横须逆锋入笔，中锋向右行笔，段较短，至收笔处轻提重顿，回锋收笔。

长横须露锋入笔，折笔右下轻顿，转笔中锋向右行笔，至收笔处轻提重顿，回锋收笔。行书横画比楷书横画变化更加丰富。王羲之是我国历史上著名的书法家，被尊为书圣。他的行书变化丰富，雄强秀丽，《兰亭序》是其代表作，被誉为"天下第一行书"。大部分同学都掌握了今天所学的内容。希望同学们在课后温故而知新。

（五）课后作业

（1）复习本次课内容。

（2）预习下次课内容。

第二课　竖、竖钩

一、教学目标

（1）掌握"竖"和"竖钩"几种不同的写法。

（2）通过观察、分析和练习，能将所学的"竖"和"竖钩"两个笔画运用到例字中。

二、教学重点

掌握"竖"和"竖钩"几种不同的写法。

三、教学难点

将"竖"和"竖钩"运用到例字中，并准确把握其笔画的变化。

四、课前准备

笔、墨、纸、砚、毛毡。

五、教学过程

（一）导入

师：同学们，我们上次课学习了毛笔行书横画，有谁愿意带大家一起回顾上次课内容？（学生上台演示，教师点评，并带学生复习上次课内容）

师：同学认真地完成了复习任务，接下来我们就进行本次课程的学习。

检查书法用具、坐姿和执笔姿势。通过图片展示的直观形式呈现上尖竖、点竖、右钩竖、左钩竖的例字。

（二）新授

1. 上尖竖

（1）露锋起笔，笔尖拖长。

（2）按笔后保持粗细向下继续行笔。

（3）笔画末端驻笔回锋，作圆收笔。整个笔画上半段细，下半段粗。

（4）教师示范上尖竖的书写，学生在教师的指导下学习上尖竖的写法，将笔画运用到"修"字。

2. 点竖

（1）顺锋起笔，笔尖接触纸面。

（2）中锋运笔，渐行渐按，至末端回锋圆收笔。

（3）整个笔画较短，如露珠状。

（4）教师示范点竖的书写，学生练习，并训练"化"字。

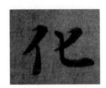

3. 右钩竖

（1）承接点画的来势，逆锋入纸。

（2）折笔而下，转成中锋垂直下行。

（3）至竖画末端稍驻笔，向右上挑出笔锋，与右部件起笔呼应。

（4）教师示范右钩竖的书写，学生练习，并训练"慨"字。

4. 左钩竖

（1）顺着上一笔的笔势搭笔入纸。

（2）渐行渐按，作垂露状。

（3）竖画末端驻笔蓄势向左上挑出笔锋，出锋要干脆利落。

（4）教师示范左钩竖的书写，学生练习，并训练"仰"字。

5. 竖钩

（1）露锋向右打点入纸。

（2）轻顿后转笔而下，中锋运笔。

（3）至笔画即将结束，笔锋贴向线条左边缘，笔肚先调整方向，笔尖紧跟其后，顺势带出笔锋。

（4）教师示范钩竖的书写，学生练习，并训练"事""字""未"等字。

（三）评比

师：接下来我们玩个游戏——我是小评委：以小组的形式，各小组选出组内写得最好的字，呈现给我们班的同学（小评委），小评委以投票的形式选出自己满意的字，并说出写得好的部分。

活动完毕。

教师点评，并带学生回顾本次课内容。

（四）总结

师：本次课我们学习了毛笔行书的竖画与竖钩。大部分同学都掌握了今天所学的内容，希望同学们在课后温故而知新。

（五）课后作业

（1）复习本次课内容。

（2）预习下次课内容。

第三课　撇

一、教学目标

（1）掌握"撇"画（竖撇、斜撇、平撇等）笔画的书写方法。

（2）通过学习能将"撇"画变化形式呈现在例字中。

二、教学重点

掌握"撇"画（竖撇、斜撇、平撇等）的书写方法。

三、教学难点

通过学习能将"撇"画变化形式呈现在例字中。

四、课前准备

笔、墨、纸、砚、毛毡。

五、教学过程

（一）导入

师：同学们，我们上次课学习了毛笔行书"竖"和"竖钩"，有谁愿意带大家一起回顾上次课内容？（学生上台演示，教师点评，并带学生复习上次课内容）

师：同学们认真地完成了复习任务，接下来我们就进行本次课程的学习。

检查书法用具、坐姿和执笔姿势。通过图片展示的直观形式呈现竖撇、斜撇、平撇等的例字。

（二）新授

1. 竖撇

（1）承接上一笔笔势起笔，搭锋入纸。

（2）中锋运笔，渐行渐按，至中点后渐行渐提笔，笔画末端蓄势向上挑出笔尖。

（3）整个笔画呈弧形状。

（4）教师示范并讲解"竖撇"的写法，学生练习，并训练"次"字。教师指导并纠正学生书写过程中的问题。

2. 斜撇

（1）承接横画收笔笔势搭锋入纸。

（2）轻顿笔后转中锋向左下撇出，出锋方向与下一笔起笔呼应。

（3）整个笔画略有弧度。

（4）教师示范并讲解"斜撇"的写法，学生练习，并训练"不"字。教师指导并纠正学生书写过程中的问题。

3. 平撇

（1）承接上个字收笔向右搭锋入纸，轻顿笔后反笔向左下撇出，起笔稍圆，出锋要含蓄。

（2）撇画取平势。

（3）教师示范并讲解"平撇"的写法，学生练习，并训练"和"字，教师指导并纠正学生书写过程中的错误。

4. 曲头撇

（1）承接横画收笔笔势搭锋入纸。

（2）轻顿笔后向左下行笔。

（3）笔画末端向上挑出笔锋，与下一笔呼应。

（4）教师示范并讲解"曲头撇"的写法，学生练习，并训练"大"字。教师指导并纠正学生书写过程中的问题。

5. 短撇

（1）承接上笔笔势搭锋入纸。

（2）轻顿笔后向左下行笔，出锋稍快，饱满含蓄。

（3）教师示范并讲解"短撇"的写法，学生练习，并训练"初"字。教师指导并纠正学生书写过程中的问题。

6. 长撇

（1）露锋向右下轻顿起笔。

（2）转成中锋，向左下轻快撇出，出锋上翘与下一笔起笔呼应。

（3）教师示范并讲解"长撇"的写法，学生练习，并训练"今"字。教师指导并纠正学生书写过程中的问题。

7. 带钩撇

（1）承接上笔笔势搭锋入纸。转成中锋向下行笔，渐行渐按。

（2）至笔画末端，稍驻笔蓄势向上出钩。

（3）教师示范并讲解"带钩撇"的写法，学生练习，并训练"风"字。教师指导并纠正学生书写过程中的问题。

8. 方头撇

（1）承接上笔笔势搭锋逆势入纸，切笔成方头，转成中锋向左下行笔，渐行渐按。

（2）至笔画末端切笔回锋。

（3）教师示范并讲解"方头撇"的写法，学生练习，并训练"在"字。教师指导并纠正学生书写过程中的问题。

9. 小结

师：王羲之行书"撇"画变化十分丰富，书写时运用不同的"撇"画能使字更加生动活泼。

（三）评比

师：接下来我们玩个游戏——我是小评委：以小组的形式，各小组选出组内写得最好

的字，呈现给我们班的同学（小评委），小评委以投票的形式选出自己满意的字，并说出写得好的部分。

活动完毕。

教师点评，并带学生回顾本次课内容。

（四）总结

师：本次课我们学习了毛笔行书的撇画，以及它的八种变化。大部分同学都掌握了今天所学的内容，希望同学们在课后温故而知新。

（五）课后作业

（1）复习本次课内容。

（2）预习下次课内容。

第四课　捺、折

一、教学目标

（1）认识毛笔行书不同形态的"捺"和"折"。

（2）掌握不同形态的"捺"和"折"的写法，并运用到例字中。

二、教学重点

认识不同形态的"捺"和"折"的写法。

三、教学难点

掌握不同形态的"捺"和"折"的写法，并运用到例字中。

四、课前准备

笔、墨、纸、砚、毛毡。

五、教学过程

（一）导入

师：同学们，我们上次课学习了毛笔行书撇画，有谁愿意带大家一起回顾上次课内容？（学生上台演示，教师点评，并带学生复习上次课内容）

师：同学们认真地完成复习任务，接下来我们就进行本次课程的学习。

检查书法用具、坐姿和执笔姿势。通过图片展示的直观形式呈现长捺、平捺、斜捺、点反捺、斜折、撇折、竖折、横折撇的例字。

（二）新授

1. 长捺

（1）露锋入纸。

（2）顺势向右下行笔，渐行渐铺毫。

（3）至笔画末端稍驻笔，回锋收笔。

（4）教师讲解并示范长捺的书写，学生在教师的指导下学习长捺的写法，将笔画运用到"人"字。

2. 平捺

（1）承接上一笔收笔笔势，逆锋起笔。

（2）转成中锋，渐行渐铺毫，行笔过程一波三折。

（3）至笔画末端捺出笔锋，出锋笔势向下与下一个字起笔呼应。

（4）教师讲解并示范平捺的书写，学生在教师的指导下学习平捺的写法，将笔画运用到"之"字。

3. 斜捺

（1）承接上一笔收笔笔势露锋起笔。

（2）向右下行笔，渐行渐铺毫，行笔过程一波三折。

（3）笔画末端驻笔蓄势捺出，捺脚较方。

（4）教师讲解并示范斜捺的书写，学生在教师的指导下学习斜捺的写法，将笔画运用到"又"字。

4. 点反捺

（1）承接上一笔收笔笔势，露锋起笔。

（2）向右下行笔，渐行渐铺毫。

（3）至笔画末端以侧锋向右下出锋。

（4）教师示范点反捺的书写，学生练习，并训练"外"字。

5. 斜折

（1）顺势露锋起笔，轻顿笔后向左下行笔。

（2）至折笔处稍驻笔，调整笔锋向右下行笔，渐行渐按，至笔画末端顿笔回锋。

（3）教师示范斜折的书写，学生练习，并训练"妄"字。

6. 撇折

（1）承接上个字收笔笔势，逆锋起笔。

（2）轻顿笔后转成中锋，向左下方行笔。

（3）折笔处驻笔，向右下切笔成方角，再向右上行笔。

（4）教师示范撇折的书写，学生练习，并训练"矣"字。

7. 竖折

（1）逆锋起笔。

（2）折笔向右顿，转锋行笔至下端。

（3）向右转折写横画，回锋收笔。

（4）教师示范竖折的书写，学生练习，并训练"幽"字。

8. 横折撇

（1）承接上一笔收笔笔势，搭锋起笔。

（2）转成中锋，向右上行笔。

（3）折笔处轻顿笔，折锋向左下撇，出锋方向与下一笔起笔呼应。

（4）教师示范横折撇的书写，学生练习，并训练"峻"字。

（三）评比

师：接下来我们玩个游戏——我是小评委：以小组的形式，各小组选出组内写得最好的字，呈现给我们班的同学（小评委），小评委以投票的形式选出自己满意的字，并说出写得好的地方。

活动完毕。

教师点评，并带学生回顾本次课内容。

（四）总结

师：本次课我们学习了毛笔行书的"捺"和"折"，笔画的长短、伸缩与否和变换笔画之间相互搭配对字的结构起着平衡的作用，使字的结构更富有灵性。大部分同学都掌握了今天所学的内容，希望同学们在课后温故而知新。

（五）课后作业

（1）复习本次课内容。

（2）预习下次课内容。

第五课　点

一、教学目标

（1）认识并掌握侧点、竖点、平点等几种点的形态特点及写法。

（2）能将所学的"点"画运用到例字中。

二、教学重点

认识并掌握侧点、竖点、平点等几种点的形态特点及写法。

三、教学难点

能将所学的"点"画运用到例字中。

四、课前准备

笔、墨、纸、砚、毛毡。

五、教学过程

（一）导入

师：同学们，我们上次课学习了毛笔行书"捺"画和"折"画，有谁愿意带大家一起回顾上次课内容？（学生上台演示，教师点评，并带学生复习上次课内容）

师：同学们认真地完成了复习任务，接下来我们就进行本次课程的学习。

检查书法用具、坐姿和执笔姿势。通过图片展示的直观形式呈现侧点、竖点、平点的例字。

（二）新授

1. 右侧点

（1）露锋起笔。

（2）侧向右下渐行渐按笔。

（3）顿笔回锋，并向左下带出牵丝与下一笔起笔呼应。

（4）教师示范右侧点的书写要领，学生练习，并应用到"况"字。

2. 竖点

（1）露锋起笔，由细到粗向右下按笔。

（2）折笔中锋向下行笔，至笔画末端驻笔回锋。

（3）整个笔画与横折形状相似。

（4）教师示范并讲解竖点的书写要领，学生练习，并训练"宙"字。

3. 平点

（1）露锋起笔。

（2）横向行笔，渐行渐按，至右端顿笔回锋。

（3）整个笔画与左尖横相似。

（4）教师示范并讲解平点书写，学生练习，并训练"今"字。

4. 撇点

（1）承接上一笔笔势起笔。

（2）向右下轻顿，转笔向左下撇出，出锋笔势与下一个起笔呼应。

（3）教师示范并讲解撇点的书写要领，学生练习，并训练"云"字。

5. 长点

（1）长点（一）。

1）承接上一笔笔势露锋起笔，向右下渐行渐按。

2）至笔画末端捺出笔尖，笔势与下一笔起笔呼应。

3）整个笔画呈短捺状。

（2）长点（二）。

1）与长点（一）的写法类似，笔画末端顿笔回锋，顺势向左下带出牵丝，与下一笔起笔呼应。

2）教师示范并讲解两种长点的书写要领，学生练习，并训练"不"和"矣"字。

6. 左右呼应点

（1）左点露锋起笔，微微向左倾斜，末端向右上挑出笔尖。

（2）右点承接左点笔势起笔，位置较左点高。

（3）两点之间顾盼生姿。

（4）教师示范并讲解左右呼应点书写要领，学生练习，完毕后开始学习"未"字。

7. 横连点

（1）露锋起笔，由轻到重按笔。

（2）左点末端驻笔，蓄势向右上挑笔，笔锋连着右点起笔。

（3）右点位置较左点高，右点末端驻笔蓄势后再向右上挑出笔锋，与右部件起笔呼应。

（4）教师示范并讲解横连点的书写要领，学生练习，并训练"以"字。

8. 上呼应点

（1）左点露锋起笔，蓄势向右上挑出笔锋，与右点起笔呼应。

（2）右点起笔承接左点笔势起笔，位置稍高，呈弧撇状。

（3）教师示范并讲解上呼应点的书写要领，学生练习，并训练"茂"字。

（三）评比

师：接下来我们玩个游戏——我是小评委：以小组的形式，各小组选出组内写得最好的字，呈现给我们班的同学（小评委），小评委以投票的形式选出自己满意的字，并说出写得好的部分。

活动完毕。

教师点评，并带学生回顾本次课内容。

（四）总结

师：本次课我们学习了毛笔行书的点画。"点"是常见的笔画，虽然短小，但却法度严谨。"点"是一个字的点睛之笔，书写时要谨慎落笔。《兰亭序》中的点很巧妙，各个点画变化丰富。点画的起笔、收笔和形状的大小、曲直、斜正看似随意，却充满美感。大部分同学都掌握了今天所学的内容，希望同学们在课后温故而知新。

（五）课后作业

（1）复习本次课内容。

（2）预习下次课内容。

第六课　钩、提

一、教学目标

（1）了解"钩"和"提"的变化，并掌握其书写方法。

（2）通过观察、分析和练习，能将所学笔画运用到例字中。

二、教学重点

了解"钩"和"提"的变化，并掌握其书写方法。

三、教学难点

通过观察、分析和练习，能将所学笔画运用到例字中。

四、课前准备

笔、墨、纸、砚、毛毡。

五、教学过程

（一）导入

师：同学们，我们上次课学习了毛笔行书的点画，有谁愿意带大家一起回顾上次课内容？（学生上台演示，教师点评，并带学生复习上次课内容）

师：同学认真地完成了复习任务，接下来我们就进行本次课程的学习。

检查书法用具、坐姿和执笔姿势。通过图片展示的直观形式呈现"钩"和"提"的例字。

师：我们上次课学习了"竖"和"竖钩"，谁还记得这两种笔画的书写方式？（学生演示，教师点评）

师：本次课即将学习新的笔画，即"钩"和"提"。

（二）新授

1. 平钩

（1）逆锋起笔，向右下轻顿笔。

（2）折笔转成中锋，向下行笔。

（3）至笔画末端，笔锋贴向笔画左边缘，笔锋顺势向左平出。

（4）教师讲解并示范平钩的书写，学生在教师的指导下学习平钩的写法，后将笔画运用到"水"字。

2. 斜钩

（1）承接上一笔笔势起笔，轻顿笔。

（2）折笔转成中锋向右下行笔，行笔路线略有弧度。

（3）至笔画末端驻笔蓄势，向右上方出钩，与下一笔起笔有呼应。

（4）教师讲解并示范斜钩的书写，学生在教师的指导下学习斜钩的写法，将笔画运用到"岁"字。

3. 弧钩

（1）露锋起笔，向下行笔渐行渐按，至下方向右上转笔，渐行渐提笔出锋。

（2）整个笔画呈弧形状。

（3）教师讲解并示范弧钩的书写，学生在教师的指导下学习弧钩的写法，将笔画运用到"流"字。

4. 卧钩

（1）露锋起笔。

（2）向右下方行笔，渐行渐按。

（3）至笔画末端蓄势向左上出钩，出钩方向指向整个字的中心点。

（4）教师讲解并示范卧钩的书写，学生在教师的指导下学习卧钩的写法，将笔画运用到"惠"字。

5. 浮鹅钩

（1）顺锋起笔直下。

（2）转弯处要有弧度，钩底写得稍平。

（3）至末端驻笔蓄势向上钩出。

（4）教师讲解并示范浮鹅钩的书写，学生在教师的指导下学习浮鹅钩的写法，将笔画运用到"抱"字。

6. 横斜钩

（1）承接上一笔笔势露锋起笔，向右上渐行渐按笔。

（2）折笔处顿笔向左下折笔弧形，至斜钩四分之一处渐向右下拐出，斜钩笔末端蓄势向上出钩。

（3）教师讲解并示范横斜钩的书写，学生在教师的指导下学习横斜钩的写法，将笔画运用到"风"字。

7. 提

（1）露锋向左起笔，轻顿笔后转成中锋向右上行笔。

（2）渐行渐提笔，直至将笔锋带出，与下一笔有笔势呼应。

（3）教师讲解并示范提的书写，学生在教师的指导下学习提的写法，将笔画运用到"和"字。

8. 竖提

（1）露锋起笔，先写竖再写提。

（2）至竖画末端驻笔蓄势向右上带出笔锋，与下一笔起笔呼应。

（3）教师讲解并示范竖提的书写，学生在教师的指导下学习竖提的写法，将笔画运用到"长"字。

9. 撇折提

（1）先写撇画再写提画。

（2）撇画末端折笔向右上提出笔锋。

（3）出锋方向与右部件起笔呼应。

（4）教师讲解并示范"撇折提"的书写要领，学生在教师的指导下学习"撇折提"的写法，将笔画运用到"相"字。

（三）评比

师：接下来我们玩个游戏——我是小评委：以小组的形式，各小组选出组内写得最好的字，呈现给我们班的同学（小评委），小评委以投票的形式选出自己满意的字，并说出写得好的部分。

活动完毕。

教师点评，并带学生回顾本次课内容。

（四）总结

师：本次课我们学习了毛笔行书的钩画和提画。钩画不是独立的笔画，要依附于其他笔画而存在。在毛笔行书中，钩画类型较多，应用也很广泛。大部分同学都掌握了今天所学的内容，希望同学们在课后温故而知新。

（五）课后作业

（1）复习本次课内容。

（2）预习下次课内容。

第七课　字头

一、教学目标

（1）认识毛笔行书的文字头、草字头、山字头等字头。

（2）通过观察、分析和练习等方式，能将行书字头写法应用于临摹。

二、教学重点

认识毛笔行书的文字头、草字头、山字头等字头。

三、教学难点

通过观察、分析和练习等方式，能将行书字头写法应用于常见字。

四、课前准备

笔、墨、纸、砚、毛毡。

五、教学过程

（一）导入

师：同学们，我们上次课学习了毛笔行书的"钩"和"提"，有谁愿意带大家一起回顾上次课内容？（学生上台演示，教师点评，并带学生复习上次课内容）

师：同学们认真地完成复习任务，接下来我们就进行本次课程的学习。

检查书法用具、坐姿和执笔姿势。通过图片展示的直观形式呈现文字头、草字头、山字头等字头的例字。

（二）新授

1. 京字头

（1）出示例字"齐"。

（2）讲解文字头书写要领：首点居中，与横画粘连。"齐"（齐）字是分写，横画较长，但撇画更长，左右分展。

（3）讲解示范京字头写法，学生练习，并训练"齐"字。

2. 宝盖头

（1）出示例字"室"。

（2）讲解宝盖头书写要领：上点居中，横钩的横画稍细一些，钩画与下部件呼应。宝盖头应写得稍宽，能覆盖下方"至"部为宜。

（3）讲解并示范宝盖头写法，学生练习，并训练"室"字。

3. 山字头

（1）出示例字"崇、岁"。

（2）讲解山字头书写要领：各笔画之间有笔势呼应，整个部件要写得紧凑些。

"岁"字先写中间竖画，再写竖折，最后写右竖画。"崇"字先写竖折，再写中竖，最后写右竖，右竖呈左撇画状。"宗"部的宝盖头写得宽一些，示部的两点顾盼生姿。

（3）讲解并示范山字头写法，学生练习，并训练"岁""崇"字。

4. 人字头

（1）出示例字"合"。

（2）讲解人字头书写要领：人字头要写宽些，能覆盖下部件为宜。撇捺左右舒展，约成 90 度夹角，撇低捺高。

（3）讲解并示范人字头写法，学生练习，并训练"合"字。

5. 草字头

（1）出示四个草字头例字"暮、兰、茂、观"。

师：仔细观察，这几个字的草字头有什么不同？（学生畅所欲言）

（2）师：（表扬）草字头的写法有以下几种，下面我们来逐一学习：

1）横与竖相交，"暮"字，主笔为撇捺，字的中间舒展，上下显得紧凑。此时草字头应写端庄且紧凑。

2）横与竖相接，"蘭"（兰）字，"門"部稍宽，草字头与框内部件紧凑。草字头的右竖呈弧撇状，与"門"部左竖起笔有呼应。

3）横与竖互不相碰，"觀"（观）字的草字头横画与左竖写出独立的点画，右竖作撇状，互不侵犯。

4）横与竖连写简写，"茂"字的草字头将两短横简化为一横，两竖简写成呼应的两点，位于横画上方。

（3）讲解示范例字，学生练习，教师巡导。

6. 尚字头

（1）出示例字"當"（当）。

（2）讲解尚字头书写要领：先写中竖，再写左右点。中竖要短而结实，左右两点顾盼生姿。中竖与左右点写紧凑。宝盖写得略宽，以能覆盖下部件为宜。

（3）讲解并示范尚字头写法，学生练习，并训练"当"字。

（三）评比

师：接下来我们玩个游戏——我是小评委：以小组的形式，各小组选出组内写得最好的字，呈现给我们班的同学（小评委），小评委以投票的形式选出自己满意的字，并说出写得好的部分。

活动完毕。

教师点评，并带学生回顾本次课内容。

（四）总结

师：本次课我们学习了毛笔行书的字头。师：字头在字中位置要居中。字头有宽有窄，宽的字头如雨伞，能覆盖下部件为宜，如：人字头、宝盖头、尚字头、京字头等。窄的字头有所收缩，就像人带戴帽，太宽则不美观，如竹字头、草字头、日字头等。大部分同学都掌握了今天所学的内容，希望同学们在课后温故而知新。

（五）课后作业

（1）复习本次课内容。

（2）预习下次课内容。

第八课　字底

一、教学目标

（1）认识毛笔行书土字底、八字底、木字底等字底。

（2）能将所学字底部首运用到例字中，并理解字底对字形结构的作用。

二、教学重点

认识毛笔行书土字底、八字底、木字底等字底。

三、教学难点

能将所学字底部首运用到例字中，并理解字底对字形结构的作用。

四、课前准备

笔、墨、纸、砚、毛毡。

五、教学过程

（一）导入

师：同学们，我们上次课学习了毛笔行书的字头写法，有谁愿意带大家一起回顾上次课内容？（学生上台演示，教师点评，并带学生复习上次课内容）

师：同学们认真地完成了复习任务，接下来我们就进行本次课程的学习。

检查书法用具、坐姿和执笔姿势。通过图片展示的直观形式呈现土字底、八字底、木字底等字底的例字。

（二）新授

1. 土字底

（1）出示例字"坐、至"。

（2）讲解土字底书写要领：行书土字与楷书笔顺不同，先写竖，再连写两横。

1）"坐"字左边"人"部变为连写的两点，右边"人"部变为竖折撇，左右要有呼应。竖的起笔承接右边竖折撇的笔势，搭锋入纸，起笔比左右部件略高。

2）"至"字呈菱形，两头窄，中间宽。土字底的上横变成弧画与竖画连写，下横稍短，收笔向上挑出，与最后一点呼应，整个部件方圆结合。

3）教师讲解示范，学生练习，教师巡回辅导并对学生写的字进行点评。

2. 八字底

（1）出示例字"其、興（兴）"。

（2）讲解八字底书写要领：行书中八字底常写成两点，两点张开的角度和距离视不同的字而定。八字底的两点要有呼应，顾盼生姿。

1）"興"（兴）字上部笔画多，而中部间画稍短，为了承载上部件，八字底稍张开且互相呼应。

2）"其"字上部笔画少，底部中间长横作为主笔，八字底写得稍紧凑且顾盼生姿。

（3）教师讲解示范书写，学生练习，教师巡回辅导。

3. 木字底

（1）出示例字"集"。

（2）讲解木字底书写要领：横画作为主笔要写长，以承载上部。竖画作竖钩，左右两点要有呼应。

（3）教师讲解示范木字底书写，学生练习，并训练"集"字，教师巡回辅导。

4. 日字底

（1）出示例字"春"。

（2）讲解日字底书写要领：日字底一般写得紧凑，且居中。

"春"字撇捺舒展，撇低捺高，取斜势。上部件舒展，日字底则紧凑，使整个字聚散有度。

（3）教师讲解示范日字底的书写，学生练习，并训练"春"字，教师巡回辅导。

5. 皿字底

（1）出示例字"盡（尽）"。

（2）讲解皿字底书写要领：左竖与横折的折画呈上开下合之势，中间两竖写出呼应的两点，底横稍长以托起上部件。

"盡（尽）"字上部四个横画长短、粗细、方向稍有不同，又能自然和谐，四点简写成三点。

（3）教师示范写例字，学生练习，教师巡回辅导。

6. 心字底

（1）出示例字"感"。

（2）讲解心字底书写要领：左点稍粗，卧钩稍细，点画与卧钩连写，一气呵成，上点与右点连写横钩状。"感"字上方咸部写舒展，心字底写紧凑，取平势。

（3）教师示范写例字，学生练习，教师巡回辅导。

7. 四点底

（1）出示例字"然"。

（2）讲解四点底书写要领：四点连写，由细到粗，最后两点以跳笔呼应。整个部件似浪花冲向沙滩，节奏感较强。

"然"字上部左右自然紧凑，以静态为主。下部四点连写，具有动感，与上部形成动静结合的和谐美感。

（3）教师讲解示范例字，学生练习，教师巡回辅导。

（三）评比

师：接下来我们玩个游戏——我是小评委：以小组的形式，各小组选出组内写得最好的字，呈现给我们班的同学（小评委），小评委以投票的形式选出自己满意的字，并说出写得好的部分。

活动完毕。

教师点评，并带学生回顾本次课内容。

（四）总结

师：本次课我们学习了毛笔行书的字底。一般而言字底要能托起上部件，书写时应找准上部的中心位置，左右平分。字底有宽有窄，应根据字的实际情况安排大小。大部分同学都掌握了今天所学的内容，希望同学们在课后温故而知新。

（五）课后作业

（1）复习本次课内容。

（2）预习下次课内容。

第九课 左偏旁

一、教学目标

（1）认识毛笔行书的单人旁、三点水旁、竖心旁等左偏旁部首。

（2）能将所学偏旁部首运用到例字中，并理解字底对字形结构的作用。

二、教学重点

认识毛笔行书的单人旁、三点水旁、竖心旁等左偏旁部首。

三、教学难点

能将所学偏旁部首运用到例字中，并理解字底对字形结构的作用。

四、课前准备

笔、墨、纸、砚、毛毡。

五、教学过程

（一）导入

师：同学们，我们上次课学习了毛笔行书的字底写法，有谁愿意带大家一起回顾上次课内容？（学生上台演示，教师点评，并带学生复习上次课内容）

师：同学们认真地完成了复习任务，接下来我们就进行本次课程的学习。

检查书法用具、坐姿和执笔姿势。通过图片展示的直观形式呈现单人旁、三点水旁、竖心旁等左偏旁的例字。

（二）新授

1. 单人旁

（1）出示例字"俯"（学生观察）。

（2）讲解单人旁及例字的书写要领：撇的末端回锋和竖的起笔有呼应，撇与竖可连可断。"俯"字撇画作回锋撇，回锋笔势与竖画呼应，竖画稍有弧度，与右部件起笔呼应。

（3）教师示范单人旁与"俯"字的书写。学生练习，教师巡回辅导。

2. 竖心旁

（1）出示例字"悟"（学生观察）。

（2）讲解竖心旁及例字的书写要领：两点左低右高，顾盼生姿，可以牵丝相连，也可笔断意连。竖画要写得挺拔劲健，竖画末端可以向右挑出笔锋，与右部件呼应。整个部件宜写得瘦长一些。"悟"字两点以牵丝相连，竖画向右上挑出笔锋，与"吾"部呼应，整个字左窄右宽。

（3）教师示范竖心旁与"悟"字的书写，学生练习，教师巡回辅导。

3. 木字旁

（1）出示例字"相"（学生观察）。

（2）讲解木字旁及其例字的书写要领：横画要写得短而粗，略向右上倾斜。竖画写长，挺拔刚劲。撇画和点画连写，简化为撇折提，向右上带出牵丝与右部件呼应。"相"字左紧右松，左长右短，右边目部写得紧凑而匀称。

（3）教师示范木字旁与"相"字的书写，学生练习，教师巡回辅导。

4. 三点水

（1）出示例字"流"（学生观察）。

（2）讲解三点水旁及其例字的书写要领：首点向右倾斜，带出牵丝。第二点、第三点可连写，简写为竖提，提画出锋与右部件呼应。三个点画之间顾盼生姿。"流"字三点连写，笔势连贯，左窄右宽。

（3）教师示范三点水与"流"字的书写，学生练习，教师巡回辅导。

5. 言字旁

（1）出示例字"託"（托）（学生观察）。

（2）讲解言字旁及其例字的书写要领：上点为右侧点，写得稍长，末端带出牵丝与首横起笔呼应。横画之间距离紧凑，第二横、第三横稍窄。下方"口"部写得紧凑，与第二横、第三横宽度相当。"託"字左紧右松，左窄右宽。

（3）教师示范言字旁与"託"字的书写，学生练习，教师巡回辅导。

6. 方字旁

（1）出示例字"放"。

（2）教师讲解方字旁书写要领及其例字书写要领：方字旁上点粗壮，姿态与下方横画呼应，横画与撇画连写为横撇，撇画末端向上挑出笔锋，横折钩与撇画写紧凑。"放"字，左紧右松，端庄灵动。

（3）教师示范方字旁与"放"字的书写，学生练习，教师巡回辅导。

7. 弓字旁

（1）出示例字"引"。

（2）讲解弓字旁书写要领：左边连写，简化为三个横折，上折与最后一折稍长，折画末端回锋收笔，与右部件呼应。"引"字左右间距较大，形散而神未散，左右部件有呼应。

（3）教师示范弓字旁与"引"字的书写，学生练习，教师巡回辅导。

8. 歹字旁

（1）出示例字"殊、列"。

（2）讲解歹字旁书写要领：可三笔写成，撇画作回锋撇；也可两笔写成，省略点画。"殊"字歹字旁两笔写成，先写横折提，再写撇画，撇画的末端向上翘，与右部件呼应，自然连贯。

"列"字歹字旁的两个撇画作回锋撇，点画向右上挑出笔锋，与右部件呼应，整个部件端庄而连贯。

（3）示范歹字旁与"殊""列"二字，学生练习，教师巡回辅导。

9. 两点水旁

（1）出示例字"况"。

（2）讲解两点水旁书写要领：两点水笔画较少，两点之间应当写得紧凑些。

（3）"况"字上点与下点的姿态要有区别，上点末端带出牵丝与下点呼应，下点向右上挑出笔锋与右部件呼应，两点水写得自然紧凑。

（4）教师示范两点水与"况"字的书写，学生练习，教师巡回辅导。

10. 口字旁

（1）出示例字"嗟、喻"。

（2）讲解口字旁书写要领：口字旁要写紧凑，且位置靠上。

"嗟"字的口字旁笔画较粗，位置偏上，左竖作点状，其余三个笔画简写成横折提，与右部件呼应。

"喻"字"口"部简写成笔势连贯的两点，位置靠上，右点收笔挑出笔锋连写撇画，

右部件的撇画与口部穿插。

（3）教师示范口字旁与"嗟、喻"二字的书写，学生练习，教师巡回辅导。

（三）评比

师：接下来我们玩个游戏——我是小评委：以小组的形式，各小组选出组内写得最好的字，呈现给我们班的同学（小评委），小评委以投票的形式选出自己满意的字，并说出写得好的部分。

活动完毕。

教师点评，并带学生回顾本次课内容。

（四）总结

师：本次课我们学习了毛笔行书的左偏旁。左偏旁对右部件有很大影响，写好左偏旁整个字才能协调。左偏旁笔画较多时，要写得宽一些。左偏旁笔画较少时，要写窄一些。左偏旁短小时，应居于整个字的左上角。大部分同学都掌握了今天所学的内容，希望同学们在课后温故而知新。

（五）课后作业

（1）复习本次课内容。

（2）预习下次课内容。

第十课　右偏旁

一、教学目标

（1）认识毛笔行书的口字旁、反文旁、月字旁、页字旁、又字旁等右偏旁。

（2）通过观察、分析和练习等方式，能将行书右偏旁写法应用于常见字。

二、教学重点

认识毛笔行书的口字旁、反文旁、月字旁等右偏旁。

三、教学难点

通过观察、分析和练习等方式，能将行书右偏旁写法应用于常见字。

四、课前准备

笔、墨、纸、砚、毛毡。

五、教学过程

（一）导入

师：同学们，我们上次课学习了毛笔行书的左偏旁写法，有谁愿意带大家一起回顾上

次课内容?（学生上台演示，教师点评，并带学生复习上次课内容）

师：同学们认真地完成了复习任务，接下来我们就进行本次课程的学习。

检查书法用具、坐姿和执笔姿势。通过图片展示的直观形式呈现口字旁、反文旁、月字旁、页字旁、又字旁等右偏旁的例字。

（二）新授

1. 口字旁

（1）出示例字"和"。

（2）讲解口字旁书写要领：口字旁在右部时与在左部时的写法不同。"和"字右边字居"禾"之中部，应与横相平。

（3）教师讲解示范，学生练习，教师巡回辅导并对学生写的字进行评价。

2. 反文旁

（1）出示例字"故"。

（2）讲解反文旁书写要领：或庄重如楷，或有所改变兼用行法。"故"字"文"部写法略有变化，末笔笔尾稍顿，折笔向左下挑。

（3）教师讲解示范书写，学生练习，教师巡回辅导。

3. 月字旁

（1）出示例字"朗"。

（2）讲解月字旁书写要领：字形稍窄，首笔用竖撇，下端宜平，内二横宜略往上靠。"朗"字左大右小，左宽右窄，左右两部的六个横画互相呼应。

（3）教师讲解示范书写，学生练习，教师巡回辅导。

4. 又字旁

（1）出示例字"叙"。

（2）讲解又字旁书写要领：或庄重如楷，或洒脱兼用草法。"叙"字下平上不平，"又"部的起笔与"余"的上横相平。

（3）教师讲解示范书写，学生练习，教师巡回辅导。

5. 三撇旁

（1）出示例字"形、彭"。

（2）讲解三撇旁书写要领：三撇或断或连均应气势连贯。

"形"字左部两横略斜，撇、竖的收笔回锋三撇笔笔独立，但角度有所变化，并不平行。

"彭"字左底下一横长伸向右，托起右部三撇，三撇连笔书写，起笔处与上横齐平。

（3）教师讲解示范书写例字，学生练习，教师巡回辅导。

6. 页字旁

（1）出示例字"领（领）"。

（2）讲解页字旁书写要领：五横画距离匀称，上横稍长，末两点宽于两竖。

"领"（领）字左右两边高低及大小均相当，左起笔斜撇较长，末点用竖点。

（3）教师讲解示范书写例字，学生练习，教师巡回辅导。

7. 见字旁

（1）出示例字"觀"（观）。

（2）讲解见字旁书写要领：上目下儿，各占半，上窄下宽，左竖轻右竖重，撇轻竖弯钩重。

"觀"（观）字左边笔画多，占地亦大，草字头四笔独立，两口变三点，"隹"的单人旁稍长于第四横。

（3）教师讲解示范书写例字，学生练习，教师巡导并对学生写的字进行评价。

（三）评比

师：接下来我们玩个游戏——我是小评委：以小组的形式，各小组选出组内写得最好的字，呈现给我们班的同学（小评委），小评委以投票的形式选出自己满意的字，并说出写得好的部分。

活动完毕。

教师点评，并带学生回顾本次课内容。

（四）总结

师：本次课我们学习了毛笔行书的右偏旁。右偏旁有抱左型、背左型、短小型。抱左型右偏旁，右偏旁有长撇或钩画伸向左边部分者，应有左抱之势。背左型右偏旁，一般以长竖为偏旁主笔，书写时一般略低于左部结构，以显用背抵靠左部之势。短小型右偏旁，这类偏旁与左旁组字时要居中下。右偏旁要对整个字起到"衬"的作用，使其更加完美，笔画多者略宽展，笔画少者需狭窄。笔画左边插空，右边舒展，有向左迎抱之势，体短者重心下落。大部分同学都掌握了今天所学的内容，希望同学们在课后温故而知新。

（五）课后作业

（1）复习本次课内容。

（2）预习下次课内容。

第十一课　包围部首

一、教学目标

（1）认识毛笔行书戈字头、戊字头、门字框、口字框、走之底等包围部首。

（2）通过观察、分析和练习等方式，能将行书包围部首写法应用于常见字。

二、教学重点

认识毛笔行书戈字头、戊字头、门字框、口字框、走之底等包围部首。

三、教学难点

通过观察、分析和练习等方式，能将行书包围部首写法应用于常见字。

四、课前准备

笔、墨、纸、砚、毛毡。

五、教学过程

（一）导入

师：同学们，我们上次课学习了毛笔行书的右偏旁写法，有谁愿意带大家一起回顾上次课内容？（学生上台演示，教师点评，并带学生复习上次课内容）

师：同学们认真地完成了复习任务，接下来我们就进行本次课程的学习。

检查书法用具、坐姿和执笔姿势。通过图片展示的直观形式呈现戈字头、戊字头、门字框、口字框、走之底等包围部首的例字。

（二）新授

1. 戈字头

（1）出示例字"哉"。

（2）讲解戈字头书写要领：戈字头一般与其他部件共用横画，横画斜度颇大。斜钩的起笔承上一笔笔势，笔画中段稍有弧度。

"哉"字中戈部的斜钩作为主笔应写得长一些，出钩也自然拉长，与最后的点画呼应。

（3）教师讲解戈字头与"哉"字，学生练习，教师巡回辅导并对存在问题进行讲解。

2. 戊字头

（1）出示例字"咸、盛"。

（2）讲解戊字头书写要领："戊"字头的撇画起笔与上个字收笔呼应，笔画末端向上挑出笔锋与横画起笔呼应。斜钩与撇画形成上窄下宽的字框，中间笔画要写紧凑，且位置靠上。

"咸"字"戊"部左撇弧度稍大，右撇稍直，点画位于字的右上部位，写得轻巧一些。"盛"字"戊"部笔画稍细而圆润，横画稍长而平，省略点画。

（3）教师讲解示范戊字头与"咸、盛"二字，学生练习，教师巡回辅导。

3. 走之底

（1）出示例字"遷（迁）""迹"。

（2）讲解走之底书写要领：横折折撇取向左的斜势，横折折撇的撇画与底部平捺起笔相连，捺画末端顿笔回锋。

"遷"（迁）字被包围的部件要写紧凑，走之底的点画与横折折撇之间距离较大，捺画一波三折，末端回锋收笔。

"迹"字的走之底点画与横折折撇连写为弧撇；底部捺画取平势，由细到粗，末端顿笔回锋。

被包围的"亦"部一笔写成，一气呵成。

（3）教师讲解示范书写走之底和"遷"（迁）"迹"二字，学生练习，教师巡回辅导。

4. 门字框

（1）出示例字"同、間（间）"。

（2）讲解门字框书写要领："门"字框的左竖粗壮且位置偏低，左右两竖呈上窄下宽之势。

"同"字左竖位置偏低，框内部件紧凑且靠上。

"間"（间）字"門"部稍长，被包围部件紧凑且靠左，使框内形成疏密对比。

（3）教师讲解示范书写门字框与"同、間（间）"二字，学生练习，教师巡回辅导。

5. 口字框

（1）出示例字"固、目"。

（2）讲解口字框书写要领："口"字框呈长形，且笔画粗壮。

"固"字"口"部稍宽，被包围的"古"部靠左，部分笔画与左竖粘连。

"目"字"口"部稍窄，框内两横将空间平均分割。

（3）教师讲解示范书写口字框与"固、目"二字，学生练习，教师巡回辅导。

（三）评比

师：接下来我们玩个游戏——我是小评委：以小组的形式，各小组选出组内写得最好的字，呈现给我们班的同学（小评委），小评委以投票的形式选出自己满意的字，并说出写得好的部分。

活动完毕。

教师点评，并带学生回顾本次课内容。

（四）总结

师：本次课我们学习了毛笔行书的包围部首。包围部首对内部起到"包"的作用，应与被包围部分取得平衡。包围部首的形式主要有上左框、左下框、三面框、四面框等。上左框，字框上部不宜宽，宽则失势。这类部首成字后，大体应呈梯形形状。左下框，下部不宜窄，窄则不成形，成字后也呈梯表之状。三面框，包围部首较宽舒，内包部分应收敛。四面框，包围部首左边笔画宜细稍短，右边笔画宜粗略长，内包部分笔画要均匀。大部分同学都掌握了今天所学的内容，希望同学们在课后温故而知新。

（五）课后作业

（1）复习本次课内容。

（2）预习下次课内容。

第十二课　独体字结构

一、教学目标

（1）了解毛笔行书独体字的结构特点。

（2）通过观察、分析和练习等方式，能将行书独体字结构写法应用于常见字。

二、教学重点

了解独体字的结构特点。

三、**教学难点**

通过观察、分析和练习等方式，能将行书独体字结构写法应用于常见字。

四、**课前准备**

笔、墨、纸、砚、毛毡。

五、**教学过程**

（一）导入

师：同学们，我们上次课学习了毛笔行书的戈字头、戊字头、门字框、口字框、走之底等包围部首写法，有谁愿意带大家一起回顾上次课内容？（学生上台演示，教师点评，并带学生复习上次课内容）

师：同学们认真地完成了复习任务，接下来我们就进行本次课程的学习。

检查书法用具、坐姿和执笔姿势。通过图片展示的直观形式呈现独体字的例字。

（二）新授

1. 例字"于"

（1）讲解示范"于"字的书写：上横为左尖横，左细右粗，下横稍有弧度，两横有俯仰呼应。竖钩与上横不粘连，写成竖撇，与下个字起笔呼应。

（2）学生练习，教师巡回辅导。

2. 例字"云"

（1）教师讲解示范"云"字的书写：上横变成右侧点，与下方横画呼应，其余三个笔画简写为横折折撇，整个字写得较为紧凑。

（2）学生练习，教师巡回辅导。

3. 例字"及"

（1）教师讲解示范"及"字的书写：先写回锋撇，横折折撇露锋起笔，露锋收笔，笔画圆且细。捺画粗壮而不呆板，一波三折，写得较舒展。

（2）学生练习，教师巡回辅导。

4. 例字"及"

（1）教师讲解示范"曲"字的书写：短横分布均等，短竖呈上开下合之势。

（2）学生练习，教师巡回辅导并对学生写的字进行点评。

5. 例字"水"

（1）教师讲解示范"水"字的书写：竖钩圆细且挺拔；横折撇与竖钩之间留出较大空隙，撇画的末端向上挑出笔锋，与右边短撇呼应，捺画写得较舒展，整个字呈扁势。

（2）学生练习，教师巡回辅导。

（三）评比

师：接下来我们玩个游戏——我是小评委：以小组的形式，各小组选出组内写得最好的字，呈现给我们班的同学（小评委），小评委以投票的形式选出自己满意的字，并说出写得好的部分。

活动完毕。

教师点评，并带学生回顾本次课内容。

（四）总结

师：本次课我们学习了毛笔行书的独体字结构。独体字是指没有偏旁部首的字，要写得自然协调、美观大方。大部分同学都掌握了今天所学的内容，希望同学们在课后温故而知新。

（五）课后作业

（1）复习本次课内容。

（2）预习下次课内容。

第十三课　上下结构

一、教学目标

（1）了解毛笔行书的上下结构。

（2）掌握毛笔行书上下结构的上宽下窄、下宽上窄、组合型、上中下结构四种类型的书写规律。

二、教学重点

了解毛笔行书的上下结构。

三、教学难点

掌握毛笔行书上下结构的上宽下窄、下宽上窄、组合型、上中下结构等四种类型书写规律。

四、课前准备

笔、墨、纸、砚、毛毡。

五、教学过程

（一）导入

师：同学们，我们上次课学习了毛笔行书独体字的写法，有谁愿意带大家一起回顾上次课内容？（学生上台演示，教师点评，并带学生复习上次课内容）

师：同学们认真地完成了复习任务，接下来我们就进行本次课程的学习。

检查书法用具、坐姿和执笔姿势。通过图片展示的直观形式呈现毛笔行书上下结构的上宽下窄、下宽上窄、组合型、上中下结构例字。

（二）新授

1. 出示上宽下窄型例字，学生观察

（1）师：仔细观察这些例字，这种类型的字都有什么特点？结合你的预习和以往的学习经验，你认为书写过程中的注意事项是什么？（学生畅所欲言，教师评价）

教师讲解上宽下窄型字的结构特点和书写方法：上宽下窄型字属于上下结构，上部件写得宽博，左右舒展，下部件写得较为紧凑，上下两个部分形成鲜明的对比。如"賢"（贤）字，上部件写得较为宽博，下部件写得自然紧凑，整个字上下两部分松紧有度。

（2）教师边讲解边示范书写"賢"（贤）字。

（3）学生练习，教师巡回辅导并对学生写的字进行点评。

（4）（过渡）师：接下来我们再学习下宽上窄型。

2. 出示下宽上窄型例字，学生观察

（1）师：这种类型的字都有什么特点？你认为书写中应注意什么？（学生畅所欲言，教师评价）

（2）教师总结下宽上窄型字的结构特点和书写方法：这类字属于上下结构，上下两个部件出现下宽上窄的对比关系，上部收紧，下部舒展，下部件明显比上部件宽敞。

（3）教师边讲解边示范书写下宽上窄类型的例字"是、契"。

（4）学生练习，教师巡回辅导并对学生写的字进行点评。

3. （过渡）师：下面我们学习组合型结构的字

（1）同学们都预习过了，谁能跟老师讲讲什么是"组合型"？（学生答）

（2）"组合型"的上下结构较为特殊，上部或下部由个或两个以上的左右小部件组成。

（3）出示组合型例字，学生观察。

师：这种类型的字都有什么特点？书写过程中的应注意事项是什么？（学生畅所欲言，教师评价）

（4）教师讲解组合型的结构特点和书写方法。

（5）教师边讲解边示范书写组合型的例字："然、樂"（乐）。

（6）学生练习，教师巡回辅导并对学生写的字进行点评。

4.（过渡）师：接下来我们一起学习上中下结构

（1）出示上中下结构例字，学生观察。

（2）师：仔细观察这些例字，这种类型的字都有什么特点？（学生畅所欲言，教师评价）

（3）教师讲解上中下字的结构特点和书写方法。

（4）边讲解边示范书写上中下结构的字："带、暮"字。

（5）学生练习，教师巡回辅导并对学生写的字进行点评。

（三）评比

师：接下来我们玩个游戏——我是小评委：以小组的形式，各小组选出组内写得最好的字，呈现给我们班的同学（小评委），小评委以投票的形式选出自己满意的字，并说出写得好的部分。

活动完毕。

教师点评，并带学生回顾本次课内容。

（四）总结

师：本次课我们学习了毛笔行书的上下结构。大部分同学都掌握了今天所学的内容，希望同学们在课后温故而知新。

（五）课后作业

（1）复习本次课内容。

（2）预习下次课内容。

第十四课　左右结构

一、教学目标

（1）了解毛笔行书的左右结构。

（2）掌握左右结构左让右、右让左、左右各半、左右穿插、左长右短、左短右长六种结构类型例字的书写规律。

二、教学重点

了解毛笔行书的左右结构。

三、教学难点

掌握左右结构左让右、右让左、左右各半、左右穿插、左长右短、左短右长六种结构类型例字的书写规律。

四、课前准备

笔、墨、纸、砚、毛毡。

五、教学过程

（一）导入

师：同学们，我们上次课学习了毛笔行书的上下结构的上宽下窄、下宽上窄、组合型、上中下结构写法，有谁愿意带大家一起回顾上次课内容？（学生上台演示，教师点评，并带学生复习上次课内容）

师：同学们认真地完成了复习任务，接下来我们就进行本次课程的学习。

检查书法用具、坐姿和执笔姿势。通过图片展示的直观形式呈现左右结构左让右、右让左、左右各半、左右穿插、左长右短、左短右长六种结构类型例字。

（二）新授

1. 师：我们一起认识今天的第一个朋友——阴

（1）出示"陰"（阴）字（左让右形式），学生观察。

（2）师：仔细观察，这个字是哪种形式的呢？为什么？（学生畅所欲言）

（3）教师讲解左让右形式字的结构特点：左部件收缩，空间占比较小，右部件舒展，空间占比较大；以右部件为主，左部件处于从属地位，左右两个部件之间要注意保持平衡。

（4）教师边讲解边示范书写"陰"（阴）字。

（5）学生练习，教师巡回辅导并对学生写的字进行点评。

（6）学生自行临摹练习其他"左让右"形式的字，教师巡回指导。

2. 师：接下来我们一起认识今天的第二个朋友——取

（1）出示"取"字（右让左形式），学生观察。

（2）师：仔细观察，这个字是哪种形式的呢？为什么？（学生畅所欲言）

（3）教师讲解右让左形式字的结构特点：左部件舒展，右部件紧凑，左部件空间占比较右部件大。整个字以左部件为主，右部件处于从属地位，两个部件之间要保持平衡。

（4）教师边讲解边示范书写"取"字。

（5）学生练习，教师巡回辅导并对学生写的字进行点评。

（6）学生自行临摹练习其他"右让左"形式的字，教师巡回指导。

3. 师：下面我们一起认识今天的第三个朋友——欣

（1）出示"欣"字（左右各半），学生观察。

（2）师：仔细观察，这个字是哪种形式的呢？为什么？（学生畅所欲言）

（3）教师讲解左右各半形式字的结构特点：左右各半形式字的左右两个部件大小相近，空间占比相当。这类字要注意左右两个部分之间要匀称。

（4）教师边讲解边示范书写"欣"字。

（5）学生练习，教师巡回辅导并对学生写的字进行点评。

（6）学生自行临摹练习其他"左右各半"形式的字，教师巡回指导。

4. 师：接下来我们一起认识今天的第四个朋友——詠（咏）

（1）出示"詠"（咏）字（左右穿插），学生观察。

（2）师：仔细观察，这个字是哪种形式的呢？为什么？（学生畅所欲言）

（3）教师讲解左右穿插形式字的结构特点：左右穿插形式的字，左右部件之间互相穿插，紧密联系。这类字的左右两个部分既要紧凑，又要做到相安无事。

（4）教师边讲解边示范书写"詠"（咏）字。

（5）学生练习，教师巡回辅导并对学生写的字进行点评。

（6）学生自行临摹练习其他"左右穿插"形式的字，教师巡回指导。

5. 师：下面我们一起认识今天的第五个朋友——知

（1）出示"知"字（左长右短），学生观察。

（2）师：仔细观察，这个字是哪种形式的呢？为什么？（学生畅所欲言）

（3）教师讲解左长右短形式字的结构特点：这类字的左部件取纵势，纵向拉长，显得较为舒展；右部件写得自然紧凑，写得较短小，整个字看起来左长右短。

（4）教师边讲解边示范书写"知"字。

（5）学生练习，教师巡回辅导并对学生写的字进行点评。

（6）学生自行临摹练习其他"左长右短"形式的字，教师巡回指导。

6. 师：现在我们一起认识今天最后一个朋友——峻

（1）出示"峻"字（左短右长），学生观察。

（2）师：仔细观察，这个字是哪种形式的呢？为什么？（学生畅所欲言）

（3）教师讲解左短右长形式字的结构特点：左短右长的字，左部件写得较短小，位置靠上；右部件写得宽博，取纵势，左右两个部件之间出现明显的长短对比。

（4）教师边讲解边示范书写"峻"字。

（5）学生练习，教师巡回辅导并对学生写的字进行点评。

（6）学生自行临摹练习其他"左短右长"形式的字，教师巡回指导。

（三）评比

师：接下来我们玩个游戏——我是小评委：以小组的形式，各小组选出组内写得最好的字，呈现给我们班的同学（小评委），小评委以投票的形式选出自己满意的字，并说出写得好的部分。

活动完毕。

教师点评，并带学生回顾本次课内容。

（四）总结

师：本次课我们学习了毛笔行书的左右结构左让右、右让左、左右各半等六种结构形式。要想把它们写好，最重要的是学会"让"，左右结构中左右部分的穿插使汉字更具有整体性。其实写字跟做人一样，"让者有余，争则不足"，在与同学、朋友、父母之间交往时，要学会礼让。大部分同学都掌握了今天所学的内容，希望同学们在课后温故而知新。

（五）课后作业

（1）复习本次课内容。

（2）预习下次课内容。

第十五课　包围结构

一、教学目标

（1）认识毛笔行书包围结构。

（2）掌握毛笔行书包围结构两面包围、三面包围和全包围结构类型书写规律。

二、教学重点

认识毛笔行书包围结构。

三、教学难点

掌握毛笔行书包围结构两面包围、三面包围和全包围结构类型书写规律。

四、课前准备

笔、墨、纸、砚、毛毡。

五、教学过程

（一）导入

师：同学们，我们上次课学习了毛笔行书的左右结构左让右、右让左、左右各半、左右穿插、左长右短、左短右长等类型写法，有谁愿意带大家一起回顾上次课内容？（学生上台演示，教师点评，并带学生复习上次课内容）

师：同学们认真地完成了复习任务，接下来我们就进行本次课程的学习。

检查书法用具、坐姿和执笔姿势。通过图片展示的直观形式呈现毛笔行书包围结构两面包围、三面包围和全包围结构类型例字。

（二）新授

（1）出示例字，师：结合你的预习经验，你认为这些例字属以上的哪种类型？（学生畅所欲言）

1）教师讲解"左上包围"的结构特点：左上包围的部首处于字的左上部位，左上部件对右下部件形成包围之势。值得注意的是，右下部件应稍向右偏，不能被包围框完全围住。

2）出示相应例字，学生观察。

3）师：看看同学们刚才给左上包围形式的例字分类情况。

4）教师边讲解边示范书写左上包围形式例字——痛。

5）学生练习，教师巡回辅导。

6）学生自行临摹练习其他左上包围形式的字，小组间相互点评交流作业并指出不足之处，教师巡导。

（2）师：接下来我们学习第二种形式——右上包围。

1）教师讲解"右上包围"的结构特点：右上包围的部首处于字的右上部位，右上部件对左下部件形成包围之势。左下部件向左突出，不能被包围框完全围住。

2）出示相应例字，学生观察。

3）师：看看同学们刚才给左上包围形式的例字分类情况。

4）教师边示范边讲解左上包围形式例字——氣（气）。

5）学生练习，教师巡回辅导。

6）学生自行临摹练习其他右上包围形式的字，小组间相互点评交流作业指出不足，教师巡导。

（3）师：下面我们学习第三种形式——左下包围。

1）教师讲解"左下包围"的结构特点：左下包围的部首处于字的左下部位，左下部件对右上部件形成包围之势。包围部件底部的笔画要舒展，能托起被包围的部件。

2）出示相应例字，学生观察。

3）师：看看同学们刚才给左下包围形式的例字分类情况。

4）教师边讲解边示范书写左下包围形式例字——遇。

5）学生练习，教师巡回辅导。

6）学生自行临摹练习其他左下包围形式的字，小组间相互点评交流作业指出不足，教师巡导。

（4）师：下面我们开始学习三面包围的第一种形式——上三面包围。

1）教师讲解"上三面包围"的结构特点：上三面包围部首处于字的上部，对下部件形成包围之势。包围框内笔画应写得自然紧凑，且位置靠上。上包下，内包部分尽量向上靠拢，笔画一般不能低于部首。

2）出示相应例字，学生观察。

3）师：同学们刚才给上三面包围形式的例字分类都分对了吗？

4）教师边讲解边示范书写上三面包围形式例字——間（间）。

5）学生练习，教师巡回辅导。

6）学生自行临摹其他上三面包围形式的字，小组间相互点评交流作业指出不足，教师巡导。

（5）师：下面我们开始学习三面包围的另一种形式——下三面包围。

1）教师讲解"下三面包围"的结构特点：下三面包围部首处于字的下部，对上部件形成包围之势。包围框的左右竖画宜写短，被包围部件向上凸起。

2）出示相应例字，学生观察。

3）师：看看同学们刚才给下三面包围形式的例字分类情况。

4）教师边讲解边示范书写下三面包围形式例字——幽。

5）学生练习，教师巡回辅导。

6）学生自行临摹其他下三面包围形式的字，小组间相互点评交流作业指出不足，教师巡导。

（6）师：半包围结构的结构方法已经学习完了，接下来我们一起来学习全包围结构。

1）教师讲解"全包围"的书写要领和结构特点：全包围结构的包围框大小视框内部件笔画多少而定，框内部件要有疏密变化。书写顺序是先写外框，再写框内部件，最后封口。

2）出示相应例字，学生观察。

3）教师边讲解边示范书写全包围形式例字——固。

4）学生练习，教师巡回辅导。

5）学生自行临摹其他全包围形式的字，小组间相互点评交流作业指出不足，教师巡导。

（三）评比

师：接下来我们玩个游戏——我是小评委：以小组的形式，各小组选出组内写得最好的字，呈现给我们班的同学（小评委），小评委以投票的形式选出自己满意的字，并说出写得好的部分。

活动完毕。

教师点评，并带学生回顾本次课内容。

（四）总结

师：本次课我们学习了毛笔行书的包围结构两面包围、三面包围和全包围结构类型。大部分同学都掌握了今天所学的内容，希望同学们在课后温故而知新。

（五）课后作业

（1）复习本次课内容。

（2）预习下次课内容。

第五节　硬笔楷书教案

第一课　硬笔书法书写工具

一、教学目标

（1）认识硬笔书写工具，了解硬笔的种类及工具特性。

（2）培养学生对汉字硬笔书法的兴趣，增强对书法文化的热爱。

二、教学重点

硬笔的分类，了解铅笔、钢笔、水性笔等常用硬笔。

三、教学难点

每种硬笔的特性及使用时的注意事项。

四、课前准备

（一）导入

师：这节课我们一起来了解硬笔书法的书写工具。书法是我国特有的艺术形式，是我国的优秀传统文化。书法以汉字作为其艺术表现的形式，书法的问题归纳起来就是如何使用笔表现汉字的美，硬笔书法是使用硬笔（铅笔、钢笔、中性笔等）表现汉字，使汉字看起来充满美感。具体来说，使用硬笔在纸上画出点和线条，以合理的方式将其组合，把作者对美的追求贯穿在书写的过程里，让汉字看起来更优美。

（二）新授

笔是用于书写的重要工具，是人类文明发展的结果。笔内部带颜色的液体或者固体在书写过程中通过笔尖与纸面摩擦留下痕迹，就成为了笔画，笔画和笔画组合在一起就成为了文字，优美的文字可称为书法。我们今天使用的笔大多数是铅笔、圆珠笔、钢笔、中性笔等。一般小学 1~2 年级的同学使用铅笔，小学 3 年级以上的同学使用钢笔或水性笔。

1. 钢笔

钢笔发明于 19 世纪初，并逐渐成为人们日常书写的重要工具。关于钢笔的起源没有定论，也就是说关于钢笔是谁发明的这个问题一直存在争论。沃特曼因为对钢笔做出很大贡献，被称为钢笔之父。钢笔的笔头是用金属制作而成的，书写起来流畅而具有弹性。这些金属有金、铱金与普通金属材料。商家会在笔套或者笔尖表面印上商标、型号。同学们可以根据自己的喜好选择钢笔。挑选钢笔需要注意的是，两片笔尖是否对称且粗细均匀，同时笔尖的顶端要顺滑，书写要流畅。在试笔的时候可写字母"S"，观察笔尖是否刮纸，出墨是否均匀，书写是否流畅。同品牌和型号前提下，笔尖不刮纸且出墨流畅则说明这支钢笔的笔尖比较好。对于笔尖的粗细，不同的人有不同的喜好，初学者建议使用笔尖粗一些的钢笔。另外，笔胆密封性也是选笔要注意的事项，堵住笔尖再挤压笔胆，越容易挤压说明密封性越差，密封性差就有可能出现漏墨的问题。至于笔杆和笔套不用特别讲究。

2. 铅笔

铅笔的使用已经具有 400 多年的历史，是用于绘画或书写的硬笔。小学 1~2 年级阶段的同学们一般提倡使用铅笔。铅笔根据软硬程度的不同分为软铅（B）、硬铅（H）和软硬适中（HB），其软硬程度是由制作铅笔笔芯所掺黏土的硬度决定的。铅笔的演变大概经历了以下几个阶段：

第一阶段，石墨的诞生。

第二阶段，木制笔杆的诞生。

第三阶段，带帽铅笔的诞生。

3. 圆珠笔、中性笔

圆珠笔又称为原子笔，"原子笔"因"二战"期间日本原子弹爆炸而得名，其实取名原子笔与原子弹并无直接关系，而是读音相近的缘故。商人给该书写工具取名原子笔打开销路。圆珠笔的笔管内稠性油墨通过笔尖处小钢珠自由转动流到纸面上形成笔画，具有不渗墨、不受环境影响、中途无须添加墨汁，且价格相对比较低廉的优势，并受到人们广泛欢迎。

4. 中性笔

中性笔于 1988 年起源于日本，由株式会社研制成功并推广开来。中性笔书写流畅而不打滑，兼具水性与油性双重优势，在国际上得到广泛使用。

5. 粉笔

粉笔是硬笔的一种，在日常教学中使用频率很高。粉笔的主要成分是石膏，即硫酸钙。目前市面上流通的粉笔多为微尘粉笔。粉笔一般在黑板上进行书写。

（三）课后作业

归纳一下常见的硬笔种类，并说一说这些硬笔有什么用途呢？

第二课　书写姿势与执笔方法

一、教学目标

（1）了解硬笔书法正确执笔姿势和写字姿势的重要性，培养并保持正确的写字姿势以及握笔方法。

（2）将正确的执笔与书写姿势应用于日常书写。

二、教学重点

了解硬笔书法正确执笔姿势和写字姿势的重要性，培养并保持正确的写字姿势以及握笔方法。

三、教学难点

将正确的执笔与书写姿势应用于日常书写。

四、课前准备

（一）导入

请大家用手中的笔在练习本上写下自己的班别与名字，学生书写完毕后提问。师："同学们，日常生活和学习中每一件事情都有一个规矩，大家有没有想过我们写字也有写字的规矩呢？如果有，这个规矩是什么呢？比如，如何抓笔，坐的姿势有什么讲究，书写的过程有什么讲究，这些姿势对于写好字有没影响呢？我们今天这堂课一起来了解一下执笔的姿势和书写的姿势。"

（二）新授

要写好字，就要先养成一个正确的书写姿势和书写习惯。正确的书写姿势是手、眼睛、大脑的有机统一协调运动。古人云，站如松，坐如钟。这就要求坐姿端正。一般而言，要求头要正，身体要挺直，肩膀平稳，胸膛距离桌子有一拳以上，双脚平放在地面上，双臂自然张开平放在桌面上。总结起来可以归纳为，头正身直臂开足平，身体离桌子有一拳，眼睛距离纸面一尺，正身直足平，笔尖距离手指一寸。值得注意的是，正常的书写区域应位于鼻梁与右肩膀的边缘之间，离开这个范围书写容易导致书写姿势变形。最常见的不正确的写字姿势有以下几种：

（1）低头歪脖子，距离纸面太近，这种姿势容易造成颈椎问题与近视。

（2）以手托腮，头靠手掌。这种书写姿势影响视线，容易把字写歪，造成眼睛斜视等视力问题。

（3）弯腰驼背，纸张放歪。这种书写姿势不利于正常书写，长期发展下去影响学生骨骼发育。

（4）抖腿，两腿交叉。这种书写姿势容易造成抓笔不稳，笔杆在书写过程中出现抖动，影响字迹美观。

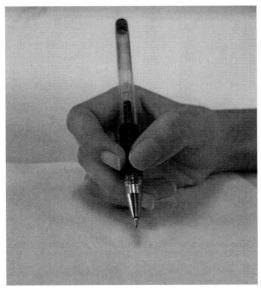

（三）课后作业

思考一下，什么是正确的书写姿势呢?

第三课　硬笔楷书

一、教学目标

（1）了解硬笔楷书概况。

（2）掌握硬笔楷书的特点与笔画书写要领，以及学习要求。

二、教学重点

硬笔书法的具体特点与书写要领。

三、教学难点

掌握硬笔楷书的特点与笔画书写要领。

四、课前准备

笔、练字本。

五、教学过程

（一）导入

师：同学们，在上课之前我们先一起来复习一下上节课所学的内容，我们请出几位同学来给我们演示一下书写姿势与执笔方法。（学生上台演示）

教师点评并示范。

师：大多数同学课后复习任务还是完成得不错的。本次课我们一起学习关于硬笔楷书的知识。

（二）新授

1. 硬笔楷书含义及其分类

（1）含义。

楷书也叫真书、正书，或叫楷体、真体、正体。楷，有字体楷模的意思，指的是一个时代使用最广泛的字体。

硬笔书法作为书法艺术中的一个门类。包含铅笔书法、圆珠笔书法、钢笔书法、中性笔书法、粉笔书法等。硬笔书法在生活、工作和学习中广泛应用，因此它具有很强的实用价值与艺术价值。与毛笔书法的不同之处在于，毛笔书法有较强的提按变化，笔画粗细分明，墨色更为丰富；而硬笔笔画更显硬朗，粗细变化不大，以结构作为主要表现手段。

（2）小楷。

顾名思义，是指形状较小的楷书，大如指甲盖或小如蝇头。从已有的文献可知，三国时期已经有小楷，著名书法家有钟繇。钟繇的小楷刚刚脱胎于隶书，字形宽扁，横画显长且不时带有"燕尾"的痕迹。及至东晋，王羲之的小楷笔势飞动，结构优美，将小楷推向一个新的高度。这是硬笔书法学习很好的借鉴范本。

（3）大楷。

大楷的形状较小楷大得多，一般来说，一寸到数寸之间的楷书皆可称为大楷，更大的楷书则称"榜书"或"擘窠书"。学习书法宜从大楷入手，大楷的笔画、结构和章法是进一步学习书法的基础。可以说点画和结构的规矩是从大楷开始建立起来的。大楷的点画讲究起收笔和转折，每个细节都要求精到，而结构宜紧凑些，不可涣散。大楷的结构可以为硬笔提供参考。

2. 硬笔书法的具体特点

（1）讲究用笔。

硬笔楷书的笔画有提按、藏露、方圆、快慢等用笔方法。笔法不同，线条的质感和形态也有所不同。由于硬笔的字形比较小、线条粗细的变化较小，书写时用笔稍有不慎就很难表现出特定的效果，笔画显得疲软无力或僵硬呆板，所以硬笔用笔需要讲究一定的方法。

（2）笔画分明。

硬笔楷书的笔画每一个动作都应交代清楚，起笔、收笔、转折干净利落笔画才分明，字迹才工整而规范。硬笔楷书的笔画既要强调内在联系，又要防止笔画粘连不清或潦草。笔画应当直而不僵硬，笔断意连，弧线的方向要坚定而不疲软，笔笔清晰、自然流利。

（3）结构方整。

硬笔楷书的结构要平稳而匀称，空间比例要协调，字的重心要平稳，字的框架要端正。楷书的字形状端正，成行或成篇书写的时候也要端正，版面才工整。

3. 硬笔楷书笔画书写要领

汉字是由点、横、竖、撇、捺、钩、折、挑等基本笔画组成的，每一个笔画都是一个小的结构单元。硬笔楷书的笔画以单根线条的变化作为基础，每个笔画都是由一根线的变化完成的。笔画的形态随着结构的变化而变化，不同的字因结构的需要，同一笔画的写法也会做相应变化。

（1）直与弧。

硬笔楷书里，直线一般包括横画与竖画，弧线包括撇画、捺画、钩画、挑画，直线要挺拔劲健直而不僵硬，弧线要方向坚定做到弯而不软。

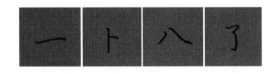

（2）弯与折。

弯的笔画如横折弯钩、竖弯钩，书写时弯的弧度要大一些，提前预备转弯的动作使笔画游刃有余；折的笔画如横折、竖折，书写时要折中带转，边折边转笔变换方向，书写另外一段笔画，折画不可呆滞。

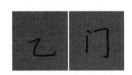

（3）长与短。

汉字的结构是通过笔画对比来呈现的，笔画长和短的对比就是其中一方面。因结构的需要，横画有长横和短横，竖画有长竖和短竖，撇画有长撇和短撇，以此类推。

（4）粗与细。

　　笔画的粗细是因笔尖在纸面上用力程度的大小而形成的。因硬笔的笔尖弹性有限，也可以借助软橡胶书写垫板帮助硬笔在纸面上增加弹性，进而表现出更大的粗细变化。如横画，左尖横的起笔稍轻向右上行笔过程逐渐重按，笔画呈现出左细右粗的形态；竖画的悬针竖顿笔起笔后向下行笔过程中渐渐提起笔尖，笔画呈现出上粗下细的形态；撇画在顿笔起笔后向左下方行笔过程中逐渐提起笔尖，笔画呈现出上粗下细的形态。

　　（5）斜与正。

　　汉字的笔画不总是正的，如"人"字的撇画向右倾斜，捺画向左倾斜，但这两个倾斜的笔画组合起来又是平稳的，亦即在倾斜中能取得平衡达到端庄的效果。"月"字的撇画向右倾斜。横折钩的折画应略向左倾斜，互相依靠取得平衡，使字看起来端正。同一个笔画在不同字里，正斜也略有不同，如"上"字的横画都比较平稳端正，而"七"字的横画斜度就比较大。

4. 硬笔楷书笔画练习注意事项

　　硬笔楷书的学习要从笔画练习入手，笔画的质量直接影响到字的美观，好的笔画有锦上添花作用，差的笔画甚至带偏整个字的形状。如果把字形比作一辆汽车，则一个笔画好比一个小零件，每个零部件的质量都要过关才能组装出一辆合格的汽车。同样的道理，每个笔画都过关才能组合出一个优美的汉字。硬笔楷书的书写要求可以分为"写、挺、准"三个步骤。

　　（1）写。

　　写指的是笔画的起笔、行笔、收笔动作要到位，起笔应顿笔，顿笔的力度视线条要求而定；行笔宜轻快，不管是直线还是弧线都做到干脆利落；收笔处应顿笔回锋或提笔出尖，不能拖沓。

（2）挺。

挺指的是笔画书写要挺拔劲健，干脆利落。横画和竖画等直笔画应写得直一些，但不可僵硬；以弯钩为代表的弧线要写得流转，如弓状富有弹性。

（3）准。

准指的是笔画下笔的位置要准确，力道和方向都恰到好处。其一，字在格子里的空间占比要合适，字位于格子的中间；其二，笔画的形态要准确，线条的长短、线方向的正斜，都要求做到精准；其三，笔画的粗细表现要准确，该顿笔则顿笔，该提笔则提笔，下笔的力度也要恰当。

5. 起笔、行笔和收笔

起笔：指的是笔尖开始与纸面接触时候的动作，也是笔画的开端。一般来说，横画应往纵向顿笔再向上行笔，要写横先往纵向起笔；竖画先往横向顿笔再向下行笔，要写竖先往横向起笔。起笔的动作又分为露锋与逆锋，露锋直接起笔使笔尖与纸面接触，逆锋起笔要在笔尖与纸面接触前做反方向的动作，即欲左先右，欲上先下。与毛笔逆锋不同的是，硬笔的逆锋多采取"空逆"的形式，在空中做逆势后笔尖落到纸面上。在大部分情况下，硬笔的起笔是露锋的，笔尖落到纸面直接起笔。

行笔：指的是运笔，笔尖接触纸面后在纸上行走的过程即行笔。行笔靠的是笔、指、腕的协调运动，做到轻重有度，快慢适中，才能使书写有节奏感。

收笔：指的是笔画结束的动作，有顿笔有出锋，如横画或垂露竖等笔画作顿收笔，撇画、钩画做出锋动作。一个笔画的结束也意味着下一个笔画的开始，所以收笔动作应与下一笔有呼应关系。

（三）巩固

师：什么是硬笔楷书？硬笔书法的具体特点与书写要领是什么？（学生答）

教师点评，并带学生回顾本次课内容。

（四）总结

师：我们本次课学习了硬笔书法的内涵、具体特点，以及书写要领。同学们课后要温故而知新，相信大家的硬笔楷书会越写越好的。

（五）课后作业

（1）复习本次课内容。

（2）预习下次课的内容。

第四课　硬笔楷书的基本笔画

一、教学目标

（1）了解并掌握硬笔楷书基本笔画的写法。

（2）了解常见基本笔画与汉字结构协调之间的关系，提高自己的审美能力，欣赏书法的魅力。

二、教学重点

横、竖、撇、捺、点、钩、提、折常见基本笔画写法。

三、教学难点

了解常见基本笔画与汉字结构协调之间的关系，感受笔画之美。

四、课前准备

笔、练字本。

五、教学过程

（一）导入

师：笔画构成汉字的基本零部件，是一根富于变化的线条。汉字的方块结构是由一根根线条组成的，不同的线条以不同的方式组合会形成不同的汉字，同一类线条以不同方式组合也会形成不同的汉字。我们需要注意的是，一根线条或者一个点作为汉字最小的单位——笔画，它本身也是有很丰富的变化的。

师：那我们这次课就一起来学习八种基本笔画的写法！

（二）新授

1. 横画

横画是汉字中重要的笔画，起到调节字平衡的作用，要写得结实而挺拔，同时又要姿态灵动。手写体的楷书，其横画都是有一定斜度的，长横趋平，短横趋斜，略向右上方斜。横画的斜度要控制在 5～7 度，不可太斜，也不要写成水平的横。横平竖直的"横平"不是指横水平，而是要求横画要写得平稳。横画可以归纳为长横、短横两大类。

2. 竖画

竖画是汉字的支柱，起到支撑整个字重心的作用，要写得挺拔劲健。竖画要垂直于水平线，不能左右倾斜，也不能弯曲。垂露竖要挺拔，横向顿笔后向下行走，收笔处顿笔回锋，笔画末端像露珠一样。悬针竖像一根针，呈现出上粗下细的形状，写悬针竖行笔要稳，横向顿笔起笔后向下走，至笔画四分之三处顿笔蓄力提笔出尖，出锋要稳健。

3. 撇

撇画如柳叶，形状优美，笔势舒展。撇画是汉字的重要基本笔画，往往起到使整个字平衡的作用。撇画在顿笔起笔后，力度渐渐减小，速度逐渐加快，直至出锋，整个过程要稳重且轻盈，笔画由粗到细，墨迹由深到浅。写撇要笔到有力，提笔出锋后不可立即停止动作，应延续出锋的动作，继续滑翔一段距离至力完全消失后自然停止。常见的撇画有平撇、斜撇，竖撇。

4. 捺

捺画一波三折，笔画的粗细和方向都具有丰富的变化。捺画可以归纳为三类，斜捺、平捺、反捺。斜捺的角度较斜，与水平线成 50 度左右的夹角，常用于字的右边部件，与撇合用，形成平衡重要支点。平捺常用于字的底部，如走之底等部件，与水平线成 15 度左右的夹角。反捺形状像长点，用于字的右边，在一个字有两个以上捺画时，只留一个捺画，其余作反捺，称为"燕不双飞"。

5. 点

点画是笔画的基础，也是常见的笔画之一，可以说所有的笔画都是由点构成的，积点成线。点画虽小，却起到画龙点睛的作用，所以写好点画要做到笔法完备，动作到位，形态要丰富。古人形容点画如孤峰之坠石，足见其势之大。古人又云，写点如画石头，石分三面，面面俱到，可见点画要写得充满立体感。常见的点画有右侧点、左垂点、挑点、撇点、长点等。右侧点从左上往右下落笔，与水平线成 45 度夹角。左垂点从右上往左下行笔，由轻到重，状若露珠。挑点为先点后挑，点要饱满，挑笔出锋与右上方笔画有呼应关系。撇点状若短撇，与水平线成 45 度夹角。长点从左上往右下，由细到粗变化，与水平线成 45 度夹角。

6. 钩

通常来说，钩不是一个独立的笔画，而是附着于竖画或横画等笔画，称为竖钩、弯钩、横钩等笔画。值得注意的是，钩画的出锋方向应当与下一笔有呼应关系。写钩画时应在完成与钩画连接部分的笔画后顿笔向上推笔尖出锋，力度送至笔画出锋后使动作继续滑翔一段距离自然停下来，其动作要舒展大方。常见的钩画有竖钩、弧钩、横钩、斜钩、竖弯钩等。

7. 提

提画又叫挑画，与下一笔有笔势上的呼应。提画的书写步骤为先从左上往右下顿笔蓄力，调整笔尖往右上方行笔并逐渐出尖，行笔速度逐渐加快，力度逐渐减小。提画出锋应与下一笔有笔势上的呼应关系，出锋的动作要舒展大方，出锋要迅速而有一定的力度。

8. 折

折画不是独立的笔画，依附于横画形成横折，与竖画结合则为竖折。折画是汉字中常用的笔画，是笔画的关节处，要写得灵活。折画处应稍微顿笔，但不可呆板，要边折边转，折中带转。常见的折画为"横折""竖折""撇折""多折"等。

（三）巩固

师：硬笔楷书的基本笔画有哪些？它们是怎么写的呢？（学生答）

教师点评，并带学生回顾本次课内容。

（四）总结

师：硬笔书法的具体笔画有横、竖、撇、捺、点、钩、提、折八种，在书写时要注意每个笔画的起笔、行笔和收笔。同学们课后要温故而知新，相信大家的硬笔楷书会越写越好的。

（五）课后作业

（1）复习本次课内容。

（2）预习下次课的内容。

第五课　硬笔楷书的偏旁部首（字头类）

一、教学目标

（1）了解硬笔楷书的常见字头类偏旁。

（2）掌握硬笔楷书常见字头类偏旁部首写法。

二、教学重点

了解硬笔楷书的常见字头类偏旁。

三、教学难点

掌握硬笔楷书常见字头类偏旁部首写法。

四、课前准备

笔、练字本。

五、教学过程

（一）导入

师：我们知道汉字是由笔画、偏旁等部件组成的。通过上次课我们学习了硬笔楷书的笔画特点及其写法。这次课要学习笔画的组合，偏旁部首。我们大家都认识哪些偏旁呢？（学生答）偏旁部首是构成汉字的重要部件，它是由两个或者多个笔画构成的。偏旁有很多，我们这次课要学习的是字头类偏旁。

（二）新授

1. 人字头

人字头由撇和捺构成，先写撇后写捺，捺的起笔比撇的起笔略低，撇和捺粘连且夹角约为 90 度。相对于独体字的"人"字，捺画起笔位置较高。撇捺张开，要能覆盖字的下半部分。以"伞"字为例，撇捺要舒展，底部要相对收紧些。

2. 大字头

一般情况下，大字头要写得宽大一些，撇捺要向右伸展开来，能覆盖下半部分而有余。若大字头的撇捺非主笔时，撇捺要尽量短小，捺画变为反捺，大字头写得窄一些。以"奋"字为例，大字头写得舒展大方，底部田字底要紧凑。

3. 春字头

春字头的三横方向要一致，长短略作变化。中间的横画较上下两横短一些，三横和而不同。撇画的起笔位于字的中线附近。捺画在最后一横上起笔，不与撇画相交。以"春"字为例，三横方向和谐，突出撇捺作为主笔的舒展度，底部日字要窄小一些。

4. 折文头

折文头也是需要突出撇捺的舒展，不同之处在于上部较紧凑。第一撇为短撇，横折撇起笔略低于短撇且与之粘连。以"备"字为例，折文头上窄下宽，撇捺舒展，底部田字显得紧凑。

5. 登字头

登字头与折文头相似，上部紧凑，撇捺舒展。书写顺序为，左边部分先写横撇，再写点；右边部分先写两个短撇，再写捺，捺画要一波三折，舒展有度。值得注意的是登字头的左右部分不能粘连，应留出一定的空间。以"癸"字为例，登字头舒展，底部"天"字收紧，"天"字的捺画变为反捺。

6. 宝盖头

宝盖头形状宽扁，点画写在横画的中点位置。横画略向右上倾斜，左低右高，但要保持平衡。宝盖头的宽度视具体情况而定，底部笔画稀少则宝盖头要写宽一些；底部笔画较多且宽大，则宝盖头要写小一些。以"宋"字为例，宝盖头应控制好宽度。

7. 党字头

党字头的上部三笔要写紧凑，书写顺序为先写中间竖画，再写左点，后写右点，两点有呼应关系。宝盖部分要写得宽大一些，但具体宽度仍需要视字的具体情况而定。以"赏"字为例，头部竖画为垂露竖，要写短一些，左右两点顾盼生姿，宝盖要写宽一些，能覆盖下半部分。

8. 学字头

学字头的三点要紧凑，宝盖写宽一些，第一点和第二点向左倾斜，第三点向右倾斜且与宝盖部分的左点有笔势呼应，三点形态和位置高低要有变化。以"学"字为例，字头要写宽敞，底部横钩和弯钩收紧，横画打开与宝盖差不多宽度。

9. 穴字头

穴字头上部与宝盖头写法相似，里面的两点呈"八"字形状打开但不超过宝盖宽度，两点写短小些，两点之间留出一点空间，紧靠着宝盖部分。以"究"字为例，穴字头不能写得太宽，底部"九"的撇和竖弯钩要舒展开来。

10. 草字头

草字头的形状偏扁，书写顺序为先横后竖，第一竖为短垂露竖，第二竖为悬针竖且出锋与下一笔有呼应，两竖呈 V 形。以"节"为例，草字头的横画写长一些，第二竖与横折钩的横起笔有呼应关系。

11. 竹字头

竹字头由两"个"字构成，两竖画变为两个垂点。两个部件左低右高，左边比右边略小。左右部件之间要写得要紧凑一些。以"笑"为例，竹字头写扁，不宜太宽，底部撇捺要舒展。

12. 爪字头

爪字头要写得紧凑似拳状，四个笔画都要短小，又要主次分明。第一撇放在三笔的正上方，两点左倾，一撇右倾，顾盼生姿。以"爱"字为例，爪字头要紧凑一些，底部的"友"部撇捺舒展，与之形成松紧的对比关系。

13. 四字头

四字头比独体字"四"更加扁，变撇和竖折为两竖，两竖呈 V 形打开。四字头的各竖画之间距离要均匀。以"罗"字为例，四字头宽扁而端庄，覆盖底部"夕"部。

14. 西字头

西字头的写法与四字头相似，整体形状显扁，上横不宜太宽，各横之间距离要均匀。以"栗"字为例，西字头略扁，底部木字底撇捺舒展大方。

（三）巩固

（1）学生练习，教师巡回指导。

（2）投影展示小组之间作业，学生畅所欲言，指出写得好的地方和存在的问题。

（3）针对易出错的地方讲解，学生记录并进行练习。

（四）总结

师：本次课我们学习了字头类偏旁部首的写法，很多同学都掌握了今天所学的内容，而且也能对同学的作业给出正确的点评，希望同学们能在课后温故而知新。

（五）课后作业

（1）复习本次课所学内容。

（2）预习下次课的内容。

第六课　硬笔楷书的偏旁部首（字底类）

一、教学目标

（1）了解硬笔楷书的字底类偏旁部首及例字。

（2）掌握字底类偏旁部首写法。

二、教学重点

了解硬笔楷书的字底类偏旁部首及例字。

三、教学难点

掌握字底类偏旁部首写法。

四、课前准备

笔、练字本。

五、教学过程

（一）导入

师：上次课学习硬笔楷书字头类偏旁部首及其写法。我们知道有字头就有字底，那么这次课我们就来学习字底类偏旁部首及其例字。字底就是一个字的底座，起着承托和稳定的作用，要写得稳健和扎实。

激发学生们的学习兴趣，活跃课堂气氛。

（二）新授

1. 心字底

心字底左右两点要写长，卧钩出钩应朝字的中心方向，末点要写在卧钩的外侧，位置较前两点高一些，各个点之间要有呼应。整个部件要写得宽大一些，能托起字的上半部分。心字底在字中位置可以略偏右一些。以"忠"字为例，上半部分"中"部竖画宜短，整个"中"部写得较紧凑，心字底要写宽扁一些，位置右移。

2. 四点底

四点底形状扁平，首点与末点方向相反，且遥相呼应，中间两点较前后两点短小一些。四点之间的距离要均匀，各点之间要和谐，又要有所区别，点与点之间笔断而意连。以"点"为例，上半部分瘦长，下半部分四点底要写得宽扁一些，能托起上半部分。

3. 皿字底

皿字底形状宽扁，左竖和横折的折呈 V 形向上开，中间两竖之间的距离大致相当，底部的长横要写得长而平一些，起到平稳整个字重心的作用。以"孟"为例，上半部分"子"部要写得短小紧凑，底部横画要写得长而平稳。

4. 土字底

土字底的长度和宽度要视整个字的情况而定，上半部分短小则土字底写宽写长，即土字底竖写长，底部横画写长；反之土字底写短，竖画写短，横画写短。以"坚"字为例，字的上半部分写宽，土字底写窄小一些。

5. 手字底

手字底相对于独体字的"手"写得更扁，横画要写得短一些，横之间的距离要紧凑一些，弯钩弧度不宜太大且写短一些，整个部件压扁以防破坏字的整体感。应注意，弯钩的出钩可以适当长一些，钩画与弯下来的笔画夹角宜大一些，增加字的张力。以"拿"

字为例，手字底纵向空间要压缩一点且能被人字头覆盖。

6. 示字底

示字底相对于独体字的"示"要写扁一些，横画更短且距离更加紧凑。若字的上半部分窄小则示字底写宽，反之横画写短一些。以"崇"字为例，示字底写得窄小一些，两点有呼应关系。

7. 衣字底

衣字底作为字的下半部分，宜写得偏扁。竖提的竖画要写短，提画出锋宜长一些显得稳定。若字的上半部分较宽，则衣字底的捺画改为反捺。以"装"字为例，上半部分写短，下半部分的衣字底写宽一些。

8. 女字底

女字底较独体字的"女"字宽扁，折角有所不同，横画要写得长一些。整个部件要保持平衡，能托起字的上半部分。以"妻"字为例，上半部分紧凑，女子底写宽写扁，横画长而平。

9. 儿字底

儿字底的笔画比较少，要求撇捺的配合要协调，笔画长短、方向和力度都应恰到好处。撇画不宜太弯，竖弯钩在转弯前要做足预备动作，要求边往下走边弯，不能太拖沓弯过头，更不能太急促写成直角。竖弯钩的出钩方向垂直向上，出钩可以适当写长。以"兄"字为例，上半部分口部要写得紧凑，下半部分撇向左舒展，竖弯钩转弯处要自然弯曲，出钩处向上出锋。

10. 贝字底

贝字底相对于独体字的"贝"不同的是，整个部件相对短而窄一些。应注意的是，左竖与横折要写直；中间的撇画为竖撇，先直后弯曲，底部的点画收笔与撇画平衡。以"贺"字为例，上部宽扁，贝字底显得窄一些，整个字呈上宽下窄。

11. 系字底

系字底的两个撇折应往横向拉开点，缩小中间空间占比，整个部件不要写得太长。以"紧"为例，字的上部开张，系字底写得紧凑些。

12. 走之底

走之底的笔画较少，但方向变化多端，不容易把握。点画与横折折撇要有一定距离，横折折撇的横画向上倾斜，捺画为平捺要写得一波三折。以"边"字为例，先写"刀"部，再写走之底，走之底要舒展大方。

13. 建字底

建字底与走之底不同之处在于横折折撇的撇画出锋较长，且捺画与撇画相交，捺画要写得斜一些。以"廷"为例，横折折撇向左下撇出较舒展，捺画与撇画相交向右下延伸，一波三折。

14. 走字底

走字底相对于独体字的"走"，横画的右边收缩，作出让右之势。整个部件第二横向左伸展，捺画斜度较大，一波三折。以"起"字为例，"已"字部与走字底互不侵犯，紧凑靠在一起，捺画一波三折托起"已"字部。

（三）巩固

师：本次课我们认识了字底类偏旁部首及其书写技巧，并且示范了一些例字。我们的课堂作业中也训练了这些偏旁部首和例字，哪位同学愿意上讲台展示一下自己写的作业？（学生展示作业）

师：现在我们来玩个游戏——一起来找茬，看看谁能先发现这些作业里书写中存在的不足和优点。（学生答）

教师讲解示范，并带学生回顾本次课内容。

（四）巩固

（1）学生练习，教师巡回指导。

（2）投影展示小组之间作业，学生畅所欲言，指出写得好的部分和存在的问题。

（3）针对易出错的地方讲解，学生记录并进行练习。

（五）总结

师：本次课我们学习了字底的写法，很多同学都掌握了今天所学的内容，而且也能对同学的作业给出正确的点评，希望同学们能在课后温故而知新。

（六）课后作业

（1）复习本次课所学内容。

（2）预习下次课的内容。

第七课 硬笔楷书的偏旁部首（左偏旁）

一、教学目标

（1）学生认识硬笔楷书的偏旁部首。

（2）掌握应变左偏旁的书写技巧。

二、教学重点

了解硬笔楷书的左偏旁。

三、教学难点

掌握硬笔楷书的左偏旁写法，并应用到相应例字中。

四、课前准备

练字本、黑色中性笔。

五、教学过程

（一）导入

师：上次课我们讲了硬笔楷书偏旁部首中的字底类型以及它们的写法，那么这一节课我们继续硬笔楷书的偏旁部首和间架结构的学习。这节课我们重点掌握偏旁中的左偏旁及其例字。在所有偏旁部首中，左偏旁数量最多，用得也最广泛。总体这类偏旁呈由上而下的书写走势，立于字的左侧。汉字的结构总体上有"上紧下松、左收右放"的规律，让我们一起来了解一下。

激发学生们的学习兴趣，活跃课堂气氛。

（二）新授

1. 三点水

三点水的上两点为右侧点，第三点为挑点。第一点和第三点对齐，第二点稍向左凸出，三个点的外端点连线呈向左凸出的弧线。以"江"字为例，第一点的收笔与第二点起笔笔断意连，第三点挑出与右边横画起笔有笔势呼应，三点水之间互相呼应，右边"工"部稍扁。

2. 口字旁

口字旁的左竖与横折的竖呈上开下合的倒梯形状。一般而言，口字旁要写得紧凑一些，靠在字的左上部位。以"呀"字为例，口字旁写得小巧且靠左上。

3. 言字旁

言字旁的上点在横画右边端点的上方且与横画有一定的距离，横画取斜势，横折提的折画要写正，提画出锋与右边部件第一笔的起笔相呼应。以"计"为例，言字旁紧凑一些，提画与右边"十"部的横画起笔有呼应。

4. 竖心旁

竖心旁的书写顺序为先写左点，左点要写直一些，不与竖画粘连；再写竖画，竖画为垂露竖；最后写右点，右点起笔较左点高，与竖画粘连。以"怕"字为例，竖心旁写得瘦长，竖画端正，两点左低右高，右边"白"部紧凑。

5. 提手旁

提手旁的横画写短，取斜势，竖钩与横画交点靠右边。挑画起笔位置左移，穿过竖画，出锋方向与右边部件第一笔起笔有呼应关系。横画收笔与挑画收笔位置平齐。以"打"字为例，提手旁右边平齐，作让左之势，提手旁收，右边"丁"部放。

6. 绞丝旁

绞丝旁的两个撇折与提画均取斜势，第二个撇折较第一个撇折紧凑，提画起收笔不宜超过撇折。整个部件左右平齐，重心平稳。以"细"字为例，左边绞丝旁瘦长，提画与田字第一笔起笔有呼应。

7. 双人旁

双人旁上撇较下撇长，两撇方向与水平线成 50 度左右夹角且和而不同。竖画的长短视右边部件而定，右边部件短则竖画长，右边部件长则竖画短。以"行"字为例，双人旁撇画要基本一致，竖画稍短。

8. 左耳旁

左耳旁的横折折撇可分成两笔书写，也可以一笔写成，贵在自然连贯，但不可草率写成"3"。左耳旁的竖画使用垂露竖。以"阳"字为例，横折折撇连贯书写，宜紧凑些，竖画作挺拔的垂露竖，整个字左放右收。

9. 食字旁

食字旁的撇画写短，横钩起笔位于撇画中点且横画不宜太长，横钩的出锋往左下，出锋要短促有力。竖提起笔偏左，提画出锋可适当长一些，提画的收笔与横钩的右边平齐，作让左之势。以"饭"字为例，食字旁右边平齐让右，整个部件窄长，右边"反"部舒展。

10. 火字旁

火字旁的形状窄长，左点起笔位置稍低，右边撇点起笔稍高，两点顾盼生姿。与独体字的"火"不同的是，撇画稍直，捺画变为点。以"灯"字为例，火字旁瘦长，捺画变为点，右边"丁"部比火字旁低。

11. 金字旁

金字旁的撇稍直，第一横与撇画中点相交，三横距离均匀，中间横画稍短，第三横稍长，竖提位置靠左，提画收笔与横画平齐，整个部件左收右放。以"针"字为例，金字旁的右边平齐让右，竖提的提画与右边"十"部的横画呼应。

12. 反犬旁

反犬旁的首撇写短些，弯钩先弯后直且穿过首撇后变竖钩形状，第二撇的起笔位于弯钩中间位置，两撇方向稍有区别，整个部件要平稳。以"犹"字为例，反犬旁要有姿态又要保持平稳，整个字左紧右松。

13. 衣字旁

衣字旁上点为右侧点，横折撇的横画取写实，折笔处稍顿笔蓄势向左下撇出，撇画不宜太长，也不能写得太弯。竖画起笔与点画对齐，作挺拔的垂露竖。以"衬"字为例，衣字旁的竖画要挺拔，右边的笔画收笔要平齐，作让右之势，右边"寸"部的竖画与衣字旁的竖画有较大空间。

14. 月字旁

月字旁的形状瘦长，上紧下松。竖撇先直后弯，弯度不要太大。横折钩略低于竖撇，框内横画之间的距离均匀，横画粘左不粘右。以"胆"字为例，月字旁瘦长，右边"旦"部要紧凑。

15. 足字旁

足字旁上部的"口"写紧凑，下部"止"的右竖与"口"粘连，最后一笔提画向左伸展。足字旁右边笔画的收笔平齐，作让右之势。以"跟"字为例，足字旁写紧凑些，与右边自然靠拢，整个字左收右放。

16. 弓字旁

弓字旁的每个折画都要交代清楚，各个折画不宜写太斜，竖折折钩的出钩可以适当写长，整个部件上紧下松，保持平稳。以"弹"字为例，左边弓字旁写得窄一些，但要端庄，整个字左收右放。

17. 女字旁

女字旁相对于独体字的"女"，撇点的撇更斜，点画作长点状略带弧度，右撇收笔低于撇点的点画，提画向左伸展但不宜穿过右撇。整个部件依附于右边部件，笔画多取斜势。以"好"字为例，左边女字旁稍窄，笔画婀娜，右边"子"部较低。

18. 子字旁

子字旁的横钩的横画取斜势，出钩宜短；弯钩与横钩的收笔相连，不宜太弯也不可写直，出钩稍长；最后一笔提画向左凸出。整个部件窄长，右边的笔画平齐。以"孔"字为例，子字旁写紧凑些，右边竖弯钩要写宽些，整个字左收右放。

19. 牛字旁

牛字旁形状瘦长，撇画要短而直，横画起笔位于短撇中点，提画向左舒展。牛字旁的右边笔画平齐，作让右之势。以"物"字为例，牛字旁窄长，提画与右边"勿"部的首撇起笔有笔势呼应。

（三）巩固

师：本次课学习了左偏旁的写法及其例字，哪位同学上讲台展示一下自己的课堂作业？（展示作业）

教师点评，并带学生回顾本次课内容。

（四）总结

师：本次课我们学习了硬笔楷书左偏旁的写法，很多同学都掌握了今天所学的内容，而且也能对同学的作业给出正确的点评，希望同学们能在课后温故而知新。

（五）课后作业

（1）复习左偏旁写法。

（2）预习下次课内容。

第八课　硬笔楷书的偏旁部首（右偏旁）

一、教学目标

（1）认识硬笔楷书偏旁部首的右偏旁及其例字。

（2）掌握硬笔楷书右偏旁及其书写技巧。

二、教学重点

认识硬笔楷书偏旁部首的右偏旁及其例字。

三、教学难点

掌握硬笔楷书右偏旁及其书写技巧。

四、课前准备

练字本、黑色中性笔。

五、教学过程

（一）导入

师：上次课我们讲了硬笔楷书偏旁部首中的左偏旁以及它们的写法，我们知道有左就会有右，这次课我们来学习右偏旁。右偏旁是放在字的右边的偏旁部首。

激发学生们的学习兴趣，活跃课堂气氛。

（二）新授

1. 反文旁

反文旁上收下放，上部收缩，左紧右松，左偏笔画收缩。第一撇稍直，横画起笔位置在该撇靠下的位置。下撇不宜太长，弧度稍大一些。捺画向右下方舒展，一波三折，捺画的收笔一般为整个字最低点。以"攻"字为例，左边的"工"部收紧，右边反文旁舒展，下撇与左边有穿插。

2. 立刀旁

立刀旁的书写顺序为先写短竖，后写竖钩。竖钩中段有向内压的小弧度，看上去挺直而不僵直。两个竖画要紧凑些，短竖的位置要靠上。以"剑"字为例，左边部分均匀而紧凑，右边的利刀旁短竖位置靠上，竖钩上下伸展成为整个字的主笔。

3. 右耳旁

右耳旁的横撇弯钩书写有一定的难度，弯钩的弧度要写大一些，出钩宜长挺拔有力。与左耳旁不同的是竖画为悬针竖，也可作垂露竖。以"邮"字为例，左边的"由"部稍高，右耳旁位置偏低，竖画为悬针竖，整个字左高右低。

4. 单耳旁

单耳旁的横折钩的折画向左下倾斜，与竖画呈上开下合之势，钩画向左上出锋短促有力，竖画为挺拔劲健的悬针竖。以"卸"字为例，单耳旁横折钩写紧凑，竖画为悬针竖，整个字左高右低。

5. 三撇旁

三撇旁的第一撇与第二撇较短，最后一撇稍长，三撇的方向基本一致，距离均匀，起笔平齐。整个部件形散而神不散，笔断意连。以"形"字为例，三撇旁的上两撇短，最后一撇写长，整个字左紧右松。

6. 戈字旁

戈字旁的所有笔画均取斜势，要注意把握每个笔画的斜度，斜钩为整个部件最长的笔画，在字中斜钩往往作为主笔存在。以"找"字为例，戈字旁的笔画斜度要把握好，斜钩作为整个字的主笔要挺拔有力。

7. 页字旁

页字旁的上横要写短一些，两个竖画要挺直且平行，竖撇先直后弯曲，竖撇与右点形成平衡的两个支点。以"顶"字为例，页字旁要写得端正，撇画与右点平衡，整个字左紧右松。

8. 欠字旁

欠字旁的首撇和横钩都要写短些，横钩的钩画出锋方向指向整个字的中心位置。竖撇起笔紧靠横钩，捺画起笔位置宜写高些，但若一个字有多个捺画时作反捺。以"吹"字为例，左边"口"部小而紧凑，位置靠上，欠字旁的下撇穿插到"口"部下方，捺画向右下舒展，一波三折。

9. 斤字旁

斤字旁的首撇为平撇，要写短；竖撇起笔与首撇收笔粘连；横画写短，位置靠上；竖画作悬针竖，挺拔有力。以"听"字为例，左边"口"部写得小而紧凑，斤字旁的上部收紧下部舒展，第二撇与"口"部有穿插，竖画作悬针竖向下舒展。

10. 鸟字旁

鸟字旁上撇写短与横折钩粘连，竖折折钩的横画较横折钩的横画长，竖折折钩的折画斜度较横折钩的斜度大一些，点画写中间位置。最后一笔横画向左伸展，与左边部件有穿插。以"鸣"字为例，竖折折钩出钩稍长，横画与左边"口"部穿插，整个字左收右放。

11. 佳字旁

佳字旁的横画较多，要保持协调，又要稍作区别，一般而言，上三横稍短一些，最后一横稍长一些。左边的竖画作挺拔的垂露竖，宜写长，往往作为整个字的主笔存在。以"维"字为例，佳字旁的竖画写长作为整个字的主笔，前三横稍短，最后一横稍长，整个字左右部分既避让又穿插，左右部件紧凑而又互不侵犯。

（三）巩固

师：本次课学习了右偏旁的写法及其例字，哪位同学上讲台展示一下自己的课堂作业？（学生展示作业）

教师点评，并带学生回顾本次课内容。

（四）总结

师：本次课我们学习了硬笔楷书右偏旁的写法，很多同学都掌握了今天所学的内容，而且也能对同学的作业给出正确的点评，希望同学们能在课后温故而知新。

（五）课后作业

（1）复习右偏旁写法。

（2）预习下次课内容。

第九课　硬笔楷书的偏旁部首（合体字）

一、教学目标

（1）了解汉字结构的合体字类型，并能举出例字。

（2）掌握硬笔楷书合体字类型结构规律，应用到日常书写中。

二、教学重点

了解汉字结构的合体字类型，并能举出例字。

三、教学难点

掌握硬笔楷书合体字类型结构规律，应用到日常书写中。

四、课前准备

黑色中性笔、练字本。

五、教学过程

（一）导入

师：硬笔楷书的字形好不好，主要指的是结构是否合理。结构对于整个字来说很重要。汉字的结构类型有哪些呢？汉字的结构分为独体字和合体字。我们本次课要学习的内容是合体字。合体字由两个或多个独体字组成。按照各个部分搭配组合的不同，可分为左右结构、上下结构、左中右结构、上中下结构、包围结构等类型。它们有哪些规律呢？我们一起来学习吧！

激发学生们的学习兴趣，活跃课堂气氛。

（二）新授

1. 左右结构

左右结构的字由左右两个部件构成，具体来说包括三种类型：

其一，左右均衡，即左右两边各占一半的分量。以"林"字为例，左右两个"木"部分量差不多，保持平衡。

其二，左窄右宽，即左右两边分量为1∶3。以"们"字为例，左边单人旁约占四分之一分量，右边"门"部约占四分之三分量。

其三，左宽右窄，左右分量为3∶1。以"刚"字为例，左边"冈"部分量占四分之三，右边立刀旁占四分之一分量。

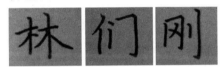

2. 左中右结构

左中右结构由三部分组成，同时又可分为两种形式。

其一，左中右均衡，即左中右三个部分占比为1∶1∶1，各个部件分量差不多。这类字的中间部件要写挺拔，左右两个部件向中间聚拢，三个部分紧凑而稍有变化。以"脚"字为例，中间"去"部端庄，左边"月"部有姿态变化，右边单耳刀位置稍低，三个部件高低错落。

其二，左中右不等，即左中右三个部件占比不均匀，各个部件占比约为1∶2∶2。一般来说，左边占比最小，约为五分之一，写得上下舒张，但要与中间、右边部件保持协调。以"傲"字为例，左边单人旁窄长，反文旁的捺画要舒展大方。

其三，右宽，左、中窄，即字的中间和左边写窄，右边最宽，中间和左边加起来约占整个字的二分之一，左边与中间部件写紧凑，右边部件写舒展些。以"咐"字为例，左边"口"部与中间单人旁写得窄而紧凑，右边"寸"部写宽而长。

其四，中窄，左、右宽，即字的中间部件稍窄，各部件比例为2∶1∶2，左右两边部件分量较中间宽一些，各部件要尽量写紧凑些。以"辩"字为例，中间部件写窄一些，三个部件尽量紧凑而又互不侵犯。

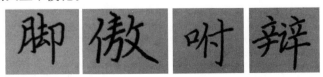

3. 上下结构

上下结构由两部分上下排列组成，同时又可分为三种形式。

其一，上下相等，即上下两个部分的占比为 1∶1，两个部分分量相当。以"男"字为例，上部"田"与下部"力"的分量相当，各占二分之一。

其二，上小下大，即上部件小，下部件大，上下占比为 1∶2。以"笔"字为例，竹字头占字的三分之一，下半部分"毛"占三分之二。

其三，上大下小，即上部宽大，底部稍小，两个部分比例为 2∶1。以"然"字为例，上半部分大，约占整个字的三分之二，底部四点底约占三分之一。

4. 上中下结构

上中下结构由三部分组成，同时又可分为两种形式。

其一，上中下相等，即上中下三个部分高度相当，比例约为 1∶1∶1。应注意的是，中间部分的宽度比上下两个部分窄一些。以"意"字为例，上部的"立"与中部的"日"，以及底部的"心"高度差不多，中间的"日"略窄。

其二，上小，中、下大，即字的上部小而扁，中部和下部稍大，整个字要保持平衡。以"蓝"字为例，草字头写小且扁，中部和底部稍大一些，若在字的中间作对称轴，左右两部分应趋于对称。

其三，中小，上、下大，即字的中间部件偏小，上下部件稍大，上中下三个部件要写得紧凑些。以"赏"字为例，中间"口"部写得窄一些，上下稍宽一些，各个部件之间自然紧凑。

其四，上、下小，中间大，即字的上下部件扁一些，中间宽大一些。应注意的是上部件可以覆盖中间和下部件，下部件以能托起中间和上部件为宜。以"蕉"字为例，草字头和四点底写扁些。

5. 半包围结构

其一，左上包围右下，即左边和上边有框，上边框宜窄，左边框宜舒展些。被包围的部分稍超出上边框往右外移一些，该部件重心右移，不被边框完全覆盖，但要注意保持整个字的重心平稳。以"庆"字为例，广字头的横画稍短，撇画舒展，"大"部右移，但整个字要平衡。

其二，左下包围右上，即字的左边和下边有边框，被包围部分应稍微右移，但又要与边框保持匀称和紧凑。以"连"字为例，"车"部重心右移与走之底保持一定的距离，但整个字又要显得紧凑。

其三，右上包围左下，即字的上边与右边有框围起来。应注意的是外框要保持端庄，被包围部件重心左移，给框内留出一定空白。以"勺"字为例，撇画要短，横折钩要端庄，点画左外移。

其四，三面包围结构。三面包围结构又可分为左包围右，上包围下，下包围上三种类型。左包围右，即字的上、下与左面有框包围，其书写顺序为先写上横，再写框内部件，最后写竖折。以"匪"字为例，先写上横，再写"非"部，最后写竖折。上包围下，即字的上边和左右都有边框包围，应注意的是这类字的书写顺序遵循先写外框，再写框内部件。以"闪"字为例，先写"门"部，再写框内"人"部。下包围上，即字的左右面和下面有边框包围，书写顺序应遵循先写框内部件再写外框。以"函"字为例，先写框内部件，再写竖折，最后写右竖，竖折的竖画与右竖呈上开下合之势。

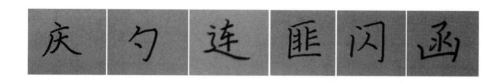

6. 全包围结构

全包围结构分为大方框和小方框。大方框，即字的包围框较大，应注意字框不宜写得太大，偏长形为主。以"国"字为例，外框端正，框内"玉"部小而紧凑些。小方框，即字框较小或较窄的字，要注意的是外框和框内部件要和谐。以"回"字为例，外框趋扁，框内"口"部紧凑些，但要和外框保持协调。

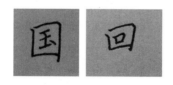

（三）巩固

师：本次课学习了合体字结构及其例字，哪位同学上讲台展示一下自己的课堂作业？

（学生展示作业）

教师点评，并带学生回顾本次课内容。

（四）总结

师：本次课我们学习了硬笔楷书合体字结构，很多同学都掌握了今天所学的内容，而且也能对同学的作业给出正确的点评，希望同学们能在课后温故而知新。

（五）课后作业

（1）复习本次课内容。

（2）预习下次课内容。

第十课　硬笔楷书的字框类与独体字结构

一、教学目标

（1）了解硬笔楷书的字框类与独体字结构，并能举出例字。

（2）掌握硬笔楷书的字框类与独体字结构规律，应用到日常书写中。

二、教学重点

了解硬笔楷书的字框类与独体字结构，并能举出例字。

三、教学难点

掌握硬笔楷书的字框类与独体字结构规律，应用到日常书写中。

四、课前准备

黑色中性笔、练字本。

五、教学过程

（一）导入

师：上次课我们学习了合体字结构。我们本次课将要学习字框类和独体字结构。它们有哪些规律呢？我们一起来学习！

激发学生们的学习兴趣，活跃课堂气氛。

（二）新授

1. 字框类

（1）包字框。

1）首笔短撇写完之后，在其中部写横折钩，横画部分不宜过长。

2）竖钩上段较直，下段略向内弯，钩锋指向字心。

3）教师讲解并示范包字框的书写，学生在教师的指导下学习"勾"字。

（2）区字框。

1）上笔短横压首，稍离写竖折。

2）竖折其下部要长于上面的短横，以保持框架的稳定。

3）教师讲解并示范区字框的书写，学生在教师的指导下学习"巨"字。

（3）山字框。

1）这个字框属于上开下合型。

2）左右两侧竖画较短，不宜写长。右短竖向下稍出头，竖折的横画部分不要写得过于平直，可略向上弧一些，以消除直板之感。

3）教师讲解并示范山字框的书写，学生在教师的指导下学习"凶"字。

（4）风字框。

1）左为竖撇，在撇的右方取仰势写抛钩，并尽量向右下方弧形伸展，低于左撇，背抛钩的分量也要大于左撇。

2）写好背抛钩对整个字框都很关键，不能写得过直或过弯，其字框的大小要根据框内部分的大小、笔画的多少来确定。

3）教师讲解并示范风字框的书写，学生在教师的指导下学习"凤"字。

（5）同字框。

1）起笔先写垂露竖，再写横折钩。横画部分不能过长，竖钩要挺直。

2）中部也可向内略收，其落钩处要低于左竖，不能等长，钩锋要朝向字心。

3）教师讲解并示范同字框的书写，学生在教师的指导下学习"冈"字。

（6）月字框。

1）其形体较窄长，左为竖撇，紧接其右写横折钩，竖画中部可略向内收腰。

2）钩的落脚点要低于竖撇，注意字框不要写得过宽。

3）教师讲解并示范月字框的书写，学生在教师的指导下学习"丹"字。

（7）大口框。

1）这是唯一一个全封闭形的字框，其类型也有很多种，但是值得注意的是，这类型字框虽为全封闭性，但要写得封而不死。

2）内外相应，同时还要注意字框的牢固和平稳。

3）教师讲解并示范大口框的书写，学生在教师的指导下学习"图"字。

2. 独体字

（1）方正结构。

1）整体形态近似正方形，这类字要注意形态的方正状态，不能写成长方形。

2）不同的人处理相同的字时也会有区别。

3）教师讲解并示范方正结构的书写，学生在教师的指导下学习"白"字。

（2）扁阔结构。

1）整体形态近似扁方形，这类字要写得扁高一些，不能写成正方形。

2）这类文字不多，书写时要根据具体的字来确定扁的程度。

3）教师讲解并示范扁阔结构的书写，学生在教师的指导下学习"四"字。

（3）长形结构。

1）整体近似长方形，这类字要写得窄一些，呈瘦长状，不能写成方形。

2）但也并不能写得太瘦，要劲挺、修长。

3）教师讲解并示范长形结构的书写，学生在教师的指导下学习"日"字。

（4）斜形结构。

1）整体形状近似斜方形，这类字要向右倾斜一些。

2）写好主笔是关键，通过笔画来调节文字的重心。

3）教师讲解并示范斜形结构的书写，学生在教师的指导下学习"夕"字。

（5）圆形结构。

1）整个形状近似圆形。

2）这类字的中间横较长，四面形成圆状。

3）教师讲解并示范圆形结构的书写，学生在教师的指导下学习"专"字。

（6）梯形结构。

1）整体形状近似梯形，这类字要注意上窄下宽。

2）底部为较长的横画。

3）教师讲解并示范梯形结构的书写，学生在教师的指导下学习"至"字。

（7）三角形结构。

1）整体近似三角形。

2）这类字中间高，两边低，底座宜宽。

3）教师讲解并示范三角形结构的书写，学生在教师的指导下学习"山"字。

（8）漏斗形结构。

1）整体形状上大下小，中部或下部都有一悬针竖。

2）写时必须把这一竖和其他笔画配合好。

3）教师讲解并示范漏斗形结构的书写，学生在教师的指导下学习"甲"字。

（9）菱形结构。

1）整体近似菱形。

2）这类字要注意上下左右笔画要伸展，不能写成正方形。

3）教师讲解并示范菱形结构的书写，学生在教师的指导下学习"半"字。

（三）巩固

师：本次课学习了字框类与独体字结构及其例字，哪位同学上讲台展示一下自己的课堂作业？（学生展示作业）

教师点评，并带学生回顾本次课内容。

（四）总结

师：本次课我们学习了硬笔楷书字框类与独体字结构，很多同学都掌握了今天所学的内容，而且也能对同学的作业给出正确的点评，希望同学们能在课后温故而知新。

（五）课后作业

（1）复习本次课内容。

（2）预习下次课内容。

第十一课　文字书写的整体章法布局及印章

一、教学目标

了解文字书写的整体章法布局及印章，加深学生对中国书法文化的了解，为以后的文化学习打好基础。

二、教学重点

了解硬笔楷书书写的格式、样式、题款。

三、教学难点

硬笔楷书章法的内在规律。

四、课前准备

黑色中性笔、练字本。

五、教学过程

（一）导入

师：我们上一章学习了书法的书体，上一章的内容也是比较侧重于让同学们了解并掌握一定的理论知识。而本章是我们学期最后一节课，这节课的内容是让同学们了解文字书写的整体章法布局及印章，让我们一起学习！

（二）新授

1. 纵式

传统的书写格式，自上而下，从右到左分行布白，多应用于繁体字的书法作品。

2. 横式

横写格式是运用最普遍的硬笔书法章法形式，通常记笔记、起草文稿、写信、做作业，都是用横写格式。因为横写格式来源于现代印刷形式，所以章法的安排要注意参照现代印刷格式来写，横写格式总的要求是：

（1）字序由左到右，行序由上到下。

（2）每一段的首行都要空两字，以表段落分明。

（3）句间要用标点符号断开，以便于识读。

（4）标点符号宜小，要写在字的右下方，不能写在一行之首。

（5）字距小，行距大，行间要清楚。

（6）行首、行尾都要平齐，切忌前冲后缩。

（7）使用简化字避免使用繁体字，力求书写规范化。

（8）每行字的重心都要始终贯穿在字行的中心线上。

（9）一篇字的字体要前后统一，不要开头工整，后面潦草。

3. 款式

（1）条幅。

条幅也叫"直幅"，装裱后称为"立轴"，是指直挂的长条形作品。可书写单行大字或数行小字。尺寸一般为一整张宣纸对裁。安排章法时，应能根据书体的特点，精心构思，立意要新。在创作时，要注意正文与落款的主次关系。落款要错落有致、自然生动。落款可写在末行正文的下方，布局时应留出余地。落款的底端一般不与正文平齐，以避免形式的死板。也可在正文后面另占一行或两行，上下均不宜与正文平齐。印章要小于款字，盖印一般需离开一字以上位置，也可盖在款字左侧。

（2）横幅。

横幅也叫"横批"，一般为悬挂形式，可书写单行大字或数行小字。

（3）对联。

对联又称"楹联""对子"或"联语"，是指书写在纸、布或刻在竹木、金属材料上的对偶语句，应用广泛，艺术性强。对联分为上下联，用两张相同的长条纸，左右对称。明清绘画有"画对"，是两幅大小相等的屏条，成对悬挂。也有厅堂正中挂中堂立轴画，两边分挂"字对"，或中间悬挂中堂立轴书法，两侧悬挂"画对"。

（4）中堂。

中堂是竖行书写的长方形的作品。尺寸一般为一整张宣纸（分四尺、五尺、六尺、八尺等，其中小中堂为 68cm×45cm）。因为尺幅比较大，所以需要创作者具有精熟的技法和整体把握作品布局的能力。在创作时，要注意正文与落款的主次关系，要使它们之间主次有别，相应生辉。

（5）屏条。

屏条是指成组的条幅，也可称为"条屏"，通常是四幅为一组，构成了四条屏。此外，还有六条屏、八条屏乃至更多条屏的书写形式与条幅类似，可以每幅自成格局，又可连成一组。

（6）斗方。

斗方呈正方形，通常用四尺宣纸对裁两份，二尺高二尺宽，也可把四尺宣纸裁成八份，称为"小品斗方"或"斗方小品"。

（7）镜心。

镜心是指把斗方加工成圆形。书写时，依圆形和团式布局。

（8）扇面。

扇面这里专指折扇扇面，它是一种特殊的形式，扇面上宽下窄的形状，使得折纹与折纹之间也是上宽下窄。

4. 题款

（1）内容。

注明正文的出处，及诗文的作者和诗文的名称；受书者的名称＋称呼＋谦辞；书写时间，可用公历或农历，但不能混用；书写者姓名、字号等，书写者对正文发表的感慨或议论；等等。

（2）种类。

单款：以正文出处、书写者姓名、书写时间、地点为主要内容。写在正文左侧，也称为"下款"。

双款：有上下款之分。上款在正文右侧上文，下款则为单款。

穷款：只题书写者的姓名。

（3）时间。

落款的时间可以写为公历或农历。公历是用数字纪年法，在落款的时候，应注意公历与农历的时间不能混用。落款的时间也有一些特殊的称法。

（4）地点。

落款的地点可以直接书写在所在地名称，也可题写居室的雅称斋号。落款的地点不宜写俗称或过于具体。

（5）署名。

在作品上题写书者的姓名、字号或笔名。

（6）称呼。

写给单位的作品，直接将受书单位写于上款位置；写给长辈的书作，通常在名字后面用老师、先生、贤长等称呼；写给同辈的书作，一般在姓名后接同志、道友、仁兄等称呼；写给晚辈的书作，可直接在名字后接学生、同学、弟子等称呼。

（7）谦辞。

谦辞所书写的内容是伟人、领袖、名家的诗词或名作，则落款中题目或作者姓名后书写敬录、敬书、谨录一类的谦辞。

（8）字体。

从汉字的演变顺序来看，落款字体的年代应在正文字体之后，或同一年代落款字体要与正文相异，用动势较大的字来落款，一般小于正文，要层次分明，不要喧宾夺主。

（9）顺序。

上款：谦辞 + 姓名 + 称呼、姓名 + 称呼 + 谦辞、名称 + 谦辞。

下款：时间 + 地点 + 正文的作者、正文的作者题目 + 时间 + 地点 + 姓名（字号）+ 谦辞、时间 + 正文的作者题目 + 时间 + 地点 +（字号）。

（10）文字。

落款的文字应讲究文学性和艺术性，力求雅俗共赏，不落俗套。切忌矫揉造作，信笔拈来，随便组句，文字不通。

（三）巩固

师：本次课学习了硬笔楷书的整体章法的写法及其例字，哪位同学上讲台展示一下自己的课堂作业？（学生展示作业）

教师点评，并带学生回顾本次课内容。

（四）总结

师：本次课我们学习了硬笔楷书的整体章法，很多同学都掌握了今天所学的内容，而且也能对同学的作业给出正确的点评，希望同学们能在课后温故而知新。

（五）课后作业

（1）复习本次课内容。

（2）预习下次课内容。

第六节　硬笔隶书教案

第一课　点画

一、教学目标

（1）认识硬笔隶书的点画。

（2）掌握点画的不同写法，会比较各点画的起笔、收笔和方向。

二、教学重点

认识硬笔隶书的点画。

三、教学难点

掌握点画的不同写法，会比较各点画的起笔、收笔和方向。

四、课前准备

笔、练字本。

五、教学过程

（一）导入

师：课前老师让同学们收集了有关硬笔隶书的资料，有哪位同学可以和大家分享一下他收集到的资料呢？（学生答）

师：硬笔隶书有什么特点，它和毛笔隶书有什么不同？我们一起来了解硬笔隶书。

检查书法工具、坐姿和握笔方式。通过图片呈现隶书笔画的"点画"例字。

（二）新授

1. 右侧点

（1）逆锋着纸入笔。

（2）由轻到重向右下行笔。

（3）至笔画末端稍顿笔，往左上回锋收笔。

（4）在教师的指导下练习圆点的写法，将笔画运用到"言、高、主、充、火、准"等字。

2. 挑点

(1) 向左上逆锋着纸入笔。

(2) 由轻到重，向右上渐行渐提笔。

(3) 点的出锋方向与下一笔有呼应。

(4) 教师示范挑点的书写，学生练习"灾、立、然、冰、勺、通"等字。

3. 撇点

(1) 向右下顿笔起笔。

(2) 转笔向左下运笔。

(3) 渐行渐提笔，带出出锋。

(4) 教师示范撇点的书写，学生练习"父、少、平、小、杰、弟"等字。

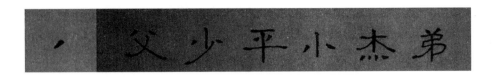

4. 右尖点

(1) 向左下轻顿起笔，转笔向右下运笔。渐行渐提笔，带出出锋。

(2) 教师示范右尖点书写方式，学生练习"小、京、或、成、犬、烈"等字。教师巡回指导并纠正学生书写过程中出现的问题。

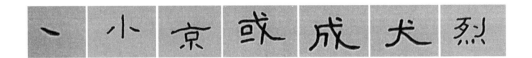

5. 小结

师：与硬笔楷书相比，硬笔隶书笔画的变化形式更加丰富。

（三）评比

师：接下来我们玩个游戏——我是小评委：以小组的形式，各小组选出组内认为写得最好的字，呈现给我们班的同学（小评委），小评委以投票的形式选出自己满意的字，并说出写得好的部分。

活动完毕。

教师点评，并带学生回顾本次课内容。

（四）总结

1. 讲解隶书艺术特点

（1）结构宽扁，横向趋势，左右舒展，静中有动，奇正相生。少数隶书单字也出现长方形，应具体情况具体分析，不能千篇一律地把隶书写扁。

（2）"蚕头燕尾"是隶书横画和捺画的一大特征。一般来说，隶书笔画要藏锋逆势入笔，起笔如"蚕头"，收笔如"燕尾"。值得注意的是，隶书的一个字里只有一个捺画，要做到"燕不双飞"。

（3）横画多取平势，干脆利落。相对于篆书而言，隶书弧画较少，直画较多，折画通常另起笔而下。

（4）笔画各具姿态，章法匀称。隶书的笔画和章法分布匀称，姿态各异又自然和谐。

2. 小结

师：本次课我们学习了硬笔隶书点画的书写，大部分同学都掌握了今天所学的内容，希望同学们能在课后温故而知新。

（五）课后作业

（1）复习本次课内容。

（2）预习下次课内容。

第二课　横画、竖画

一、教学目标

（1）了解隶书横画、竖画类型与写法。

（2）通过观察、分析和练习等方式，能将横画和竖画运用到常见字中。

二、教学重点

了解隶书横画、竖画类型与写法。

三、教学难点

通过观察、分析和练习等方式，能将横画和竖画运用到常见字中。

四、课前准备

笔、练字本。

五、教学过程

（一）导入

师：同学们，我们上次课学习了硬笔隶书点画的写法，请大家在练字本上书写以下四个带有点画的硬笔隶书。（学生练习，教师巡回指导，并带学生复习上次课内容）

师：同学们认真地完成了复习任务，接下来我们就进行本次课程的学习。

检查书法用具、坐姿和执笔姿势。通过图片展示的直观形式呈现几种横画与竖画例字。

（二）新授

1. 横画

（1）平横。

1）向左藏锋逆势入笔形成"蚕头"。

2）转笔向右匀速行笔，行笔路线平而直。

3）行至笔画末端轻顿笔，可方可圆，回锋收笔。

4）教师示范平横的书写，学生练习，完毕后学习"一、二、土"等字。

（2）波横。

1）向左藏锋逆势入笔形成"蚕头"。

2）转笔向右匀速行笔，横画中段略有向上拱起的弧度。

3）行至笔画四分之三处渐渐按笔，以"燕尾"捺出笔锋。

4）教师示范波横的书写，学生练习"十、半"等字。

（3）学生练习平横和波横的写法，教师巡回指导并纠正学生书写过程中出现的问题。

（4）书写例字"二、十"，并提问：这两个字横画有何特点？（学生答）

2. 竖画

（1）悬针竖。

1）向上藏锋逆势入笔形成"蚕头"。

2）转笔向下匀速行笔。

3）至末端稍驻笔蓄力向下带出笔锋，如悬着的针。

4）教师示范悬针竖的书写，学生在教师的指导下学习悬针竖的写法，将笔画运用到"中、申"两字。

（2）垂露竖。

1）向上藏锋逆势入笔形成"蚕头"。

2）后转笔向下匀速行笔。

3）至末端顿笔回锋。

4）教师示范垂露竖的书写，学生练习"米、木"等字。

（三）评比

师：接下来我们玩个游戏——我是小评委：以小组的形式，各小组选出组内写得最好的字，呈现给我们班的同学（小评委），小评委以投票的形式选出自己满意的字，并说出写得好的部分。

活动完毕。

教师点评，并带学生回顾本次课内容。

（四）总结

师：本次课我们学习了硬笔隶书横画与竖画的书写，大部分同学都掌握了今天所学的内容，希望同学们能在课后温故而知新。

（五）课后作业

（1）复习本次课内容。

（2）预习下次课内容。

第三课　撇画、捺画

一、教学目标

（1）掌握硬笔隶书撇画和捺画笔画的书写方法。

（2）能将撇画和捺画变化形式呈现在一些较为简单的字中。

二、教学重点

掌握硬笔隶书撇画和捺画笔画的书写方法。

三、教学难点

能将撇画和捺画变化形式呈现在字中。

四、课前准备

笔、练字本。

五、教学过程

（一）导入

师：同学们，我们上次课学习了硬笔隶书横画和竖画的写法，请大家在练字本上书写

上次课的例字。（学生练习，教师巡回指导，并带学生复习上次课内容）

师：同学们认真地完成了复习任务，接下来我们进行本次课程的学习。

检查书法用具、坐姿和执笔姿势。通过图片展示的直观形式呈现"圆尾撇""尖尾撇""方尾撇"的例字。

（二）新授

1. 撇画

（1）圆尾撇。

1）向右上藏锋逆势入笔形成"蚕头"。

2）转笔向左下匀速行笔，稍有弧度。

3）行至笔画末端轻顿笔，呈圆形，回锋收笔。

4）教师示范并讲解"圆尾撇"的写法，学生练习"文、人"等字，教师指导并纠正学生书写过程中的问题。

（2）尖尾撇。

1）向右上藏锋逆势入笔形成"蚕头"。

2）转笔向左下匀速行笔，稍有弧度。

3）行至笔画末端顺势撇出笔锋，笔画停止后笔尖在空中滑翔并渐渐停止。

4）教师示范并讲解"尖尾撇"的写法，学生练习"力、功"等字，教师指导并纠正学生书写过程中的问题。

  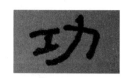

（3）方尾撇。

1）向右上藏锋逆势入笔形成"蚕头"。

2）转笔向左下匀速行笔，稍有弧度。

3）行至笔画末端轻顿笔，呈方形，回锋收笔。

4）教师示范并讲解"方尾撇"的写法，学生练习，完毕后开始学习"历、在"等字，教师指导并纠正学生书写过程中的问题。

2. 捺画

（1）平捺。

1）向左上藏锋逆势入笔形成"蚕头"。

2）转笔向右下匀速行笔，行笔路线稍直，渐行渐按笔由细到粗。

3）行至笔画末端重按笔，以"燕尾"捺出笔锋。

4）捺画与水平线夹角稍平一些。

5）教师示范并讲解"平捺"的写法，学生练习"延、之"等字，教师指导并纠正学生书写过程中的问题。

（2）斜捺。

1）向左上藏锋逆势入笔形成"蚕头"。

2）转笔向右下匀速行笔，行笔路线稍直，渐行渐按笔由细到粗。

3）行至笔画末端重按笔，以"燕尾"捺出笔锋。

4）捺画与水平线夹角较斜。

5）教师示范并讲解"斜捺"的写法，学生练习"水、尺"等字，教师指导并纠正学生书写过程中的问题。

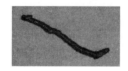  

（三）评比

师：接下来我们玩个游戏——我是小评委：以小组的形式，各小组选出组内认为写得最好的字，呈现给我们班的同学（小评委），小评委以投票的形式选出自己满意的一张，并说出写得好的部分。

活动完毕。

教师点评，并带学生回顾本次课内容。

（四）总结

师：本次课我们学习了硬笔隶书撇画与捺画的书写，大部分同学都掌握了今天所学的内容。希望同学们在课后温故而知新。

（五）课后作业

（1）复习本次课内容。

（2）预习下次课内容。

第四课　横折、竖折、转笔、挑

一、教学目标

（1）了解硬笔隶书的横折、竖折、转笔、挑的写法。

（2）能将横折、竖折、转笔、挑的技法应用于常见字的书写。

二、教学重点

了解硬笔隶书的横折、竖折、转笔、挑的写法。

三、教学难点

能将横折、竖折、转笔、挑的技法应用于常见字的书写。

四、课前准备

笔、练字本。

五、教学过程

（一）导入

师：同学们，我们上次课学习了硬笔隶书点画的写法，请大家在练字本上书写以下五个带有撇画和捺画的硬笔隶书。（学生练习，教师巡回指导，并带学生复习上次课内容）

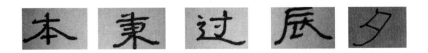

师：同学们认真地完成了复习任务，接下来我们就进行本次课程的学习。

检查书法用具、坐姿和执笔姿势。通过图片展示的直观形式呈现横折、竖折、转笔、挑画的例字。

（二）新授

1. 横折

（1）先写横画，横画取平势。

（2）折笔处驻笔向下写竖画，或另起一笔写竖画与横画粘连。

（3）教师示范并讲解"横折"的写法，学生练习"月、周"等字，学生练习例字，教师指导并纠正学生书写过程中的错误。

2. 竖折

（1）先写竖，再写折。

（2）折笔处稍驻笔，向右折笔，折画取平势，写得稍长一些。

（3）教师示范并讲解"竖折"的写法，学生练习"凶、山"等字，教师指导并纠正学生书写过程中的错误。

3. 转笔

（1）连接不同的笔画，书写自然，要连贯。

（2）行笔路线呈弧形，转笔处笔杆稍斜以方便转笔。

（3）教师示范并讲解"转笔"的写法，学生练习"七、女"等字，教师指导并纠正学生书写过程中的问题。

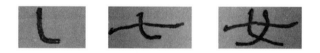

4. 挑

（1）向左下藏锋逆势起笔。

（2）轻顿笔后向右上匀速运笔。

（3）至笔画末端顺势带出笔锋，呈现由粗到细的变化。

（4）教师示范并讲解"挑"的写法，学生练习"刁、孔"等字，教师指导并纠正学生书写过程中的问题。

（三）评比

师：接下来我们玩个游戏——我是小评委：以小组的形式，各小组选出组内写得最好的字，呈现给我们班的同学（小评委），小评委以投票的形式选出自己满意的一张，并说出写得好的地方。

活动完毕。

教师点评，并带学生回顾本次课内容。

（四）总结

师：本次课我们学习了硬笔隶书横折、竖折、转笔、挑画的书写，大部分同学都掌握了今天所学的内容。希望同学们能在课后温故而知新。

（五）课后作业

（1）复习本次课内容。

（2）预习下次课内容。

第五课　钩的写法

一、教学目标

（1）了解硬笔隶书钩画（横钩、横折钩、竖长钩、竖短钩、斜钩、卧钩）的写法。

（2）通过观察和讨论等形式，掌握钩画写法并应用于常见字。

二、教学重点

了解硬笔隶书钩画（横钩、横折钩、竖长钩、竖短钩、斜钩、卧钩）的写法。

三、教学难点

通过观察和讨论等形式，掌握钩画写法并应用于常见字。

四、课前准备

笔、练字本。

五、教学过程

（一）导入

师：同学们，我们上次课学习了硬笔隶书横折、竖折、转笔、挑画的写法，请大家在练字本上书写上次课的例字。（学生练习，教师巡回指导，并带学生复习上次课内容）

师：同学们认真地完成了复习任务，接下来我们就进行本次课程的学习。

检查书法用具、坐姿和执笔姿势。通过图片展示的直观形式呈现钩画（横钩、横折钩、竖长钩、竖短钩、斜钩、卧钩）的例字。

（二）新授

1. 横钩

（1）写横画，横画要写平一些。

（2）横画末端稍驻笔再向左下或向下折笔完成横钩。

（3）在教师的指导下练习横钩的写法，将笔画运用到"宜、宝"等字。

2. 横折钩

（1）写平横，至横画末端驻笔再折笔而下，或另起一笔写折画。横画长则折画稍向右倾斜，横画短则折画挺直。

（2）横折钩的钩画省略，左弧形画向左撇出。

（3）学生在教师的指导下练习横折钩的写法，将笔画运用到"司、匀"字。

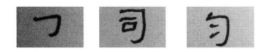

3. 竖长钩

（1）先写竖画，竖画先直后弯曲。

（2）在竖画起笔后大弧度左下拐笔，圆转流畅，呈弧状。

（3）收笔微微向上翘，回锋收笔。

（4）学生在教师的指导下练习竖长钩的写法，将笔画运用到"子、弓"字。

4. 竖短钩

（1）先写竖画，竖画先直后弯曲。竖画末端向左拐，渐提笔出锋或回锋收笔均可。

（2）学生在教师的指导下练习竖短钩的写法，将笔画运用到"则、烈"字。

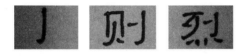

5. 斜钩

（1）写法与斜捺相似。向左上藏锋逆势入笔形成"蚕头"。转笔向右下匀速行笔，行笔路线稍直，渐行渐按笔由细到粗。

（2）行至笔画末端重按笔，以"燕尾"捺出笔锋。

（3）学生在教师的指导下练习斜钩的写法，将笔画运用到"弋、戈"字。

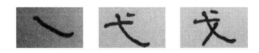

6. 卧钩

（1）写法和平捺相似，不同的是卧钩的"燕尾"微微向上翘，与下一笔有笔势呼应。

（2）学生在教师的指导下练习卧钩的写法，将笔画运用到"心、思"字。

（三）评比

师：接下来我们玩个游戏——我是小评委：以小组的形式，各小组选出组内写得最好

的字，呈现给我们班的同学（小评委），小评委以投票的形式选出自己满意的字，并说出写得好的部分。

活动完毕。

教师点评，并带学生回顾本次课内容。

（四）总结

师：本次课我们学习了硬笔隶书钩画的书写，大部分同学都掌握了今天所学的内容。希望同学们能在课后温故而知新。

（五）课后作业

（1）复习本次课内容。

（2）预习下次课内容。

第六课　偏旁部首（一）

一、教学目标

（1）认识硬笔隶书"两点水、秃宝盖、十字部、言字旁、立刀旁、八字旁、人字头、厂字旁、力字旁、又字旁、单人旁、单耳刀"。

（2）通过观察、分析和练习掌握各个部首的写法技巧，并将所学的部首应用于常见字。

二、教学重点

认识硬笔隶书"两点水、秃宝盖、十字部、言字旁、立刀旁、八字旁、人字头、厂字旁、力字旁、又字旁、单人旁、单耳刀"。

三、教学难点

通过观察、分析和练习掌握各个部首的写法技巧，并将所学的部首应用于常见字。

四、课前准备

笔、练字本。

五、教学过程

（一）导入

师：同学们，我们上次课学习了硬笔隶书钩画的写法，请大家在练字本上书写上次课的例字。（学生练习，教师巡回指导，并带学生复习上次课的内容）

师：同学们认真地完成了复习任务，接下来我们就进行本次课程的学习。

检查书法用具、坐姿和执笔姿势。通过图片展示的直观形式呈现"两点水、秃宝盖、十字部、言字旁、立刀旁、八字旁、人字头、厂字旁、力字旁、又字旁、单人旁、单耳刀"的例字。

（二）新授

1. 两点水

（1）两点之间要写紧凑，顾盼生姿，两点水在字中的位置靠上。

（2）教师讲解并示范两点水的书写，学生在教师的指导下学习两点水的写法，将笔画运用到"次"字。

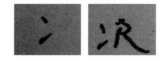

2. 秃宝盖

（1）左点作短竖。横画取平势，末端稍驻笔折笔而下或另起笔写钩画。

（2）教师讲解并示范秃宝盖的书写，学生在教师的指导下学习秃宝盖的写法，将笔画运用到"冤"字。

3. 十字部

（1）作为左部件时，横画短且直，没有"燕尾"，竖画长且挺拔劲健。作为下部件时竖画稍短，横画写长，且有"蚕头燕尾"。

（2）教师讲解并示范十字部的书写，学生在教师的指导下学习十字部的写法，将笔画运用到"十"字。

4. 言字旁

（1）体字的点作右侧点，横画与折画成 50 度左右夹角，钩画与右部件有呼应。从日常书写的需要出发，建议写简体字。

（2）教师讲解并示范言字旁的书写，学生在教师的指导下学习言字旁的写法，将笔画运用到"诉"字。

5. 立刀旁

（1）一般作为字的右部件出现，左右部件比例约为 2 : 1。竖钩的竖画挺拔，钩画作弧形画，不出钩。

（2）教师讲解并示范立刀旁的书写方式，学生在教师的指导下学习立刀旁的写法，将笔画运用到"划"字。

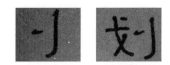

6. 八字旁

（1）撇捺要写得舒展，撇稍低，捺略高，处于字中不同位置，所以处理方式不尽相同。

（2）教师示范八字旁的书写，学生练习"分"字。

7. 人字头

（1）撇捺要张开，捺画以"头雁"出锋。

（2）教师示范人字头的书写，学生练习"介"字。

8. 厂字旁

（1）撇画向左下舒展，先直后弯曲。横画要写得短而平，末端圆收笔。

（2）教师示范厂字旁的书写，学生练习；完毕后开始学习"厅"字。

9. 力字旁

（1）隶书中，横折钩常省略钩画，作横折处理。撇画向左伸展，稍有弧度。

（2）教师示范力字旁的书写，学生练习"加"字。

10. 又字旁

（1）撇画向左下伸展，作弧形画。捺画写成点画。

（2）教师示范又字旁的书写，学生练习"戏"字。

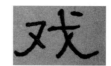

11. 单人旁

（1）撇画逆锋起笔，写得稍短。竖画写成垂露。整个部件写得窄长一些。

（2）教师示范单人旁的书写，学生练习；完毕后开始学习"什"字。

12. 单耳刀

（1）横折钩要写得紧凑些。竖画可写成回锋的垂露竖，也可作出锋的悬针竖，整个部件窄长。

（2）教师示范单耳刀的书写，学生练习"叩"字。

（三）评比

师：接下来我们玩个游戏——我是小评委：以小组的形式，各小组选出组内写得最好的字，呈现给我们班的同学（小评委），小评委以投票的形式选出自己满意的一张，并说出写得好的部分。

活动完毕。

教师点评，并带学生回顾本次课内容。

（四）总结

师：本次课我们学习了硬笔隶书"两点水、秃宝盖、十字部、言字旁、立刀旁、八字旁、人字头、厂字旁、力字旁、又字旁、单人旁、单耳刀"的书写，大部分同学都掌握了今天所学的内容，希望同学们能在课后温故而知新。

（五）课后作业

（1）复习本次课内容。

（2）预习下次课内容。

第七课　偏旁部首（二）

一、教学目标

（1）了解硬笔隶书"双耳刀、建字旁、包字头、私字儿、左三框、同字框、三点水、三撇儿、竖心旁、宝盖头、广字旁、夕字旁"等偏旁部首写法。

（2）通过观察、分析和练习掌握各个部首的写法技巧，并将所学的部首应用于常见字。

二、教学重点

了解硬笔隶书"双耳刀、建字旁、包字头、私字儿、左三框、同字框、三点水、三撇儿、竖心旁、宝盖头、广字旁、夕字旁"等偏旁部首写法。

三、教学难点

通过观察、分析和练习掌握各个部首的写法技巧，并将所学的部首应用于常见字。

四、课前准备

笔、练字本。

五、教学过程

（一）导入

师：同学们，我们上次课学习了硬笔隶书"两点水、秃宝盖、十字部、言字旁、立刀旁、八字旁、人字头、厂字旁、力字旁、又字旁、单人旁、单耳刀"的写法，请大家在练字本上书写上次课的例字。（学生练习，教师巡回指导，并带学生复习上次课内容）

师：同学们认真地完成了复习任务，接下来我们就进行本次课程的学习。

检查书法用具、坐姿和执笔姿势。通过图片展示的直观形式呈现"双耳刀、建字旁、包字头、私字儿、左三框、同字框、三点水、三撇儿、竖心旁、宝盖头、广字旁、夕字旁"的例字。

（二）新授

1. 双耳刀

（1）横折弯钩要尽量写紧凑些，略有弧度。作为左部件时，竖画用垂露竖；作为右部件时，竖画可用垂露竖，也可作悬针竖。整个部件宜写得瘦长些。

（2）教师示范双耳刀的书写方式，学生在教师的指导下学习双耳刀写法，将笔画运用到"那"字。

2. 建字旁

（1）横折折撇与捺画相交，撇捺的左右舒展，以承载被包围部分。

（2）教师示范建字旁的书写，学生练习"延"字。

3. 包字头

（1）撇收笔与横折钩起笔粘连，横折钩不宜写得太宽。

（2）教师示范包字头的书写，学生练习"包"字。

4. 私字儿

（1）撇折的折画取平势，点画稍短。整个部件显端庄。

（2）教师示范私字儿的书写，学生练习"参"字。

5. 左三框

（1）上横稍短。底横稍长，以"燕尾"捺出笔锋。

（2）教师示范左三框的书写，学生练习"区"字。

6. 同字框

（1）左竖可以作竖或竖撇，横折钩写成横折，省略钩画。

（2）教师示范同字框的书写，学生练习"同"字。

7. 三点水

（1）与两点水的写法类似，上两点为右侧点，第三点为挑点，点与点之间顾盼生姿。

（2）教师示范三点水的书写，学生练习"淮"字。

8. 三撇儿

（1）上两撇稍短，姿态略有不同，下撇要写长一些。

（2）教师示范三撇儿的书写，学生练习"须"字。

9. 竖心旁

（1）先写两点再写竖，竖要挺拔。

（2）教师示范竖心旁的书写，学生练习"性"字。

10. 宝盖头

（1）和秃宝盖的写法相似，上点居中，作右侧点。

（2）教师示范宝盖头的书写，学生练习"字"字。

11. 广字旁

（1）同厂字旁的写法相似，撇画向左下伸展，横画末端圆收笔。

（2）教师示范广字旁书写，学生练习"庆"字。

12. 夕字旁

（1）两撇的方向略有不同，上撇稍短，下撇舒展。

（2）教师示范夕字旁的书写，学生练习"外"字。

（三）评比

师：接下来我们玩个游戏——我是小评委：以小组的形式，各小组选出组内写得最好的字，呈现给我们班的同学（小评委），小评委以投票的形式选出自己满意的字，并说出写得好的部分。

活动完毕。

教师点评，并带学生回顾本次课内容。

（四）总结

师：本次课我们学习了硬笔隶书"双耳刀、建字旁、包字头、私字儿、左三框、同字框、三点水、三撇儿、竖心旁、宝盖头、广字旁、夕字旁"的书写，大部分同学都掌握了今天所学的内容。希望同学们能在课后温故而知新。

（五）课后作业

（1）复习本次课内容。

（2）预习下次课内容。

第八课　偏旁部首（三）

一、教学目标

（1）认识硬笔隶书偏旁部首"走之底、寸字旁、提手旁、提土旁、草字头、大字头、小字头、口字旁、方框儿、门字框、巾字旁、山字旁"。

（2）通过观察、分析和练习掌握各个部首的书写技巧，并应用于常见字。

二、教学重点

认识硬笔隶书偏旁部首"走之底、寸字旁、提手旁、提土旁、草字头、大字头、小字头、口字旁、方框儿、门字框、巾字旁、山字旁"。

三、教学难点

通过观察、分析和练习掌握各个部首的书写技巧，并应用于常见字。

四、课前准备

笔、练字本。

五、教学过程

（一）导入

师：同学们，我们上次课学习了硬笔隶书"双耳刀、建字旁、包字头、私字儿、左三框、同字框、三点水、三撇儿、竖心旁、宝盖头、广字旁、夕字旁"的写法，请大家在练字本上书写上次课的例字。（学生练习，教师巡回指导，并带学生复习上次课内容）

师：同学们认真地完成了复习任务，接下来我们就进行本次课程的学习。

检查书法用具、坐姿和执笔姿势。通过图片展示的直观形式呈现"走之底、寸字旁、提手旁、提土旁、草字头、大字头、小字头、口字旁、方框儿、门字框、巾字旁、山字旁"的例字。

（二）新授

1. 走之底

（1）点为右侧点，捺脚以"燕尾"收笔，横折折撇也可写出纵向排列的三个点。

（2）教师示范并讲解"走之底"的写法，学生练习"这"字，教师指导并纠正学生书写过程中的问题。

2. 寸字旁

（1）横画以"燕尾"捺出笔锋，钩画作弧状。作为字的右部件时，写窄长；作为字底时写宽扁些。

（2）教师示范并讲解"寸字旁"的写法，学生练习"封"字，教师指导并纠正学生书写过程中的问题。

3. 提手旁

（1）竖钩的钩画写出弧撇状，笔画末端回锋。挑略向上斜，与右边部件有呼应。

（2）教师示范并讲解"提手旁"的写法，学生练习"折"字，教师指导并纠正学生书写过程中的问题。

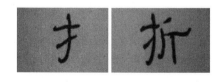

4. 提土旁

（1）作为左部件时，下横无"燕尾"，整个部件写窄。

（2）作为下部件时，底横画以"燕尾"捺出笔锋。

（3）教师示范并讲解"提土旁"的写法，学生练习"地"字，教师指导并纠正学生书写过程中的问题。

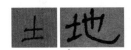

5. 草字头

（1）两竖居中，作短垂露竖，将横画三等分。

（2）作为主笔时横画以"燕尾"收笔，不是主笔时横画稍短且平。

（3）教师示范并讲解"草字头"的写法，学生练习"草"字，教师指导并纠正学生书写过程中的问题。

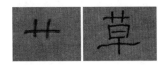

6. 大字头

（1）撇捺作主笔时左右伸展以覆盖下部为宜。

（2）撇捺非主笔时，撇作短撇，捺写出点画。

（3）教师示范并讲解"大字头"的写法，学生练习"夯"字，教师指导并纠正学生书写过程中的问题。

7. 小字头

（1）中间竖画作短竖，左右两点有笔势呼应。

（2）教师示范并讲解"小字头"的写法，学生练习"尚"字，教师指导并纠正学生书写过程中的问题。

8. 口字旁

（1）作为左偏旁时写小且靠上。左竖与横画一般不粘连，留出一点缝隙。

（2）教师示范并讲解"口字旁"的写法，学生练习"吓"字，教师指导并纠正学生书写过程中的问题。

9. 方框儿

（1）常用于全包围字结构的字，各个笔画连接不能太实，框内部件均匀分布。

（2）教师示范并讲解"方框儿"的写法，学生练习"囚"字，教师指导并纠正学生书写过程中的问题。

10. 门字框

（1）与同字框的写法形似，上点作右侧点。左竖写成竖或竖撇。

（2）横折钩可写成横折，省略钩画。

（3）教师示范并讲解"门字框"的写法，学生练习"闪"字，教师指导并纠正学生书写过程中的问题。

11. 巾字旁

（1）中竖稍长，从横折的中点穿过，写得挺拔劲健。

（2）教师示范并讲解"巾字旁"的写法，学生练习"帐"字，教师指导并纠正学生书写过程中的问题。

12. 山字旁

（1）中竖略长，竖折的折画取平势，与右部短竖有呼应。

（2）教师示范并讲解"山字旁"的写法，学生练习"屹"字，教师指导并纠正学生书写过程中的问题。

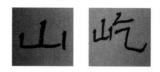

（三）评比

师：接下来我们玩个游戏——我是小评委：以小组的形式，各小组选出组内写得最好的字，呈现给我们班的同学（小评委），小评委以投票的形式选出自己满意的字，并说出写得好的部分。

活动完毕。

教师点评，并带学生回顾本次课内容。

（四）总结

师：本次课我们学习了硬笔隶书"走之底、寸字旁、提手旁、提土旁、草字头、大字头、小字头、口字旁、方框儿、门字框、巾字旁、山字旁"的书写，大部分同学都掌握了今天所学的内容。希望同学们能在课后温故而知新。

（五）课后作业

（1）复习本次课内容。

（2）预习下次课内容。

第九课　偏旁部首（四）

一、教学目标

（1）认识硬笔隶书"双人旁、反犬旁、食字旁、尸字旁、弓字旁、子字旁、女字旁、绞丝旁、马字旁、四点底、方字旁、手字旁"。

（2）通过观察、分析和练习掌握各个部首的写法技巧，并将所学的部首应用于常见字。

二、教学重点

认识硬笔隶书"双人旁、反犬旁、食字旁、尸字旁、弓字旁、子字旁、女字旁、绞丝旁、马字旁、四点底、方字旁、手字旁"。

三、教学难点

通过观察、分析和练习掌握各个部首的书写技巧，并应用于常见字。

四、课前准备

笔、练字本。

五、教学过程

（一）导入

师：同学们，我们上次课学习了硬笔隶书"走之底、寸字旁、提手旁、提土旁、草字头、大字头、小字头、口字旁、方框儿、门字框、巾字旁、山字旁"的写法，请大家在练字本上书写上次课的例字。（学生练习，教师巡回指导，并带学生复习上次课内容）

师：同学们认真地完成了复习任务，接下来我们就进行本次课程的学习。

检查书法用具、坐姿和执笔姿势。通过图片展示的直观形式呈现"双人旁、反犬旁、食字旁、尸字旁、弓字旁、子字旁、女字旁、绞丝旁、马字旁、四点底、方字旁、手字旁"的例字。

（二）新授

1. 双人旁

（1）与单人旁的写法相似，上撇短一些，两撇方向稍有不同。

（2）教师示范双人旁的书写，学生练习"行"字。

2. 反犬旁

（1）两撇各具姿态，上撇短下撇长。隶书的弯钩省略钩画，末端向左拐。

（2）教师示范反犬旁的书写，学生练习"独"字。

3. 食字旁

（1）短撇作垂点。横钩的横画取平势。竖挑先竖后挑，竖画稍有弧度，挑画出锋与右部件起笔呼应。

（2）教师示范食字旁的书写，学生练习"饥"字。

4. 尸字旁

（1）横折取平势，撇画向左舒展。整个部件呈覆盖下部件之势。

（2）教师示范尸字旁的书写，学生练习"层"字。

5. 弓字旁

（1）三个横取平势。竖折折钩的钩画省略，折钩写成弧撇，整个部件显得瘦长。

（2）教师示范弓字旁的书写，学生练习"张"字。

6. 子字旁

（1）横钩的横微微向上拱起。竖钩省略钩画，写成弧形画。作为左部件时最后的横作挑。

（2）教师示范子字旁的书写，学生练习"孔"字。

7. 女字旁

（1）撇折写出圆转的弧形画，横画取平势。

（2）教师示范女字旁的书写，学生练习"奴"字。

8. 绞丝旁

（1）撇折的长短、方向稍有区别。最后一笔作提画，出锋与右部件起笔呼应。

（2）教师示范绞丝旁的书写，学生练习"绞"字。

9. 马字旁

（1）竖折折钩省略钩画，横画写成提画。

（2）教师示范马字旁的书写，学生练习"驰"字。

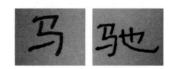

10. 四点底

（1）四个点各具姿态，和而不同。左右两点取斜势，遥相呼应，中间两点写成竖点。

（2）教师示范四点底的书写，学生练习"杰"字。

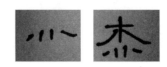

11. 方字旁

（1）点画偏右，横画不出"燕尾"，下部取斜势。

（2）教师示范方字旁的书写，学生练习"放"字。

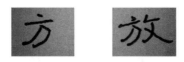

12. 手字旁

（1）撇画稍短，横画上短下长。

（2）教师示范手字旁的书写，学生练习"拿"字。

（三）评比

师：接下来我们玩个游戏——我是小评委：以小组的形式，各小组选出组内写得最好的字，呈现给我们班的同学（小评委），小评委以投票的形式选出自己满意的字，并说出写得好的部分。

活动完毕。

教师点评，并带学生回顾本次课内容。

（四）总结

师：本次课我们学习了硬笔隶书"双人旁、反犬旁、食字旁、尸字旁、弓字旁、子字旁、女字旁、绞丝旁、马字旁、四点底、方字旁、手字旁"的书写，大部分同学都掌握了今天所学的内容。希望同学们能在课后温故而知新。

（五）课后作业

（1）复习本次课学习的部首和其例字。

（2）预习下次课的内容。

第十课 偏旁部首（五）

一、教学目标

（1）了解硬笔隶书"欠字旁、火字旁、心字底、止字旁、户字旁、示字旁、王字旁、木字旁、车字旁、日字旁、冒字头、父字头"的写法。

（2）通过观察、分析和练习掌握各个部首的书写技巧，并应用于常见字。

二、教学重点

了解硬笔隶书"欠字旁、火字旁、心字底、止字旁、户字旁、示字旁、王字旁、木字旁、车字旁、日字旁、冒字头、父字头"的写法。

三、教学难点

通过观察、分析和练习掌握各个部首的书写技巧，并应用于常见字。

四、课前准备

笔、练字本。

五、教学过程

（一）复习导入

师：同学们，我们上次课学习了硬笔隶书"双人旁、反犬旁、食字旁、尸字旁、弓字旁、子字旁、女字旁、绞丝旁、马字旁、四点底、方字旁、手字旁"的写法，请大家在练字本上书写上次课的例字。（学生练习，教师巡回指导，并带学生复习上次课内容）

师：同学们认真地完成了复习任务，接下来我们就进行本次课程的学习。

检查书法用具、坐姿和执笔姿势。通过图片展示的直观形式呈现"欠字旁、火字旁、心字底、止字旁、户字旁、示字旁、王字旁、木字旁、车字旁、日字旁、冒字头、父字头"的例字。

（二）新授

1. 欠字旁

（1）首撇稍短，下撇可以写成竖画。捺要舒展，以"燕尾"出锋。

（2）教师示范欠字底的书写，学生练习"欤"字。

2. 火字旁

（1）上两点顾盼生姿。作为左偏旁时，捺写出点。作为下偏旁时，撇捺对称，捺画以"燕尾"捺出笔锋。

（2）教师示范火字旁的书写，学生练习"灯"字。

3. 心字底

（1）一般作为下部件，三个点之间顾盼生姿，卧钩写成平捺。

（2）教师示范心字底的书写，学生练习"忽"字。

4. 止字旁

（1）右竖比左竖稍长，下横取平势。

（2）教师示范止字旁的书写，学生练习"武"字。

5. 户字旁

（1）写法和尸字相似，上点可以作短横画，撇画向左舒展。

（2）教师示范户字旁的书写，学生练习"房"字。

6. 示字旁

（1）隶书中上点常作短横，横撇分成横与撇两笔，下点作右侧点。

（2）教师示范示字旁的书写，学生练习"神"字。

7. 王字旁

（1）三横的距离要均匀。底横稍向右上倾斜，出锋与右部件起笔有呼应。

（2）教师示范王字旁的书写，学生练习"玖"字。

8. 木字旁

（1）作为左部件时，捺画写成点。作为上部件时，撇捺要对称，捺画以"燕尾"捺出笔锋。

（2）教师示范木字旁的书写，学生练习"样"字。

9. 车字旁

（1）上横和撇折的折画稍远。底横无"燕尾"，作提画。

（2）教师示范车字旁的书写，学生练习"轩"字。

10. 日字旁

（1）笔画交接处留出一定缝隙，更显通透。横画之间距离要均匀。

（2）教师示范日字旁的书写，学生练习"晒"字。

11. 冒字头

（1）与日字旁的写法相似，作为上部件时，写得宽扁些。

（2）教师示范冒字头的书写，学生练习"冕"字。

12. 父字头

（1）撇捺舒展，两点要有呼应。

（2）教师示范父字头的书写，学生练习"斧"字。

（三）评比

师：接下来我们玩个游戏——我是小评委：以小组的形式，各小组选出组内写得最好的字，呈现给我们班的同学（小评委），小评委以投票的形式选出自己满意的字，并说出写得好的部分。

活动完毕。

教师点评，并带学生回顾本次课内容。

（四）总结

师：本次课我们学习了硬笔隶书"欠字旁、火字旁、心字底、止字旁、户字旁、示字旁、王字旁、木字旁、车字旁、日字旁、冒字头、父字头"的书写，大部分同学都掌握了今天所学的内容。希望同学们能在课后温故而知新。

（五）课后作业

（1）复习本次课学习的部首和其例字。

（2）预习下次课的内容。

第十一课　偏旁部首（六）

一、教学目标

（1）了解硬笔隶书"牛字旁、反文旁、月字旁、立字旁、目字旁、田字旁、石字旁、矢字旁、病字旁、斤字头、爪字头、穴宝盖"的写法。

（2）通过观察、分析和练习掌握各个部首的书写技巧，并应用于常见字。

二、教学重点

了解硬笔隶书"牛字旁、反文旁、月字旁、立字旁、目字旁、田字旁、石字旁、矢字旁、病字旁、斤字头、爪字头、穴宝盖"的写法。

三、教学难点

通过观察、分析和练习掌握各个部首的书写技巧，并应用于常见字。

四、课前准备

笔、练字本。

五、教学过程

（一）导入

师：同学们，我们上次课学习了硬笔隶书"欠字旁、火字旁、心字底、止字旁、户字旁、示字旁、王字旁、木字旁、车字旁、日字旁、冒字头、父字头"的写法，请大家在练字本上书写上次课的例字。（学生练习，教师巡回指导，并带学生复习上次课内容）

师：同学们认真地完成复习任务，接下来我们就进行本次课程的学习。

检查书法用具、坐姿和执笔姿势。通过图片展示的直观形式呈现"牛字旁、反文旁、月字旁、立字旁、目字旁、田字旁、石字旁、矢字旁、病字旁、斤字头、爪字头、穴宝盖"例字。

（二）新授

1. 牛字旁

（1）竖画要写得挺拔劲健，两横取平势，横画末端不出锋。

（2）教师示范牛字旁的书写，学生在教师的指导下学习牛字旁的写法，将偏旁运用到"物"字。

2. 反文旁

（1）撇画与横画粘连，横画稍短。撇画呈弧形，末端回锋收笔。捺画向右舒展。

（2）教师示范反文旁的书写，学生练习"放"字。

3. 月字旁

（1）竖撇上直下弯曲，向左舒展。各个横画之间距离要均匀。横折钩写成横折，不出钩。

（2）教师示范月字旁的书写，学生在教师的指导下学习月字旁的写法；学生练习"肚"字。

4. 立字旁

（1）作为下部件时，底横写长，左右舒展，以"燕尾"收笔。作为左部件时，底横写成提画，出锋与右部件呼应。

（2）教师示范立字旁的书写，学生练习"飒"字。

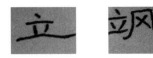

5. 目字旁

（1）与日字旁的写法相似，两个竖略有弧度，各横之间距离均匀，整个部件要写得瘦长。

（2）教师示范目字旁的书写，学生在教师的指导下练习"眼"字。

6. 田字旁

（1）整个部件写得稍宽，笔画交接处适当留出一点缝隙，各个横画之间距离均匀。

（2）教师示范田字旁的书写，学生练习"町"字。

7. 石字旁

（1）横画稍短，末端圆收笔，撇画向左舒展。

（2）教师示范身字旁的书写，学生在教师的指导下练习石字旁，训练"矿"字。

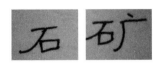

8. 矢字旁

（1）作为左部件，底部撇和点画要平衡，右边收笔平齐作让右之势。

（2）教师示范矢字旁的书写，学生练习"知"字。

9. 病字旁

（1）与广字旁写法相似，撇画先直后弯曲，两点顾盼生姿。

（2）教师示范病字旁的书写，教师指导学生练习病字旁，训练"病"字。

10. 斤字头

（1）作为右部件时，横画以"燕尾"捺出笔锋。作为左部件时，横稍短，末端圆收笔。

（2）教师示范斤字头的书写，带领学生练习，训练"斯"字。

11. 爪字头

（1）上撇取势稍平，能覆盖下三点为宜。前两点作右侧点，最后一点作撇点。

（2）教师示范爪字头的书写，学生练习爪字头，并训练"妥"字。

12. 穴宝盖

（1）写法与宝盖相似，下两点呈八字形，且写得紧凑些。

（2）教师示范穴宝盖的书写，学生练习穴宝盖，并训练"容"字。

（三）评比

师：接下来我们玩个游戏——我是小评委：以小组的形式，各小组选出组内写得最好的字，呈现给我们班的同学（小评委），小评委以投票的形式选出自己满意的字，并说出写得好的部分。

活动完毕。

教师点评，并带学生回顾本次课内容。

（四）总结

师：本次课我们学习了硬笔隶书"牛字旁、反文旁、月字旁、立字旁、目字旁、田字旁、石字旁、矢字旁、病字旁、斤字头、爪字头、穴宝盖"的书写，大部分同学都掌握了今天所学的内容。希望同学们能在课后温故而知新。

（五）课后作业

（1）复习本次课学习的部首和其例字。

（2）预习下次课的内容。

第十二课　偏旁部首（七）

一、教学目标

（1）的硬笔隶书偏旁部首"衣字旁、金字旁、禾字旁、白字旁、鸟字旁、米字旁、页字旁、舌字旁、缶字旁、四字头、西字头、皿字底"的书写。

（2）通过观察、分析和练习掌握各个部首的书写技巧，并应用于常见字。

二、教学重点

的硬笔隶书偏旁部首"衣字旁、金字旁、禾字旁、白字旁、鸟字旁、米字旁、页字旁、舌字旁、缶字旁、四字头、西字头、皿字底"的书写。

三、教学难点

通过观察、分析和练习掌握各个部首的书写技巧，并应用于常见字。

四、课前准备

笔、练字本。

五、教学过程

（一）导入

师：同学们，我们上次课学习了硬笔隶书"牛字旁、反文旁、月字旁、立字旁、目字旁、田字旁、石字旁、矢字旁、病字旁、斤字头、爪字头、穴宝盖"的写法，请大家在练字本上书写上次课的例字。（学生练习，教师巡回指导，并带学生复习上次课内容）

师：同学们认真地完成了复习任务，接下来我们就进行本次课程的学习。

检查书法用具、坐姿和执笔姿势。通过图片展示的直观形式呈现"衣字旁、金字旁、禾字旁、白字旁、鸟字旁、米字旁、页字旁、舌字旁、缶字旁、四字头、西字头、皿字底"例字。

（二）新授

1. 衣字旁

（1）与示字旁写法相似，上点作横画，下方两点各具姿态。

（2）教师示范衣字旁的书写，学生在教师的指导下学习衣字旁的写法，将偏旁运用到"初"字。

2. 金字旁

（1）金字旁各个横之间距离要均匀，竖提的提画出锋与右部件起笔呼应。

（2）教师示范金字旁的书写，学生练习"铁"字。

3. 禾字旁

（1）与木字旁的写法相似，上撇稍短，横画取平势，右点要短一些。

（2）教师示范禾字旁的书写，学生练习"和"字。

4. 白字旁

（1）与日字旁写法相似，作为左部件写窄，作为右部件写得宽扁一些。

（2）教师示范白字旁的书写，学生练习"皂"字。

5. 鸟字旁

（1）在隶书中，鸟字旁横折钩写成横折，省略钩画；竖折折钩也省略钩画。最后一横稍短，末端圆收笔。

（2）教师示范鸟字旁的书写，学生练习"鸥"字。

6. 米字旁

（1）上两点有呼应关系，撇画稍有弧度，捺画写成点。

（2）教师示范米字旁的书写，学生练习，并训练"粉"字。

7. 页字旁

（1）一般作为右部件，横画长度得宜，以"燕尾"收笔。撇画稍短，与点画平衡。

（2）教师示范页字旁的书写，学生练习，并训练"顷"字。

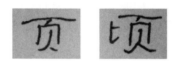

8. 舌字旁

（1）作为偏旁，横画无"燕尾"，取势稍平。

（2）教师示范舌字旁的书写，学生练习，并训练"甜"字。

9. 缶字旁

（1）两横上短下长，取平势，横画末端圆收笔。

（2）教师示范缶字旁的书写，学生练习，并训练"缺"字。

10. 四字头

（1）写得宽扁，框内各个竖画距离均匀。笔画间搭接稍有缝隙，显得通透。

（2）教师示范四字头的书写，学生练习，并训练"罗"字。

11. 西字头

（1）作为上部件时，上横写得稍短，无"燕尾"，各个横画之间距离相等。

（2）教师示范西字头的书写，学生练习，并训练"要"字。

12. 皿字底

（1）作为字底时，应写得宽扁一些，下横"蚕头燕尾"，左右舒展。

（2）教师示范皿字底的书写，学生练习，并训练"盅"字。

（三）评比

师：接下来我们玩个游戏——我是小评委：以小组的形式，各小组选出组内写得最好的字，呈现给我们班的同学（小评委），小评委以投票的形式选出自己满意的字，并说出写得好的部分。

活动完毕。

教师点评，并带学生回顾本次课内容。

（四）总结

师：本次课我们学习了硬笔隶书"衣字旁、金字旁、禾字旁、白字旁、鸟字旁、米字旁、页字旁、舌字旁、缶字旁、四字头、西字头、皿字底"的书写，大部分同学都掌握了今天所学的内容。希望同学们在课后温故而知新。

（五）课后作业

（1）复习本次课内容。

（2）预习下次课的内容。

第十三课　偏旁部首（八）

一、教学目标

（1）了解硬笔隶书偏旁部首"耳字旁、虫字旁、舟字旁、走字旁、足字旁、角字旁、身字旁、鱼字旁、佳字旁、齿字旁、革字旁、骨字旁、音字旁、雨字头、虎字头、竹字头"的书写。

（2）通过观察、分析和练习掌握各个部首的书写技巧，并应用于常见字。

二、教学重点

了解硬笔隶书偏旁部首"耳字旁、虫字旁、舟字旁、走字旁、足字旁、角字旁、身字旁、鱼字旁、佳字旁、齿字旁、革字旁、骨字旁、音字旁、雨字头、虎字头、竹字头"的书写。

三、教学难点

通过观察、分析和练习掌握各个部首的书写技巧，并应用于常见字。

四、课前准备

笔、练字本。

五、教学过程

（一）导入

师：同学们，我们上次课学习了硬笔隶书"衣字旁、金字旁、禾字旁、白字旁、鸟字旁、米字旁、页字旁、舌字旁、缶字旁、四字头、西字头、皿字底"的写法，请大家在练字本上书写上次课的例字。（学生练习，教师巡回指导，并带学生复习上次课内容）

师：同学们认真地完成了复习任务，接下来我们就进行本次课程的学习。

检查书法用具、坐姿和执笔姿势。通过图片展示的直观形式呈现"耳字旁、虫字旁、舟字旁、走字旁、足字旁、角字旁、身字旁、鱼字旁、佳字旁、齿字旁、革字旁、骨字旁、音字旁、雨字头、虎字头、竹字头"例字。

（二）新授

1. 耳字旁

（1）耳字旁横竖交接如榫卯相接，稳固而灵活。各个横画距离要均匀。下横略向右上倾斜，与右部件有呼应。

（2）教师示范耳字旁的书写，学生在教师的指导下学习上耳字旁的写法，将偏旁运用到"取"字。

2. 虫字旁

（1）各横取平势，竖画作竖撇状，点画写成右侧点。

（2）教师示范耳字旁的书写，学生练习，并训练"虹"字。

3. 舟字旁

（1）上撇稍短且与横画粘连。下撇向左舒展，横画取平势，中间两点顾盼生姿。

（2）教师示范禾字旁的书写，学生练习，并训练"船"字。

4. 走字旁

（1）上两横取平势，横画末端圆收笔。撇向左下舒展。捺画写长，"蚕头燕尾"，一波三折。

（2）教师示范走字旁的书写，让学生练习，并训练"赵"字。

5. 足字旁

（1）上方口部取平势，最后一横略向右上倾斜，与右部件起笔呼应。整个部件右边收笔平齐，作让右之势。

（2）教师示范足字旁的书写，学生练习，并训练"路"字。

6. 角字旁

（1）各个横画距离均匀，微微向上拱起。横折钩写成横折，省略钩画。长撇向左舒展。

（2）教师示范角字旁的书写，学生练习，并训练"解"字。

7. 身字旁

（1）上撇稍短且与横画粘连，整个部件宜写得瘦长一些。

（2）教师示范身字旁的书写，学生练习，并训练"躲"字。

8. 鱼字旁

（1）上撇与横撇写得紧凑些。作为左部件时，底横微微向上翘，与右部件呼应。作为下部件时，底横要写长，"蚕头燕尾"，左右舒展。

（2）教师示范鱼字旁的书写，学生练习，并训练"鲜"字。

9. 隹字旁

（1）撇稍短，横撇写紧凑且与横画粘连。竖画要写得挺拔劲健，各个横画之间距离均匀，底横"蚕头燕尾"。

（2）教师示范隹字旁的书写，学生练习，并训练"雅"字。

10. 齿字旁

（1）各横取平势，止部的底横取平势，横画末端圆收笔。左部件与右部件的比例为整体1∶1。

（2）教师示范齿字旁的书写，学生练习，并训练"龄"字。

11. 革字旁

（1）各横取平势，长短稍有不同，最后的竖画要写得挺拔劲健。

（2）教师示范革字旁的书写，学生练习，并训练"鞋"字。

12. 骨字旁

（1）中间宝盖稍宽，上下收紧，月部横折钩写成横折，省略钩画。

（2）教师示范骨字旁的书写，学生学习，并训练"骰"字。

13. 音字旁

（1）立部两横上短下长，两点顾盼生姿。下方日部写窄。

（2）教师示范音字旁的书写，学生学习，并训练"韵"字。

14. 虎字头

（1）撇画向左下舒展。横钩写成横折。中间"七"部写紧凑。

（2）教师示范虎字头的书写，学生练习，并训练"虎"字。

15. 竹字头

（1）竹字头的两"个"字部，左低右高。两横画取平势，点画作右侧点。

（2）教师示范竹字头的书写，学生练习，并训练"竿"字。

16. 雨字头

（1）上横取平势，横画末端圆收笔。左竖写成垂点。横折钩作横折，省略钩画。框内四点顾盼生姿，自然变化。

（2）教师示范雨字头的书写，学生练习，并训练"雷"字。

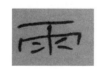

（三）评比

师：接下来我们玩个游戏——我是小评委：以小组的形式，各小组选出组内写得最好的字，呈现给我们班的同学（小评委），小评委以投票的形式选出自己满意的字，并说出写得好的部分。

活动完毕。

教师点评，并带学生回顾本次课内容。

（四）总结

师：本次课我们学习了硬笔隶书"耳字旁、虫字旁、舟字旁、走字旁、足字旁、角字旁、身字旁、鱼字旁、隹字旁、齿字旁、革字旁、骨字旁、音字旁、雨字头、虎字头、竹字头"的书写，大部分同学都掌握了今天所学的内容，希望同学们在课后温故而知新。

（五）课后作业

（1）复习本次课内容。

（2）预习下次课的内容。

第十四课 独体字

一、教学目标

（1）认识硬笔隶书的独体字结构。

（2）通过观察、分析和练习掌握硬笔隶书独体字书写技巧，并应用于常见字。

二、教学重点

认识硬笔隶书的独体字结构。

三、教学难点

通过观察、分析和练习掌握硬笔隶书独体字书写技巧，并应用于常见字。

四、课前准备

笔、练字本。

五、教学过程

（一）导入

师：同学们，我们上次课学习了硬笔隶书"耳字旁、虫字旁、舟字旁、走字旁、足字旁、角字旁、身字旁、鱼字旁、隹字旁、齿字旁、革字旁、骨字旁、音字旁、雨字头、虎字头、竹字头"的写法，请大家在练字本上书写上次课的例字。（学生练习，教师巡回指导，并带学生复习上次课内容）

师：同学们认真地完成了复习任务，接下来我们将学习独体字结构。由笔画直接组合而成，没有偏旁部首可作依赖的字，叫作独体字。

检查书法用具、坐姿和执笔姿势。通过图片展示的直观形式呈现隶书独体字结构例字。

（二）新授

1. 横画写平

（1）隶书中，平横取平势，有无"蚕头燕尾"都要写平一些。

（2）教师示范并讲解"横画写平"的写法，学生练习，并训练"十""士"字，教师指导并纠正学生书写过程中的问题。

2. 竖画写直

（1）竖画要写得挺拔劲健，不管是长竖、中竖、短竖都要写直。

（2）教师示范并讲解例字"年""木"的竖画结构处理，学生练习，教师指导并纠正学生书写过程中的问题。

3. 横竖均匀

（1）隶书中横取平势，各横之间距离均匀。字中多个竖画时，竖画之间排列也要均匀。横竖均匀使得字的结构自然匀称。

（2）教师示范并讲解"春""王"字的横竖结构处理，学生练习，教师指导并纠正学生书写过程中的问题。

4. 斜画均匀

（1）字中斜向的笔画较多时，各个斜画之间方向协调，排列也要均匀。

（2）教师示范并讲解"方""史"字中斜画的写法，教师指导并纠正学生书写过程中的问题。

5. 左右对称

（1）左右形状相似或反向的笔画，以竖画为对称轴，呈现出对称的趋势。

（2）教师示范并讲解"小""水"字的写法，教师指导并纠正学生书写过程中的问题。

（三）评比

师：接下来我们玩个游戏——我是小评委：以小组的形式，各小组选出组内写得最好的字，呈现给我们班的同学（小评委），小评委以投票的形式选出自己满意的字，并说出写得好的部分。

活动完毕。

教师点评，并带学生回顾本次课内容。

（四）总结

师：本次课我们学习了硬笔隶书独体字结构的书写，值得注意的是，"平正、对称"是独体字的结构规律，这一技巧也适用于合体字结构。大部分同学都掌握了今天所学的内容，希望同学们在课后温故而知新。

（五）课后作业

（1）复习本次课内容。

（2）预习下次课的内容。

第十五课　上下结构

一、教学目标

（1）了解硬笔隶书合体字中的上下结构。

（2）通过观察、分析和练习掌握硬笔隶书合体字的上下结构书写技巧，并应用于常见字。

二、教学重点

了解硬笔隶书合体字中的上下结构。

三、教学难点

通过观察、分析和练习掌握硬笔隶书合体字的上下结构书写技巧，并应用于常见字。

四、课前准备

笔、练字本。

五、教学过程

（一）导入

师：同学们，我们上次课学习了硬笔隶书独体字的书写，请大家在练字本上书写上次课的例字。（学生练习，教师巡回指导，并带学生复习上次课内容）

师：同学们认真地完成了复习任务，接下来我们将学习合体字中的上下结构。上下结构的字是由上下两个或两个以上部件组成的字，若由三个或三个以上部件组成则称上中下结构。

检查书法用具、坐姿和执笔姿势。通过图片展示的直观形式呈现隶书上下结构的例字。

（二）新授

1. 上下对正

（1）上下结构的字，上下两个部件要写得自然紧凑，字形端正。

（2）上下两部件的重心应在一条垂线上，整个字的中心才平稳。

（3）教师示范并讲解"上下对正"例字的写法，学生练习例字"曹""养"，教师指导并纠正学生书写过程中的问题。

2. 左右对称

（1）上下结构的字，以中线将字分为左右部分时，左右部分的长度、大小、方向要互相对应，呈对称趋势。

（2）教师示范并讲解"左右对称"例字的写法，学生练习例字"县""替"，教师指导并纠正学生书写过程中的问题。

3. 上下大小

（1）上下结构的上下部件大小要协调。有主笔的部件要写得宽大些，笔画多且复杂的部件宽大些，反之写窄小些。

（2）教师示范并讲解"上下大小"例字的写法，学生练习例字"宝""吉"，教师指导并纠正学生书写过程中的问题。

4. 上宽下窄

（1）上部件以横画或撇捺作主笔时，则上部件写宽，下部件稍窄。下部件要写得居中且紧凑，整个字重心平稳。

（2）教师示范并讲解"上宽下窄"的结构处理技巧，学生练习例字"节""奋"，教师指导并纠正学生书写过程中的问题。

5. 上窄下宽

（1）字底有横画或撇捺作为主笔时，上部件要写得稍窄，下部件要写得宽大些。

（2）教师讲解"上窄下宽"的结构处理技巧，学生练习例字"要""妄"的写法，教师指导并帮助学生纠正在书写过程中的问题。

（三）评比

师：接下来我们玩个游戏——我是小评委：以小组的形式，各小组选出组内写得最好的字，呈现给我们班的同学（小评委），小评委以投票的形式选出自己满意的字，并说出写得好的部分。

活动完毕。

教师点评，并带学生回顾本次课内容。

（四）总结

师：本次课我们学习了硬笔隶书合体字的上下结构，上下结构的字应关注上下、上中下各部件的占比、长短与宽窄的变化。大部分同学都掌握了今天所学的内容，希望同学们在课后温故而知新。

（五）课后作业

（1）复习本次课内容。

（2）预习下次课的内容。

第十六课　左右结构

一、教学目标

（1）认识硬笔隶书中合体字的左右结构。

（2）通过观察、分析和练习掌握硬笔隶书合体字的左右结构书写技巧，并应用于常见字。

二、教学重点

认识硬笔隶书中合体字左右结构。

三、教学难点

通过观察、分析和练习掌握硬笔隶书合体字的左右结构书写技巧，并应用于常见字。

四、课前准备

笔、练字本。

五、教学过程

（一）导入

师：同学们，我们上次课学习了硬笔隶书合体字的上下结构，请大家在练字本上书写上次课的例字。（学生练习，教师巡回指导，并带学生复习上次课内容）

师：同学们认真地完成了复习任务，接下来我们将学习合体字中的左右结构。左右结构的字由左右两个或两个以上部件组合而成，若由三个或三个以上部件组成则称为左中右结构。

检查书法用具、坐姿和执笔姿势。通过图片展示的直观形式呈现硬笔隶书左右结构中"左右独立""左窄靠上""右短靠下""左宽右窄""左窄右宽"的例字。

（二）新授

1. 左右独立

（1）左右两个部件相对独立，两个部件的笔画互不侵犯，字形端庄平稳。

（2）教师示范并讲解"左右独立"例字的写法，学生练习例字"能""汗"，教师指导并纠正学生书写过程中的问题。

2. 左窄靠上

（1）在左偏旁窄小的情况下，整个部件居于字的左上部位。整个字呈现左窄右宽，左收右放，底部左高右低。

（2）教师示范并讲解"左窄靠上"例字的写法，学生练习例字"唱""汉"，教师指导并纠正学生书写过程中的问题。

3. 右短靠下

（1）右部件长度较短时，右部件在字中的位置应靠下，整个字左高右低。

（2）教师示范并讲解"右短靠下"的结构处理技巧，学生练习例字"斯""郭"，教师指导并纠正学生书写过程中的问题。

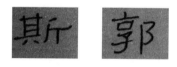

4. 左宽右窄

（1）左部件笔画比右部件多时，左部件占格比右部件窄，两边分量不宜平均。

（2）教师示范并讲解"左宽右窄"的结构处理，学生练习例字"如""影"，教师指导并纠正学生书写过程中的问题。

5. 左窄右宽

（1）左部件笔画比右部件多时，或右部件有长横、捺、斜钩等主笔时，左部件写得稍窄，右部件写得稍宽。

（2）教师讲解"左窄右宽"的结构处理技巧，并示范例字"时""仅"的写法，学生练习。教师指导并帮助学生纠正在书写过程中的问题。

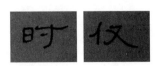

（三）评比

师：接下来我们玩个游戏——我是小评委：以小组的形式，各小组选出组内写得最好的字，呈现给我们班的同学（小评委），小评委以投票的形式选出自己满意的字，并说出写得好的部分。

活动完毕。

教师点评，并带学生回顾本次课内容。

（四）总结

师：本次课我们学习了硬笔隶书合体字的左右结构。左右结构的字也要遵循"平正、匀称"的原则。左右要写得自然紧凑。左右结构的字既要做到左右部件互不侵犯，又要做到互相迎就，大部分同学都掌握了今天所学的内容。希望同学们在课后温故而知新。

（五）课后作业

（1）复习本次课内容。

（2）预习下次课的内容。

第十七课　包围结构

一、教学目标

（1）认识硬笔隶书的包围结构。

（2）通过观察、分析和练习掌握硬笔隶书包围结构的书写技巧，并应用于常见字。

二、教学重点

认识硬笔隶书的包围结构。

三、教学难点

通过观察、分析和练习掌握硬笔隶书包围结构的书写技巧，并应用于常见字。

四、课前准备

笔、练字本。

五、教学过程

（一）导入

师：同学们，我们上次课学习了硬笔隶书合体字的左右结构，请大家在练字本上书写

上次课的例字。（学生练习，教师巡回指导，并带学生复习上次课内容）

师：同学们认真地完成了复习任务，接下来我们将学习硬笔隶书的包围结构。包围结构的字由内外两个部分组合而成。包围结构可以分为两面包围、三面包围和全包围三类。

检查书法用具、坐姿和执笔姿势。通过图片展示的直观形式呈现硬笔隶书包围结构中"两面包围""三面包围""全包围"的例字。

（二）新授

1. 两面包围之左上包

（1）包围框在字左上部位，通常由撇画和横画围成。横画长短得宜，撇画向左舒展。框内部件稍偏右，超过上横。

（2）教师示范并讲解"左上包"，学生练习例字"在""庆"。教师指导并纠正学生书写过程中的问题。

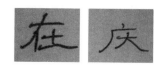

2. 两面包围之右上包

（1）包围框在字的右上部位，如"弌"部或横折钩构成的字，被包围部件稍偏左上，写得自然紧凑。

（2）教师讲解"右包上"例字的处理技巧，学生练习例字"句""式"。教师指导并纠正学生书写过程中的问题。

3. 两面包围之左下包

（1）包围框位于字的左下部位，一般有走之底的字均属于左下包。被包围部件往左下聚拢，字的重心偏左。底部捺画要写得舒展，一波三折。

（2）教师示范并讲解"左下包"例字的写法，学生练习例字"边""送"。教师指导并纠正学生书写过程中存在的问题。

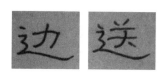

4. 三面包围之左包右

（1）包围框由上、下、左三面边框组成。上横稍短，被包围部件偏右超出上横。底横写长，以"燕尾"捺出。

（2）教师讲解"左包右"的处理技巧，学生练习例字"匡""匣"教师指导并纠正学生书写过程中的问题。

5. 三面包围之上包下

（1）包围框由左、右、上三面边框围成，被包围部件要写得紧凑且靠上。如"冂，门"等偏旁部首的字。

（2）教师讲解"上包下"的结构处理技巧，学生练习例字"风""周"，教师指导并帮助学生纠正在书写过程中的问题。

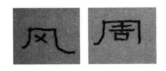

6. 三面包围之下包上

（1）包围框由左、右、下三面围成，字形端庄稳固。被包围部件靠下，写得紧凑些。

（2）教师讲解"上包下"的结构处理技巧，学生练习例字"凶""函"。教师指导并帮助学生纠正在书写过程中的问题。

7. 全包围

（1）由上下左右四面边框围成的字，被包围部分均匀分布，自然紧凑。全包围的字不宜写得太大。

（2）教师讲解"全包围"结构的处理技巧，学生练习例字"团""国"。教师指导并帮助学生纠正在书写过程中的问题。

（三）评比

师：接下来我们玩个游戏——我是小评委：以小组的形式，各小组选出组内认为写得最好的字，呈现给我们班的同学（小评委），小评委以投票的形式选出自己满意的字，并说出写得好的部分。

活动完毕。

教师点评，并带学生回顾本次课内容。

（四）总结

师：本次课我们学习了硬笔隶书包围结构的书写。不管是哪种包围结构，包围与被包围部件都有自然和谐。大部分同学都掌握了今天所学的内容，希望同学们在课后温故而知新。

（五）课后作业

（1）复习本次课内容。

（2）预习下次课的内容。

第七节　硬笔行书

第一课　横画、竖画、撇画

一、教学目标

（1）认识硬笔行书横画、竖画、撇画的不同形态。

（2）理解硬笔行书横画、垂露竖、悬针竖、斜撇、竖撇、平撇，并应用于日常书写。

二、教学重点

认识硬笔行书横画、竖画、撇画的不同形态。

三、教学难点

理解硬笔行书横画、垂露竖、悬针竖、斜撇、竖撇、平撇，并应用于日常书写。

四、课前准备

黑色水性笔、练字本。

五、教学过程

（一）导入

师：课前要求同学们收集有关硬笔行书的资料，有哪位同学可以和大家分享一下他收集到的资料呢？（学生答）

师：硬笔行书有什么特点？硬笔行书和硬笔楷书有什么不同？欣赏硬笔行书作品。

检查书法用具、坐姿和执笔方式。出示硬笔行书横画、竖画、撇画的例字。

（二）新授

1. 横画

（1）向右下轻顿笔起笔，向右行走，末端顿收笔。

（2）短横稍直，长横的中段略有弧度。横画可以略向右上倾斜。

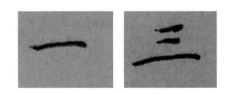

2. 垂露竖

（1）向右下轻顿笔起笔，再向下行笔，行笔路线要直，至末端顿笔回锋。

（2）整个笔画要写得挺拔劲健。

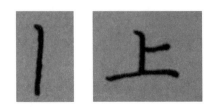

3. 悬针竖

（1）向右下轻顿笔起笔，再向下行笔，行笔路线要直，至末端顿稍驻笔蓄力向下带出笔锋。

（2）悬针竖一般用作一个字的最后一笔。

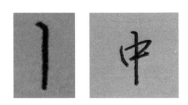

4. 斜撇

（1）向右下轻顿笔起笔，转笔向左下行笔，行笔速度轻快。

（2）笔画略呈弧形。

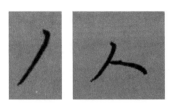

5. 竖撇

（1）向右下轻顿笔起笔，转笔向下行笔，先直后弯曲，行笔速度轻快。

（2）行笔至中段开始向左下弯曲，至末端稍驻笔带出笔锋。

6. 平撇

（1）向右下轻顿笔起笔，转笔向左下行笔，行笔轻快。

（2）笔画短而平。

（三）评比

师：接下来我们玩个游戏——我是小评委：以小组的形式，各小组选出组内认为写得最好的字，呈现给我们班的同学（小评委），小评委以投票的形式选出自己满意的字，并说出写得好的部分。

活动完毕。

教师点评，并带学生回顾本次课内容。

（四）总结

师：本次课我们学习了硬笔行书的横画、竖画、撇画，并且练习了"三、上、中、人、月、禾"等例字。大部分同学都掌握了今天所学的内容，希望同学们在课后温故而知新。

（五）课后作业

（1）复习本次课内容。

（2）预习下次课内容。

第二课　撇画（斜撇、平撇、反撇）、点画

一、教学目标

（1）了解硬笔行书撇画和点画的变化形式。

（2）掌握硬笔行书"斜撇""平撇""反撇""点"的写法，并应用到日常书写中。

二、教学重点

了解硬笔行书撇画和点画变化形式。

三、教学难点

掌握硬笔行书"斜撇""平撇""反撇""点"的写法，并应用到日常书写中。

四、课前准备

黑色水性笔、练字本。

五、教学过程

（一）导入

师：同学们，我们上次课学习了硬笔行书的横画、竖画、撇画，有谁愿意带大家一起回顾上次课内容？（学生上台演示，教师点评，并带学生复习上次课内容）

师：同学们认真地完成了复习任务，接下来我们就进行本次课程的学习。

检查书法用具、坐姿和执笔姿势。通过图片展示的直观形式呈现硬笔行书"斜捺""平捺""反捺""点"的例字。

（二）新授

1. 斜捺

（1）笔尖轻触纸面，向右下渐行渐按笔，笔画由细到粗，至末端顿笔捺出笔锋。

（2）整个笔画粗细分明，行笔轨迹一波三折。

（3）教师示范斜捺的书写，学生在教师的指导下学习斜捺的写法，将笔画运用到"合"字。

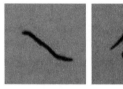

2. 平捺

（1）笔尖轻触纸面，向右下渐行渐按笔，笔画由细到粗，至末端顿笔捺出笔锋。

（2）与斜捺不同的是，平捺与水平线夹角更小，约为 12 度。

（3）教师示范点平捺的书写，学生练习平捺，并将笔画运用到"过"字。

3. 反捺

（1）笔尖轻触纸面，向右下渐行渐按笔，笔画由细到粗，至末端顿笔回锋。

（2）反捺形状与长点相似。

（3）教师示范反捺的书写，学生练习反捺，并将笔画运用到"收"字。

4. 点

（1）笔尖轻触纸面，向右下渐行渐按笔，笔画由细到粗，至末端驻笔向左下带出牵丝，与下一笔呼应。

（2）点画要写得短促而饱满。

（3）教师示范点的书写，学生练习点画，并将点画运用到"市"字。

（三）评比

师：接下来我们玩个游戏——我是小评委：以小组的形式，各小组选出组内写得最好的字，呈现给我们班的同学（小评委），小评委以投票的形式选出自己满意的字，并说出写得好的部分。

活动完毕。

教师点评，并带学生回顾本次课内容。

（四）总结

师：本次课我们学习了硬笔行书的两个基本笔画，"捺"和"点"的写法。大部分同学都掌握了今天所学的内容，希望同学们在课后温故而知新。

（五）课后作业

（1）复习本次课内容。

（2）预习下次课内容。

第三课　钩画（横钩、竖钩、弯钩、横折钩）

一、教学目标

（1）了解硬笔行书"钩"画中的横钩、竖钩、弯钩、横折钩的写法。

（2）掌握硬笔行书"钩"画中的横钩、竖钩、弯钩、横折钩的变化规律，并应用于日常书写。

二、教学重点

了解硬笔行书"钩"画中的横钩、竖钩、弯钩、横折钩的写法。

三、教学难点

掌握硬笔行书"钩"画中的横钩、竖钩、弯钩、横折钩的变化规律。

四、课前准备

黑色水性笔、练字本。

五、教学过程

（一）导入

师：同学们，我们上次课学习了硬笔行书的"斜捺""平捺""反捺""点"，有谁愿意带大家一起回顾上次课内容？（学生上台演示，教师点评，并带学生复习上次课内容）

师：同学们认真地完成了复习任务，接下来我们就进行本次课程的学习。

检查书法用具、坐姿和执笔姿势。通过图片展示的直观形式呈现硬笔行书的"钩"画中横钩、竖钩、弯钩、横折钩的例字。

（二）新授

（1）简单介绍"钩"——"横钩""竖钩""弯钩""横折钩"等几种行笔笔画。

（2）逐一讲解和示范几种钩画写法。

1. 横钩

（1）轻顿笔起笔，向右上行笔，不可太斜。

（2）横画末端稍驻笔，顺势向左下出钩。横画略有弧度，出钩要短促。

（3）教师示范并讲解"横钩"的写法，学生练习，并应用到例字"宇"。教师指导并纠正学生书写过程中的问题。

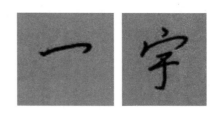

2. 竖钩

（1）轻顿笔起笔，折笔向下，至笔画末端驻笔蓄势向左上出钩。

（2）竖画要直，钩画短促而有力。

（3）教师示范并讲解"竖钩"的写法，学生练习，并应用到"于"字。教师指导并纠正学生书写过程中的问题。

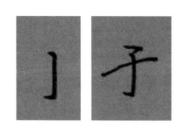

3. 弯钩

（1）露锋起笔，笔尖接触纸面后渐行渐按笔，行笔轨迹略有弧度，至笔画末端蓄势向左上出钩。

（2）弯的弧度不宜太大，出钩要短促有力。

（3）教师示范并讲解"弯钩"的写法，学生练习，并应用到"手"字。教师指导并纠正学生书写过程中的问题。

4. 横折钩

（1）先写横画，至转折处稍驻笔，顺势折笔而下。

（2）横画短折画长时，竖垂直。

（3）横长折短时折画略向左下倾斜。

（4）教师示范并讲解两种"横折钩"的写法，学生练习，并应用到"问"和"刀"字，学生练习例字。教师指导并纠正学生书写过程中的问题。

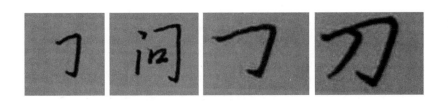

5. 小结

师：行书"钩"画变化十分丰富，书写时运用不同的"钩"画能使字更加生动活泼。

（三）评比

师：接下来我们玩个游戏——我是小评委：以小组的形式，各小组选出组内写得最好的字，呈现给我们班的同学（小评委），小评委以投票的形式选出自己满意的字，并说出写得好的部分。

活动完毕。

教师点评，并带学生回顾本次课内容。

（四）总结

师：本次课我们学习了硬笔行书"钩"画中的横钩、竖钩、弯钩、横折钩的写法。大部分同学都掌握了今天所学的内容。希望同学们在课后温故而知新。

（五）课后作业

（1）复习本次课内容。

（2）预习下次课内容。

第四课　钩画（斜钩、卧钩、竖弯钩、浅钩、横折弯钩、横折斜钩）

一、教学目标

（1）了解硬笔行书"钩"画的斜钩、卧钩、竖弯钩、浅钩、横折弯钩、横折斜钩的书写方法。

（2）掌握"钩"画的斜钩、卧钩、竖弯钩、浅钩、横折弯钩、横折斜钩的变化规律，并应用于日常书写。

二、教学重点

了解硬笔行书"钩"画的斜钩、卧钩、竖弯钩、浅钩、横折弯钩、横折斜钩的书写方法。

三、教学难点

掌握"钩"画的斜钩、卧钩、竖弯钩、浅钩、横折弯钩、横折斜钩的变化规律，并应用于日常书写。

四、课前准备

黑色签字笔、练字本。

五、教学过程

（一）导入

师：同学们，我们上次课学习了硬笔行书钩画的横钩、竖钩、弯钩、横折钩，有谁愿意带大家一起回顾上次课内容？（学生上台演示，教师点评，并带学生复习上次课内容）

师：同学们认真地完成了复习任务，接下来我们就进行本次课程的学习。

检查书法用具、坐姿和执笔姿势。通过图片展示的直观形式呈现硬笔行书"钩"画的斜钩、卧钩、竖弯钩、浅钩、横折弯钩、横折斜钩的例字。

（二）新授

1. 斜钩

（1）轻顿笔起笔，折笔向右下行笔，至笔画末端稍驻笔向右上出钩。

（2）笔画中段略有弧度，要写得挺拔劲健。

（3）教师示范并讲解"斜钩"的写法，学生练习，并应用到"浅"字。教师指导并纠正学生书写过程中的问题。

2. 卧钩

（1）露锋起笔，行笔轨迹略有弧度，出钩往字的中心方向。

（2）卧钩的弧度不宜太大。

（3）教师示范并讲解"卧钩"的写法，学生练习，并应用到"心"字。教师指导并纠正学生书写过程中的问题。

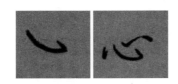

3. 竖弯钩

（1）轻顿笔起笔，转笔而下。

（2）拐弯处要圆转流畅，底部横画稍平，至末端主笔向上出钩。

（3）教师示范并讲解"竖弯钩"的写法，学生练习，并应用到"元"字。教师指导并纠正学生书写过程中的问题。

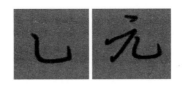

4. 浅钩

（1）浅钩呈 V 形状，底部转弯处有一定的弧度。

（2）是由竖弯钩快速而连贯书写演变而来。

（3）教师示范并讲解"浅钩"的写法，学生练习，并应用到"论"字。教师指导并纠正学生书写过程中的问题。

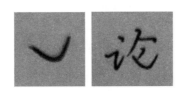

5. 横折弯钩

（1）先写横画，至末端稍驻笔折笔而下，转弯处圆转流畅，底部的横画稍平，出钩向上。

（2）折画略向左下倾斜，为拐弯蓄势。

（3）教师示范并讲解"横折弯钩"的写法，学生练习，并应用到"艺"字。教师指导并纠正学生书写过程中的问题。

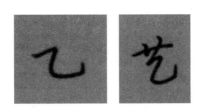

6. 横折斜钩

（1）先写横画，至末端折笔写斜钩。

（2）横画取斜势，斜钩先直后斜，斜钩的出钩向上。

（3）教师示范并讲解"横折斜钩"的写法，学生练习，并应用到"气"字。教师指导并纠正学生书写过程中的问题。

7. 小结

师：行书"钩"画变化比较丰富，书写时根据不同的情况使用不同的"钩"画可使行书更加灵动。

（三）评比

师：接下来我们玩个游戏——我是小评委：以小组的形式，各小组选出组内写得最好的字，呈现给我们班的同学（小评委），小评委以投票的形式选出自己满意的字，并说出写得好的部分。

活动完毕。

教师点评，并带学生回顾本次课内容。

（四）总结

师：本次课我们学习了硬笔行书的钩画的写法，并训练了斜钩、卧钩、竖弯钩、浅钩、横折弯钩、横折斜钩的例字。大部分同学都掌握了今天所学的内容，希望同学们在课后温故而知新。

（五）课后作业

（1）复习本次课内容。

（2）预习下次课内容。

第五课 提、竖提、横撇、字框

一、教学目标

（1）了解硬笔行书"提""竖提"和"横撇"几种不同形式以及"长形字框"和"扁形字框"的写法。

（2）掌握提画、竖提、横撇、字框的变化规律，并应用到日常书写。

二、教学重点

了解硬笔行书"提"和"竖提""横撇"的几种不同形式，"长形字框"和"扁形字框"的写法。

三、教学难点

掌握提画、竖提、横撇、字框的变化规律，并应用到日常书写。

四、课前准备

黑色签字笔、练字本。

五、教学过程

（一）导入

师：同学们，我们上次课学习了硬笔行书"钩"画的斜钩、卧钩、竖弯钩、浅钩、横折弯钩、横折斜钩的书写，有谁愿意带大家一起回顾上次课内容？（学生上台演示，教师点评，并带学生复习上次课内容）

师：同学们认真地完成了复习任务，接下来我们就进行本次课程的学习。

检查书法用具、坐姿和执笔姿势。通过图片展示的直观形式呈现硬笔行书"提""竖提"和"横撇"的几种不同形式，"长形字框"和"扁形字框"的例字。

（二）新授

1. 提

（1）起笔轻切。

（2）转笔往右上方提出，末端尖。

（3）提画快速、有力，指向下一笔起笔处。

（4）教师示范提的书写，学生在教师的指导下学习提的写法，将笔画运用到字中，开始学习"冲"字。

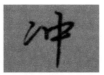

2. 竖提

（1）轻顿笔起笔，折笔而下。

（2）竖画末端驻笔蓄势向右上挑出笔锋，提画宜写长一些。

（3）教师示范竖提的书写，学生练习，并应用到"很"字，教师巡回指导。

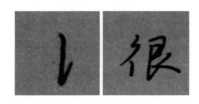

3. 横撇

（1）先写横画，至末端稍驻笔顺势向左下撇出。

（2）横画斜而短，撇画轻快且略有弧度。

（3）教师示范横撇书写，学生练习，并应用到"永"字，教师巡回指导。

4. 长形字框

（1）长形字框的两竖要写长，略呈"八"字开脚。

（2）左竖较右竖稍短。

（3）教师示范长形字框书写，学生练习，并应用到"同"字，教师巡回指导。

5. 扁形字框

（1）扁形字框呈倒梯形状。

（2）左竖稍短。横折钩的折画向左倾斜。

（3）教师示范扁形字框书写，学生练习，并应用到"尚"字，教师巡回指导。

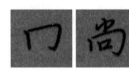

（三）评比

师：接下来我们玩个游戏——我是小评委：以小组的形式，各小组选出组内写得最好的字，呈现给我们班的同学（小评委），小评委以投票的形式选出自己满意的字，并说出写得好的部分。

活动完毕。

教师点评，并带学生回顾本次课内容。

（四）总结

师：本次课我们学习了硬笔行书"提""竖提"和"横撇"几种不同形式，"长形字框"和"扁形字框"的例字。大部分同学都掌握了今天所学的内容，希望同学们在课后温故而知新。

（五）课后作业

（1）复习本次课内容。

（2）预习下次课内容。

第六课 连笔（一）

一、教学目标

（1）了解硬笔行书中"连笔"多种变化笔画的书写方法。

（2）掌握硬笔行书中"连笔"的变化规律，并应用到日常书写中。

二、教学重点

了解硬笔行书中"连笔"多种变化笔画的书写方法。

三、教学难点

掌握硬笔行书中"连笔"的变化规律，并应用到日常书写中。

四、课前准备

黑色水性笔、练字本。

五、教学过程

（一）导入

师：同学们，我们上次课学习了硬笔行书"提、竖提、横撇"的书写，有谁愿意带大家一起回顾上次课内容？（学生上台演示，教师点评，并带学生复习上次课内容）

师：同学们认真地完成了复习任务，接下来我们就进行本次课程的学习。

检查书法用具、坐姿和执笔姿势。通过图片展示的直观形式呈现硬笔行书连笔的例字。

（二）新授

1. 撇横连笔

（1）撇画末端驻笔变向连写横画，横画取斜势。

（2）连笔构成的部件宜写得短小。

（3）教师示范并讲解撇横连笔的写法，学生练习，并应用到"午"字。教师指导并纠正学生书写过程中的问题。

2. 上横与长撇连笔

（1）横画短而斜，横画末端驻笔变向写撇画。

（2）横画与撇画的夹角为锐角。

（3）教师示范并讲解上横与长撇连笔的写法，学生练习，并应用到"历"字。教师指导并纠正学生书写过程中的问题。

3. 横竖横连笔

（1）上横与竖画连笔处转笔呈弧形，下横与竖画连笔处折笔呈锐角。

（2）教师示范并讲解"横竖横连笔"的写法，学生练习，并应用到"右"字。教师指导并纠正学生书写过程中的问题。

4. 横与竖折折钩连笔

（1）简写成横折折撇，与阿拉伯数字"3"相似。

（2）教师示范并讲解横与竖折折钩连笔的写法，学生练习，并应用到"夸"字。教师指导并纠正学生书写过程中的问题。

5. 横向两点两连笔

（1）笔画有跳跃感。

（2）教师示范并讲解横向两点两连笔的写法，学生练习，并应用到"兴"字。教师指导并纠正学生书写过程中的问题。

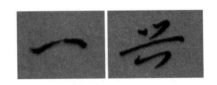

（三）评比

师：接下来我们玩个游戏——我是小评委：以小组的形式，各小组选出组内写得最好

的字，呈现给我们班的同学（小评委），小评委以投票的形式选出自己满意的字，并说出写得好的部分。

活动完毕。

教师点评，并带学生回顾本次课内容。

（四）总结

师：本次课我们学习了硬笔行书中的"连笔"，其变化比较丰富，书写时应根据具体情况连笔。连笔不可胡乱缠绕，要写得简约而灵动。大部分同学都掌握了今天所学的内容。希望同学们在课后温故而知新。

（五）课后作业

（1）复习本次课内容。

（2）预习下次课内容。

第七课　连笔（二）

一、教学目标

（1）了解硬笔行书中"连笔"多种变化笔画的书写方法。

（2）掌握硬笔行书中"连笔"的变化规律，并应用到日常书写中。

二、教学重点

了解硬笔行书中"连笔"多种变化笔画的书写方法。

三、教学难点

掌握硬笔行书中"连笔"的变化规律，并应用到日常书写中。

四、课前准备

黑色水性笔、练字本。

五、教学过程

（一）导入

师：同学们，我们上次课学习了硬笔行书连笔的写法，有谁愿意带大家一起回顾上次课内容？（学生上台演示，教师点评，并带学生复习上次课内容）

师：同学们认真地完成复习任务，接下来我们就进行本次课程的学习。

检查书法用具、坐姿和执笔姿势。通过图片展示的直观形式呈现硬笔行书连笔的例字。

（二）新授

1. 竖与两个底横连笔

（1）竖画出钩与上横相连，两横写出横折折状，折中带转，一气呵成。

（2）一般而言，一个字的最后一笔为竖与两个底横时采用这种写法。

（3）教师示范并讲解竖与两个底横连笔的写法，学生练习，并应用到"里"字。教师指导并纠正学生书写过程中的问题。

2. 竖与四横组合的连笔

（1）首横独立，其余三横连写。

（2）横画较竖画短，首横与末横较中间两横长。

（3）教师示范并讲解竖与四横组合的连笔的写法，学生练习，并应用到"佳"字。教师指导并纠正学生书写过程中的问题。

3. 点与四横一竖连笔

（1）点画独立，首横与竖画连写，其余三横连写。

（2）首横与末横稍长，中间两横短。

（3）教师示范并讲解点与四横一竖连笔的写法，学生练习，并应用到"难"字。教师指导并纠正学生书写过程中的问题。

4. 三横连笔

（1）中间横画短，第三横稍长。

（2）中间有横向的两点可写成横画，提升书写连贯性与速度。

（3）教师示范并讲解三横连笔的写法，学生练习，并应用到"来"字。教师指导并纠正学生书写过程中的问题。

5. 撇与反捺连笔

（1）可写成短小的撇折。

（2）教师示范并讲解撇与反捺连笔的写法，学生练习，并应用到"奇"字。教师指导并纠正学生书写过程中的问题。

（三）评比

师：接下来我们玩个游戏——我是小评委：以小组的形式，各小组选出组内写得最好的字，呈现给我们班的同学（小评委），小评委以投票的形式选出自己满意的一张，并说出写得好的地方。

活动完毕。

教师点评，并带学生回顾本次课内容。

（四）总结

师：本次课我们学习了硬笔行书中的"连笔"，其变化比较丰富，书写时应根据具体情况连笔。连笔不可胡乱缠绕，要写得简约而灵动。大部分同学都掌握了今天所学的内容。希望同学们在课后温故而知新。

（五）课后作业

（1）复习本次课内容。

（2）预习下次课内容。

第八课　两点水、三点水、王字旁、木字旁、禾字旁

一、教学目标

（1）了解硬笔行书两点水、三点水、王字旁、木字旁、禾字旁的常见写法。

（2）掌握硬笔行书两点水、三点水、王字旁、木字旁和禾字旁五个偏旁的书写规律并应用到日常书写中。

二、教学重点

了解硬笔行书两点水、三点水、王字旁、木字旁、禾字旁的常见写法。

三、教学难点

掌握硬笔行书两点水、三点水、王字旁、木字旁和禾字旁五个偏旁的书写规律并应用到日常书写中。

四、课前准备

黑色水性笔、练字本。

五、教学过程

（一）导入

师：同学们，我们上次课学习了硬笔行书连笔的写法，有谁愿意带大家一起回顾上次课内容？（学生上台演示，教师点评，并带学生复习上次课内容）

师：同学们认真地完成了复习任务，接下来我们就进行本次课程的学习。

检查书法用具、坐姿和执笔姿势。通过图片展示的直观形式呈现硬笔行书两点水、三点水、王字旁、木字旁、禾字旁的例字。

（二）新授

1. 两点水

（1）点画短小，笔画末端与挑画起笔呼应。

（2）挑画稍长，出锋与右部件起笔呼应。

（3）点和挑应写得紧凑，两点水在字中位置靠上。

（4）教师示范并讲解“两点水”的写法，学生练习，并应用到“次”字。教师指导并纠正学生书写过程中的问题。

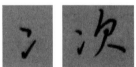

2. 三点水

（1）首点独立。

（2）第二点、第三点连笔写成竖提，提画出锋与右部件起笔呼应。

（3）教师示范并讲解“三点水”的写法，学生练习，并应用到“河”字。教师指导并纠正学生书写过程中的问题。

3. 王字旁

（1）所有笔画连贯书写，一气呵成。

（2）中段转折要有节奏，不可写成圆圈。

（3）最后一笔挑画出锋与右部件呼应。

（4）教师示范并讲解“王字旁”的写法，学生练习，并应用到“理”字。教师指导并纠正学生书写过程中的问题。

4. 木字旁

（1）横画稍斜。

（2）竖画与横画的交接点靠右，撇与反捺写成撇折。

（3）教师示范并讲解"木字旁"的写法，学生练习，并应用到"林"字。教师指导并纠正学生书写过程中的问题。

5. 禾字旁

（1）比木字旁多出上方的平撇，右边收笔平齐，作出让右之势。

（2）教师示范并讲解"禾字旁"的写法，学生练习，并应用到"积"字。教师指导并纠正学生书写过程中的问题。

（三）评比

师：接下来我们玩个游戏——我是小评委：以小组的形式，各小组选出组内写得最好的字，呈现给我们班的同学（小评委），小评委以投票的形式选出自己满意的字，并说出写得好的部分。

活动完毕。

教师点评，并带学生回顾本次课内容。

（四）总结

师：本次课我们学习了硬笔行书中的两点水、三点水、王字旁、木字旁和禾字旁等左偏旁的书写。一般而言，左偏旁较窄，若最后一笔为挑画，挑画出锋与右部件呼应。大部分同学都掌握了今天所学的内容，希望同学们在课后温故而知新。

（五）课后作业

（1）复习本次课内容。

（2）预习下次课内容。

第九课　米字旁、提手旁、牛字旁、左耳旁

一、教学目标

（1）了解硬笔行书中米字旁、提手旁、牛字旁、左耳旁的常见写法。

（2）掌握硬笔行书的米字旁、提手旁、牛字旁、左耳旁等偏旁书写规律，并应用到日常书写。

二、教学重点

了解硬笔行书中米字旁、提手旁、牛字旁、左耳旁的常见写法。

三、教学难点

掌握硬笔行书的米字旁、提手旁、牛字旁、左耳旁等偏旁的书写规律，并应用到日常书写。

四、课前准备

黑色水性笔、练字本。

五、教学过程

（一）导入

师：同学们，我们上次课学习了硬笔行书两点水、三点水、王字旁、木字旁、禾字旁的写法，有谁愿意带大家一起回顾上次课内容？（学生上台演示，教师点评，并带学生复习上次课内容）

师：同学们认真地完成了复习任务，接下来我们就进行本次课程的学习。

检查书法用具、坐姿和执笔姿势。通过图片展示的直观形式呈现硬笔行书的米字旁、提手旁、牛字旁、左耳旁例字。

（二）新授

1. 米字旁

（1）横画将竖画平均分割，上方两点连写，撇捺写成撇提。

（2）整个部件右边收笔平齐，作让右之势。

（3）教师示范并讲解"米字旁"的写法，学生练习，并应用到"粮"字。教师指导并纠正学生书写过程中的问题。

2. 提手旁

（1）横画稍短。

（2）竖钩与提画连写。

（3）提画稍有弧度，与右部件起笔呼应。

（4）教师示范并讲解"提手旁"的写法，学生练习，并应用到"报"字。教师指导并纠正学生书写过程中的问题。

3. 牛字旁

（1）牛字旁可一笔写成，也可分两笔，自然连贯。

（2）提画出锋与右部件呼应。

（3）整个部件长度视右部件而定。

（4）教师示范并讲解"牛字旁"的写法，学生练习，并应用到"物"字。教师指导并纠正学生书写过程中的问题。

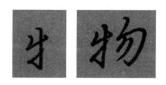

4. 左耳旁

（1）横画略有斜度，横折弯钩应写紧凑，竖画作挺拔劲健的垂露竖。

（2）学生在教师的指导下练习"左耳旁"的写法，将偏旁运用到"阳"字。教师指导并纠正学生书写过程中的问题。

（三）评比

师：接下来我们玩个游戏——我是小评委：以小组的形式，各小组选出组内写得最好的字，呈现给我们班的同学（小评委），小评委以投票的形式选出自己满意的字，并说出写得好的部分。

活动完毕。

教师点评，并带学生回顾本次课内容。

（四）总结

师：本次课我们学习了硬笔行书中的"米字旁""提手旁""牛字旁""左耳旁"等左偏旁的书写。一般而言左偏旁较窄，若最后一笔为挑画，挑画出锋与右部件呼应。大部分同学都掌握了今天所学的内容，希望同学们在课后温故而知新。

（五）课后作业

（1）复习本次课内容。

（2）预习下次课内容。

第十课　示字旁、衣字旁、火字旁、子字旁、弓字旁

一、教学目的

（1）了解硬笔行书示字旁、衣字旁、火字旁、子字旁、弓字旁等偏旁的常见写法。

（2）掌握硬笔行书示字旁、衣字旁、火字旁、子字旁、弓字旁等偏旁的书写规律，并应用到日常书写。

二、教学重点

了解硬笔行书示字旁、衣字旁、火字旁、子字旁、弓字旁等偏旁的常见写法。

三、教学难点

掌握硬笔行书示字旁、衣字旁、火字旁、子字旁、弓字旁等偏旁的书写规律，并应用到日常书写。

四、课前准备

黑色水性笔、练字本。

五、教学过程

（一）导入

师：同学们，我们上次课学习了硬笔行书米字旁、提手旁、牛字旁、左耳旁的写法，有谁愿意带大家一起回顾上次课内容？（学生上台演示，教师点评，并带学生复习上次课内容）

师：同学们认真地完成了复习任务，接下来我们就进行本次课程的学习。

检查书法用具、坐姿和执笔姿势。通过图片展示的直观形式呈现硬笔行书"示字旁""衣字旁""火字旁""子字旁""弓字旁"的例字。

（二）新授

1. 示字旁

（1）点画独立，横画与竖画连笔写出横折，左右两点写出撇提。

（2）整个部件长度视右部件而定。

（3）学生在教师的指导下练习"示字旁"的写法，将偏旁运用到"神"字。教师指导并纠正学生书写过程中的问题。

2. 衣字旁

（1）行书中衣字旁写法与示字旁同。应注意的是在楷书中，衣字旁比示字旁多出右点。

（2）教师示范"衣字旁"的书写，学生练习，并应用到"初"字。教师指导并纠正学生书写过程中的问题。

3. 火字旁

（1）左右两点连笔写成撇折。

（2）可两笔写成，也可分成三笔。

（3）右下角的点画写短小，作出让右之势。

（4）教师示范"火字旁"的书写，学生练习，并应用到"灯"字。教师指导并纠正学生书写过程中的问题。

4. 子字旁

（1）一笔写成。

（2）弯钩的弧度稍大，横画作提画，与右部件呼应。

（3）教师示范"子字旁"书写，学生练习，并应用到"孩"字。教师指导并纠正学生书写过程中的问题。

5. 弓字旁

（1）一笔写成。

（2）三个横折，中间的横折写紧凑，下方横折有一定弧度。

（3）教师示范"弓字旁"的书写，学生练习，并应用到"弘"字。教师指导并纠正学生书写过程中的问题。

（三）评比

师：接下来我们玩个游戏——我是小评委：以小组的形式，各小组选出组内写得最好的字，呈现给我们班的同学（小评委），小评委以投票的形式选出自己满意的字，并说出写得好的部分。

活动完毕。

教师点评，并带学生回顾本次课内容。

（四）总结

师：本次课我们学习硬笔行书中的示字旁、衣字旁、火字旁、子字旁、弓字旁等左偏旁的书写。一般而言，左偏旁较窄，若最后一笔为挑画，挑画出锋与右部件呼应。大部分同学都掌握了今天所学的内容。希望同学们在课后温故而知新。

（五）课后作业

（1）复习本次课内容。

（2）预习下次课内容。

第十一课　月字旁、食字旁、绞丝旁、足字旁、立刀旁、鸟字旁

一、教学目的

（1）了解硬笔行书月字旁、食字旁、绞丝旁、足字旁、立刀旁、鸟字旁等偏旁的常见写法。

（2）掌握硬笔行书月字旁、食字旁、绞丝旁、足字旁、立刀旁、鸟字旁等偏旁的书写规律，并应用到日常书写。

二、教学重点

了解硬笔行书月字旁、食字旁、绞丝旁、足字旁、立刀旁、鸟字旁等偏旁的常见写法。

三、教学难点

掌握硬笔行书月字旁、食字旁、绞丝旁、足字旁、立刀旁、鸟字旁等偏旁的书写规律，并应用到日常书写。

四、课前准备

黑色水性笔、练字本。

五、教学过程

（一）导入

师：同学们，我们上次课学习了硬笔行书示字旁、衣字旁、火字旁、子字旁、弓字旁的写法，有谁愿意带大家一起回顾上次课内容？（学生上台演示，教师点评，并带学生复习上次课内容）

师：同学们认真地完成了复习任务，接下来我们就进行本次课程的学习。

检查书法用具、坐姿和执笔姿势。通过图片展示的直观形式呈现硬笔行书月字旁、食字旁、绞丝旁、足字旁、立刀旁、鸟字旁的例字。

（二）新授

1. 月字旁

（1）月字旁应写长。

（2）字框内两横连写成竖提。

（3）教师示范"月字旁"的书写，学生练习，并应用到"胜"字。教师指导并纠正学生书写过程中的问题。

2. 食字旁

（1）撇画与横钩连写。

（2）竖提的竖画要写直，提画与右部件呼应。

（3）教师示范"食字旁"的书写，学生练习，并应用到"饺"字。教师指导并纠正学生书写过程中的问题。

3. 绞丝旁

（1）一笔写成，有转有折，自然连贯。

（2）整个部件宜写窄。

（3）教师示范并讲解"绞丝旁"的写法，学生练习，并应用到"络"字。教师指导并纠正学生书写过程中的问题。

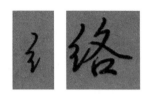

4. 足字旁

（1）足字旁两笔写成，口部的左竖独立，其余笔画连贯书写。

（2）最后一笔挑出笔锋与右部件呼应。

（3）教师示范并讲解"足字旁"的写法，学生练习，并应用到"路"字。教师指导并纠正学生书写过程中的问题。

5. 立刀旁

（1）短竖写成挑点，收笔与竖钩呼应。

（2）竖钩要写得稍长，挺拔劲健。

（3）教师示范并讲解"立刀旁"的写法，学生练习，并应用到"列"字。教师指导并纠正学生书写过程中的问题。

6. 鸟字旁

（1）笔画均取斜势。

（2）上撇与横折、点连写。整个部件有断有连，节奏分明。

（3）教师示范并讲解"鸟字旁"的写法，学生练习，并应用到"鸽"字。教师指导并纠正学生书写过程中的问题。

（三）评比

师：接下来我们玩个游戏——我是小评委：以小组的形式，各小组选出组内写得最好的字，呈现给我们班的同学（小评委），小评委以投票的形式选出自己满意的字，并说出写得好的部分。

活动完毕。

教师点评，并带学生回顾本次课内容。

（四）总结

师：本次课我们学习了硬笔行书中的月字旁、食字旁、绞丝旁、足字旁、立刀旁、鸟字旁的书写。大部分同学都掌握了今天所学的内容，希望同学们在课后温故而知新。

（五）课后作业

（1）复习本次课内容。

（2）预习下次课内容。

第十二课　女字旁、立字旁、单人旁、双人旁、土字旁、金字旁

一、教学目标

（1）了解硬笔行书中"女字旁""立字旁""单人旁""双人旁""土字旁""金字旁"等偏旁的常见写法。

（2）掌握硬笔行书中"女字旁""立字旁""单人旁""双人旁""土字旁""金字旁"等偏旁的书写规律，并应用到日常书写。

二、教学重点

了解硬笔行书中"女字旁""立字旁""单人旁""双人旁""土字旁""金字旁"等偏旁的常见写法。

三、教学难点

掌握硬笔行书中"女字旁""立字旁""单人旁""双人旁""土字旁""金字旁"等偏旁的书写规律，并应用到日常书写。

四、课前准备

黑色水性笔、练字本。

五、教学过程

（一）导入

师：同学们，我们上次课学习了硬笔行书"月字旁""食字旁""绞丝旁""足字旁""立刀旁""鸟字旁"的写法，有谁愿意带大家一起回顾上次课内容？（学生上台演示，教师点评，并带学生复习上次课内容）

师：同学们认真地完成了复习任务，接下来我们就进行本次课程的学习。

检查书法用具、坐姿和执笔姿势。通过图片展示的直观形式呈现硬笔行书"女字旁""立字旁""单人旁""双人旁""土字旁""金字旁"的例字。

（二）新授

1. 女字旁

（1）两笔写成。

（2）撇折写成右斜的长点，撇画稍直并起到支撑作用，提画与右部件呼应。

（3）教师示范并讲解"女字旁"的写法，学生练习，并应用到"姓"字。教师指导并纠正学生书写过程中的问题。

2. 立字旁

（1）首点独立，其余笔画连写成横折折提，中间的折画收紧；提画稍有弧度，与右部件呼应。

（2）教师示范并讲解"立字旁"的写法，学生练习，并应用到"站"字。教师指导并纠正学生书写过程中的问题。

3. 单人旁

（1）撇画长而斜，竖画写短而直，竖画起笔位于撇画中点。

（2）教师示范并讲解"单人旁"的写法，学生练习，并应用到"你"字。教师指导并纠正学生书写过程中的问题。

4. 双人旁

（1）两撇连写，首撇短，下撇长。

（2）竖画作垂露竖，写得短小精悍。

（3）教师示范并讲解"双人旁"的写法，学生练习，并应用到"行"字。教师指导并纠正学生书写过程中的问题。

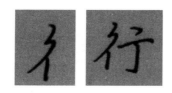

5. 土字旁

（1）上横略斜，竖和提连写成竖提，提画出锋与右部件呼应。

（2）整个部件右边收笔平齐，作让右之势。

（3）教师示范并讲解"土字旁"的写法，学生练习，并应用到"培"字。教师指导并纠正学生书写过程中的问题。

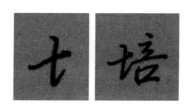

6. 金字旁

（1）首撇长而斜。

（2）三横距离均匀，中间横画略短。提画稍有弧度，与右部件呼应。

（3）整个部件右边收笔平齐，作让右之势。

（4）教师示范并讲解"金字旁"的写法，学生练习，并应用到"钢"字。教师指导并纠正学生书写过程中的问题。

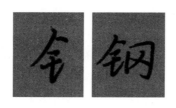

（三）评比

师：接下来我们玩个游戏——我是小评委：以小组的形式，各小组选出组内写得最好的字，呈现给我们班的同学（小评委），小评委以投票的形式选出自己满意的字，并说出写得好的部分。

活动完毕。

教师点评，并带学生回顾本次课内容。

（四）总结

师：我们本次课学习了硬笔行书中"女字旁""立字旁""单人旁""双人旁""土字旁""金字旁"的书写。大部分同学都掌握了今天所学的内容。希望同学们在课后温故而知新。

（五）课后作业

（1）复习本次课内容。

（2）预习下次课内容。

第十三课　言字旁、日字旁、口字旁、石字旁、单耳旁、右耳旁

一、教学目标

（1）了解硬笔行书中言字旁、日字旁、口字旁、石字旁、单耳旁、右耳旁的常见写法。

（2）掌握硬笔行书中言字旁、日字旁、口字旁、石字旁、单耳旁、右耳旁的书写规律，并应用到日常书写。

二、教学重点

了解硬笔行书中言字旁、日字旁、口字旁、石字旁、单耳旁、右耳旁的常见写法。

三、教学难点

掌握硬笔行书中言字旁、日字旁、口字旁、石字旁、单耳旁、右耳旁的书写规律，并应用到日常书写。

四、课前准备

黑色水性笔、练字本。

五、教学过程

（一）导入

师：同学们，我们上次课学习了硬笔行书"女字旁""立字旁""单人旁""双人旁""土字旁""金字旁"的写法，有谁愿意带大家一起回顾上次课内容？（学生上台演示，教师点评，并带学生复习上次课内容）

师：同学们认真地完成了复习任务，接下来我们就进行本次课程的学习。

检查书法用具、坐姿和执笔姿势。通过图片展示的直观形式呈现硬笔行书言字旁、日字旁、口字旁、石字旁、单耳旁、右耳旁的例字。

（二）新授

1. 言字旁

（1）首点与横折提之间留出较宽缝隙，并与折画对齐，提画出锋与右部件呼应。

（2）言字旁的大小视右部件而定。

（3）教师示范并讲解"言字旁"的写法，学生练习，并应用到"许"字。教师指导并纠正学生书写过程中的问题。

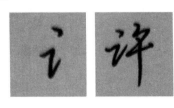

2. 日字旁

（1）整个部件写窄，字框内两横写成横折提。

（2）日字旁长度视右部件而定。

（3）教师示范并讲解"日字旁"的写法，学生练习，并应用到"时"字。教师指导并纠正学生书写过程中的问题。

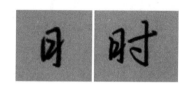

3. 口字旁

（1）一笔写成。左竖写成右侧点，其余笔画写成横折提，底部不封口。

（2）口字旁作为左偏旁应写小，位置靠上。

（3）教师示范并讲解"口字旁"的写法，学生练习，并应用到"吃"字。教师指导并纠正学生书写过程中的问题。

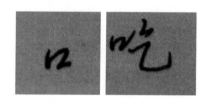

4. 石字旁

（1）横撇连笔，横短撇长，撇画出锋。

（2）下方口部与口字旁写法相同。

（3）整个部件应写窄。

（4）教师示范并讲解"石字旁"的写法，学生练习，并应用到"硬"字。教师指导并纠正学生书写过程中的问题。

5. 单耳旁

（1）横画承上笔笔势，露锋起笔。

（2）横折钩写窄。

（3）竖画作悬针竖。

（4）教师示范并讲解"单耳旁"的写法，学生练习，并应用到"即"字。教师指导并纠正学生书写过程中的问题。

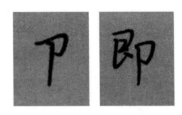

6. 右耳旁

（1）与左耳旁写法相似，竖画作悬针竖写得挺拔劲健。

（2）教师示范并讲解"右耳旁"的写法，学生练习，并应用到"邮"字。教师指导并纠正学生书写过程中的问题。

（三）评比

师：接下来我们玩个游戏——我是小评委：以小组的形式，各小组选出组内写得最好的字，呈现给我们班的同学（小评委），小评委以投票的形式选出自己满意的字，并说出写得好的部分。

活动完毕。

教师点评，并带学生回顾本次课内容。

（四）总结

师：我们本次课学习了硬笔行书中"言字旁""日字旁""口字旁""石字旁""单耳旁""右耳旁"的书写。大部分同学都掌握了今天所学的内容。希望同学们在课后温故而知新。

（五）课后作业

（1）复习本次课内容。

（2）预习下次课内容。

第十四课 草字头（两种）、竹字头、人字头、折文头、秃宝盖

一、教学目标

（1）了解硬笔行书中"草字头"（两种）"竹字头""人字头""折文头""秃宝盖"等偏旁部首常见写法。

（2）掌握硬笔行书中"草字头"（两种）"竹字头""人字头""折文头""秃宝盖"等偏旁部首的书写规律，并应用到日常书写。

二、教学重点

了解硬笔行书中"草字头"（两种）"竹字头""人字头""折文头""秃宝盖"等偏旁部首的常见写法。

三、教学难点

掌握硬笔行书中"草字头"（两种）"竹字头""人字头""折文头""秃宝盖"等偏旁部首的书写规律，并应用到日常书写。

四、课前准备

黑色水性笔、练字本。

五、教学过程

（一）导入

师：同学们，我们上次课学习了硬笔行书"言字旁""日字旁""口字旁""石字旁""单耳旁""右耳旁"的写法，有谁愿意带大家一起回顾上次课内容？（学生上台演示，教师点评，并带学生复习上次课内容）

师：同学们认真地完成了复习任务，接下来我们就进行本次课程的学习。

检查书法用具、坐姿和执笔姿势。通过图片展示的直观形式呈现硬笔行书的"草字头"（两种）"竹字头""人字头""折文头""秃宝盖"例字。

（二）新授

1. 草字头（一）

（1）横画略有斜度。

（2）短竖和短撇呈上开下合之势。

（3）教师示范并讲解第一种"草字头"的写法，学生练习，并应用到"节"字。教师指导并纠正学生书写过程中的问题。

2. 草字头（二）

（1）横画略有斜度，横画上方作连贯的两点。

（2）教师示范并讲解第二种"草字头"的写法，学生练习，并应用到"落"字。教师指导并纠正学生书写过程中的问题。

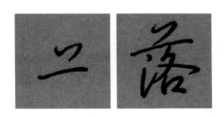

3. 竹字头

（1）一笔写成。

（2）左低右高，一气呵成。

（3）竹字头一般写得较宽扁。

（4）教师示范并讲解"竹子头"的写法，学生练习，并应用到"笔"字。教师指导并纠正学生书写过程中的问题。

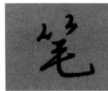

4. 人字头

（1）撇长而斜，捺画作反捺。

（2）整个部件宜写宽扁，能覆盖下部件。

（3）教师示范并讲解"人字头"的写法，学生练习，并应用到"全"字。教师指导并纠正学生书写过程中的问题。

5. 折文头

（1）上撇与横撇连写。

（2）捺画作反捺，写得长而平。

（3）教师示范并讲解"折文头"的写法，学生练习，并应用到"条"字。教师指导并纠正学生书写过程中的问题。

6. 秃宝盖

（1）一笔写成，撇点末端驻笔变向写横钩，横钩略有弧度。

（2）一般而言，秃宝盖应写宽，能覆盖下部件为宜。

（3）教师示范并讲解"秃宝盖"的写法，学生练习，并应用到"军"字。教师指导并纠正学生书写过程中的问题。

（三）评比

师：接下来我们玩个游戏——我是小评委：以小组的形式，各小组选出组内写得最好的字，呈现给我们班的同学（小评委），小评委以投票的形式选出自己满意的字，并说出写得好的部分。

活动完毕。

教师点评，并带学生回顾本次课内容。

（四）总结

师：我们本次课学习了硬笔行书中草字头（两种）、竹字头、人字头、折文头、秃宝盖的书写。大部分同学都掌握了今天所学的内容。希望同学们在课后温故而知新。

（五）课后作业

（1）复习本次课内容。

（2）预习下次课内容。

第十五课 宝盖头、雨字头、广字头、病字头、尸字头、户字头

一、教学目标

（1）了解硬笔行书中宝盖头、雨字头、广字头、病字头、尸字头、户字头等偏旁部首常见写法。

（2）掌握硬笔行书中宝盖头、雨字头、广字头、病字头、尸字头、户字头等偏旁部首书写规律，并应用到日常书写。

二、教学重点

了解硬笔行书中宝盖头、雨字头、广字头、病字头、尸字头、户字头等偏旁部首的常见写法。

三、教学难点

掌握硬笔行书中宝盖头、雨字头、广字头、病字头、尸字头、户字头等偏旁部首的书写规律，并应用到日常书写。

四、课前准备

黑色水性笔、练字本。

五、教学过程

（一）导入

师：同学们，我们上次课学习了硬笔行书草字头（两种）、竹字头、人字头、折文头、秃宝盖的写法，有谁愿意带大家一起回顾上次课内容？（学生上台演示，教师点评，并带学生复习上次课内容）

师：同学们认真地完成了复习任务，接下来我们就进行本次课程的学习。

检查书法用具、坐姿和执笔姿势。通过图片展示的直观形式呈现硬笔行书的宝盖头、雨字头、广字头、病字头、尸字头、户字头例字。

（二）新授

1. 宝盖头

（1）上点收笔与撇点呼应。撇点与横钩连写，横钩的横画稍有弧度。

（2）宝盖头应写宽，能覆盖下部件为宜。

（3）教师示范并讲解"宝盖头"的写法，学生练习，并应用到"宝"字。教师指导并纠正学生书写过程中的问题。

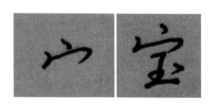

2. 雨字头

（1）上横应写短，突出秃宝盖的宽度，中竖写短；四点连写，左边两点写成竖提，右边两点写成竖折撇，一气呵成。

（2）雨字头作为上部件，应写宽扁一些。

（3）四点的连笔写成竖提和竖折撇的连写。

（4）教师示范并讲解"雨字头"的写法，学生练习，并应用到"雷"字。教师指导并纠正学生书写过程中的问题。

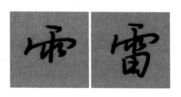

3. 广字头

（1）上点与横画呼应。

（2）横画与撇画连写，横短撇长，撇画出锋。

（3）教师示范并讲解"广字头"的写法，学生练习，并应用到"床"字。教师指导并纠正学生书写过程中的问题。

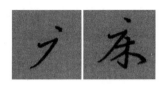

4. 病字头

（1）上点与横画呼应。

（2）横画与撇画稍长，可连写也可分开书写。

（3）两点连写，下点向右上挑笔出锋与右部件呼应。

（4）教师示范并讲解"病字头"的写法，学生练习，并应用到"疾"字。教师指导并纠正学生书写过程中的问题。

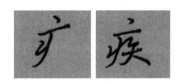

5. 尸字头

（1）横折与横连写成横折横，写得稍窄。

（2）撇画向左伸展。

（3）教师示范并讲解"尸字头"的写法，学生练习，并应用到"局"字。教师指导并纠正学生书写过程中的问题。

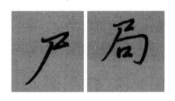

6. 户字头

（1）上点与横画呼应，其余与尸字头写法相同。

（2）教师示范并讲解"户字头"的写法，学生练习，并应用到"房"字。教师指导并纠正学生书写过程中的问题。

（三）评比

师：接下来我们玩个游戏——我是小评委：以小组的形式，各小组选出组内写得最好的字，呈现给我们班的同学（小评委），小评委以投票的形式选出自己满意的字，并说出写得好的部分。

活动完毕。

教师点评，并带学生回顾本次课内容。

（四）总结

师：我们本次课学习了硬笔行书中宝盖头、雨字头、广字头、病字头、尸字头、户字头的书写。大部分同学都掌握了今天所学的内容。希望同学们在课后温故而知新。

（五）课后作业

（1）复习本次课内容。

（2）预习下次课内容。

第十六课　木字底、四点底、心字底、走之底、建字底

一、教学目标

（1）了解硬笔行书中木字底、四点底、心字底、走之底、建字底等偏旁部首的常见写法。

（2）掌握硬笔行书中木字底四点底、心字底、走之底、建字底等偏旁部首的书写规律，并应用到日常书写。

二、教学重点

了解硬笔行书中木字底、四点底、心字底、走之底、建字底等偏旁部首的常见写法。

三、教学难点

掌握硬笔行书中木字底四点底、心字底、走之底、建字底等偏旁部首的书写规律，并应用到日常书写。

四、课前准备

黑色水性笔、练字本。

五、教学过程

（一）导入

师：同学们，我们上次课学习了硬笔行书宝盖头、雨字头、广字头、病字头、尸字头、户字头的写法，有谁愿意带大家一起回顾上次课内容？（学生上台演示，教师点评，并带学生复习上次课内容）

师：同学们认真地完成了复习任务，接下来我们就进行本次课程的学习。

检查书法用具、坐姿和执笔姿势。通过图片展示的直观形式呈现硬笔行书木字底、四点底、心字底、走之底、建字底的例字。

（二）新授

检查书法用具、坐姿和执笔方式。

简单讲解"木字底""四点底""心字底""走之底""建字底"的书写。

教师逐一示范以上几种偏旁以及相关例字。

1. 木字底

（1）横画稍长，竖画写成竖钩，加强书写连贯性，捺画作反捺。

（2）整个部件宜写宽扁。

（3）教师示范并讲解"木字底"的写法，学生练习，并应用到"果"字。教师指导并纠正学生书写过程中的问题。

2. 四点底

（1）左点断开，笔断意连；其余三点连写，一气呵成。

（2）四点底作为字底应写宽，以能托起上部件为宜。

（3）教师示范并讲解"四字底"的写法，学生练习，并应用到"点"字。教师指导并纠正学生书写过程中的问题。

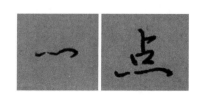

3. 心字底。

（1）左点向左撑开，卧钩略有弧度，写得略窄；上点与右点连写，位置偏高。

（2）教师示范并讲解"心字底"的写法，学生练习，并应用到"想"字。教师指导并纠正学生书写过程中的问题。

4. 走之底

（1）点画独立，横折折撇简写成右侧点；捺画一波三折，末端回锋收笔。

（2）教师示范并讲解"走之底"的写法，学生练习，并应用到"连"字。教师指导并纠正学生书写过程中的问题。

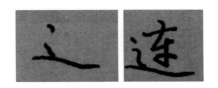

5. 建字底

（1）横折折撇的撇画向左下伸展；捺画与撇画交叉，写得比较舒展。

（2）建字底作为字底，应写平稳，以能托起上部件为宜。

（3）教师示范并讲解"建字底"的写法，学生练习，并应用到"建"字。教师指导并纠正学生书写过程中的问题。

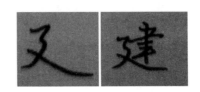

（三）评比

师：接下来我们玩个游戏——我是小评委：以小组的形式，各小组选出组内写得最好的字，呈现给我们班的同学（小评委），小评委以投票的形式选出自己满意的一张，并说出写得好的地方。

活动完毕。

教师点评，并带学生回顾本次课内容。

（四）总结

师：我们本次课学习了硬笔行书中木字底、四点底、心字底、走之底、建字底的书写。大部分同学都掌握了今天所学的内容。希望同学们在课后温故而知新。

（五）课后作业

（1）复习本次课内容。

（2）预习下次课内容。

第十章 义务教育阶段书法试卷编写

一、义务教育阶段书法试卷命题

义务教育阶段书法试卷命题是义务教育阶段书法教育教学工作的重要一环，科学的命题可以较好地检验学生的书法学习情况。试卷命题过程中应当遵循学生发展规律，注重对学生核心素养的考核，同时要调动学生的积极性和主动性。

（一）命题遵循中小学生发展规律

义务教育阶段书法教育应当尊重学生成长规律。书法教学要从中小学生认知发展的规律出发，循序渐进地引导学生完成该阶段的书法学习任务。在期末考试试卷编写时，也应当从这一规律出发，以科学方式对中小学生一个学期的学习进行考核。对小学低年级阶段（1~2年级）来说，应以硬笔楷书为主，侧重对学生执笔姿势、坐姿，以及笔顺、笔画、偏旁部首与简单的汉字书写考核为主。这一阶段的学生刚接触书法不久，需要养成规范的书写习惯，以及制定笔画书写规则。若跳过这些，直接追求章法，或从其他高难度书体入手，都不值得提倡。小学1~2年级学生应该使用铅笔书写正楷，小学3年级开始使用钢笔或水性笔进行书写。小学3~4年级可开始毛笔书法的学习，掌握毛笔书法的书写姿势，对文房四宝（笔、墨、纸、砚）等书写工具有一定了解，对楷书经典碑帖具有初步的观察与临摹能力。小学4~5年级的孩子已经养成了规范的书写习惯，笔画逐渐稳健，字形结构把握能力有所提高，对经典碑帖的临摹能力增强，能够初步欣赏书法。可以侧重字形结构与章法的教学与考核，整个小学阶段都应加强楷书的学习与考核。初中的书法学习与考核应根据该阶段学生特点做出相应调整，就楷书来说，应更加注重章法问题，行笔速度要有所提高，即每分钟达到一定的楷书书写数量。在初中阶段，行书与隶书可作为拓展性学习与考核目标，但不宜要求过高。从楷书向行书的过渡不是一蹴而就的，行书是在楷书的基础上增加连笔笔画，并就一些笔画或偏旁的写法进行缩减或简化，运笔也更加流畅，对于初学者来说是一个难题。初中阶段高年级学生则应当具备使用毛笔临摹经典碑帖的能力，并运用所临摹的碑帖风格进行创作，同时对书法形成文化认同与文化自信心，能够自主学习，提高自身文化修养。义务教育阶段书法期末考试试卷编写要从学生的实际情况出发，命题才能更具有合理性，题目能浅显到不需要思考，但也不应超出学生能力范围，而应成为学生努力踮起脚尖或者跳跃一下就能够触摸到的苹果。这时命题的智慧才能变成教育的力量。

（二）命题要契合中小学生核心素养

2013 年，教育部颁布了《中小学书法教育指导纲要》，书法教育纳入义务教育教学体系，学生将分年龄、分阶段地学习书法。该文件要求，中小学书法教育从文化底蕴、学生健康成长、责任担当等方面提高中小学生核心素养。义务教育阶段书法课程期末考核具有引导作用，在试卷命题中加强对文化、责任与心理健康等内容的考核，有助于学生核心素养的提升。

在义务教育阶段书法学习过程中，人文底蕴的培养是不可或缺的。书法课程在义务教育阶段通常结合语文写字课或美术课开展，这也是一个提升学生人文底蕴与审美品位的切入点。书法作为汉字书写艺术，与语文学科同源。书法作为一门审美艺术，与美术、音乐也是相通的。从书法对学生道德品质的塑造方面来说，书法与思想政治课程的立德树人功能具有某种契合之处。可以说，书法课程与其他学科的融合拓宽了书法的文化内涵，但要巩固下来应当借助期末考试试卷进行引导。

书法学习实际上是一个修身养性的过程，有利于培养中小学生健全的人格与健康的生活态度。相关实验表明，书法能促进中小学生多元智力发展和身心健康。在书法学习中，笔画的距离、字形结构、汉字读音、笔画的运动对于学生的数学、运动、语言等智力发展有帮助。不仅如此，书法练习的过程还可以培养中小学生的自律能力、积极乐观与吃苦耐劳的精神，这些是健康人格的重要构成因素。义务教育阶段书法课程试卷命题如何把中小学生全面发展与健康生活态度纳入其中是一个值得思考的问题。

书法鉴赏也是义务教育阶段书法课程考核的重要内容，通过书法鉴赏来提高学生的责任感和担当意识不失为一个新的思路。书法鉴赏中所涉及的审美与文化认同问题，实际上也是对中华民族传统文化和哲学的思考与接纳。中国书法受我国儒家、道家、佛家等哲学思想影响，历史上对书法的评价也是从作者本人出发的，谓之"论书兼论其人"。颜真卿、岳飞等书法家的书法作品艺术成就被认可的过程，实际上也是对其忠烈人品的认可过程。临习这些书法名家的作品，也是一种潜移默化的品德教育。在期末试卷命题中可增加这些书法家的代表性作品临摹或以该风格进行创作。

（三）让学生参与书法试卷的命题

试卷是检验中小学生书法学习效果的重要手段，也是对教师教学的反馈工具。通过试卷检测出中小学生在书法学习中存在的问题，教师可以根据这些问题进行反思，进而采取有效策略提升教育教学质量。传统的书法试卷是由教师精心编写对学生进行考核，这种模式中学生处于被动的地位，对于自己和同学们存在的问题并不了解，也很难知道如何改进。基于此，有必要在试卷编写和改卷的过程中让更多的学生参与进去，学以致用不断地提高书法水平。

在初中阶段高年级学生对书法学习的分析和理解能力都比较强，不妨尝试让其参与试卷编写。学生出题旨在加深对题目的理解，在课后书法学习时会更加投入。一般来说，初中书法试卷应包含临摹和创作两大部分，创作的难度比临摹更高一些。若让初中低年级学生参与出卷，可先让其参与临摹题的出题。临摹题可以是楷书、行书、隶书的经典碑帖中的一个片段，如楷书可选欧阳询的《九成宫醴泉铭》、颜真卿的《勤礼碑》、智永的《楷书千字文》、褚遂良的《雁塔圣教序》等，行书可选王羲之的《兰亭序》、米芾的《苕溪诗帖》、苏轼的《黄州寒食帖》、颜真卿的《祭侄文稿》等，隶书可选《张迁碑》、《曹全碑》、《礼器碑》、《乙瑛碑》等。学生可从经典碑帖中挑选任意书体的一个碑帖中的某个片段作为临摹题目，并规定该题分值与考试时间。学生在出题前需查找经典碑帖，关注所需碑帖的用笔特点、结体类型、章法特征，将不同碑帖风格特征做出区别，这无形中会加深其对经典碑帖的记忆与分析。学生参与出题是一种对学生书法学习的促进方式，但其参与到出题的过程应循序渐进，不可盲目地追求一步到位而过早将所有题目交由学生来定。在学生出题的过程中，教师要发挥引导作用，使试卷的题目合理而达到考核的目的。经过临摹题的出题训练使初中阶段高年级学生掌握基本的出题方法后，可提高要求让学生参与创作题的出题。创作题可让学生自选一首古诗词，字数在 28～40 字，以规定的书体进行创作。限定书体创作时，书体应定在楷书、行书或隶书为宜，篆书难度较大不适合进行命题创作。创作题也不一定要限定书体，毕竟每个学生的兴趣点和特长不尽相同。因此，创作题也可以在规定创作文本的前提下，由考生自由选择其擅长的书体进行创作。这是参与出题的中小学生要了解的问题。

在书法考试结束后，让中小学生参与改卷对其书法学习来说具有很好的鞭策作用。由于中小学生刚考完试对书法这个科目还停留在比较兴奋的状态，即很想早点知道成绩的心理特点，学生们都乐于参与改卷。此外，中小学生普遍对同龄人的考试成绩怀有好奇心，想知道其他人的书法水平如何，所以参与改卷的过程便能满足其好奇心。需要指出的是，改卷应当匿名进行，一方面是保护学生的自尊心，另一方面是防止参与改卷时对与自己关系好的同学产生私心。教师和学生共同阅卷，在打分数前给出评分标准对试卷作品进行点评，在场的同学均可按照自己的认识对考试作品进行点评然后打分，去掉一个最高分和最低分取平均分作为试卷最终分数。让中小学生参与改卷的过程是学生寻找自己与其他同学差距的过程，也是查漏补缺的重要契机。

二、义务教育阶段书法试卷讲评

义务教育阶段书法试卷是测试学生学习进展的重要工具，可以及时地了解学生学习中存在的阶段性问题，并采取合理的教学策略纠正这些问题。考试固然重要，但若没有及时进行有效的试卷讲评，学生很难发现其学习中存在的问题。即使教师在课上讲评试卷，学生对于书法学习中存在的问题依然是"一听就会，一写就废"。这就需要教师在试卷讲评过程中采取必要的配套策略。

（一）边讲评边训练

中小学生书法学习过程中总是边学边忘，有时候学习新知识的速度甚至赶不上遗忘已学知识的速度。所以，教师在书法考试作品讲评时应立刻就所强调的问题安排当堂训练，帮助学生巩固这些知识与技能。例如在讲到硬笔书法中汉字结构的"上收下展"的问题时，教师出示学生考试作品出现的问题并进行正确示范后，可以让学生举例并书写 5～10 个符合"上收下展"结构特点的汉字。又比如，在讲解毛笔楷书运笔的中锋问题时，就学生考试作品笔画所出现侧锋、偏锋、散锋的情况做出讲解后，可让学生立刻就纯中锋运笔线条、横、竖撇、捺中锋运笔进行训练。课堂训练的内容从考试作品或试卷中产生，这对于学生强化所学知识来说是有益的。

（二）举一反三，延伸拓展

书法在涉及章法问题时，教学难度颇大。究其原因是章法没有固定的模式，总是处在不断的变化之中，导致部分学生在考试中的章法欠缺协调性。尽管书法的章法变化较多，但还有规律可循。对于端庄的书体，如楷书、隶书来说，章法无外乎几种情况，横有行竖有列，横无行竖有列，无论采取哪种形式都是重点要求把单字处理好而兼顾上下左右字的关系。具体来说，楷书或隶书要注意把握格子的空间占比，一般来说要占格子 75% 左右，不宜太空也不宜太满，独体字不宜写得太大，有些独体字应写小且紧凑，如"日""田"等。如果在没有格子的情况下，左右要有错落关系。在行书的章法中，大部分采取竖行的格式，甚至整行字不一定对齐，有一定摆动。这时单字来说，字的势与形要随机应变，要随着上下左右字的关系而改变。这些看起来颇难的内容，其实也有一定规律可循。例如，有些字或笔画适合舒展，可以作为整个章法的"眼"，以苏轼的《黄州寒食帖》为例，"年""纸""苇""中"等字的悬针竖适合拉长，打破均匀的空间，这需要学生记忆且举一反三，在其他文本中碰到类似的字也应当拉长；帖中"灶"字写大写粗，相当于"白"字的十倍有余，在具体创作过程中碰到类似的字也要采取相应的处理方法。教师在讲解学生考试中章法存在的问题后，可当即选取一个类似的文本对其进行举一反三的训练。

第十一章 义务教育阶段书法试卷与评分标准案例

一、毛笔楷书试卷及评分标准案例

（一）毛笔楷书试卷

小学四年级上册期末考查试卷

试题类型：A卷

课程名称：毛笔楷书

考查形式：现场测试

命题教师：　　　　　教研室主任（签名）：　　　　校长（签名）：

适用范围：小学四年级

考查要求：

（1）本课程根据课程教学大纲要求，其考核类型为考查。

（2）本课程的期末总评分＝平时成绩（30%）＋期末成绩（70%）。平时成绩主要以平时作业体现；期末成绩以现场测试方式体现。

考查内容：

毛笔书写楷书作品1幅，内容为成语"厚德载物"，形式不限。（共100分）

（二）毛笔楷书试卷评分标准

小学四年级上册
期末考查试卷参考答案及评分标准

试题类型：A卷

课程名称：毛笔楷书

考查形式：现场测试

命题教师：　　　　　教研室主任（签名）：　　　　校长（签名）：

适用范围：小学四年级

考查内容：

毛笔书写楷书作品 1 幅，内容为成语"厚德载物"，形式不限。（共 100 分）

评分标准：

1. 90 ~ 100 分

书写整齐、端正。能准确表现所取法的唐代楷书经典碑帖笔法、结体与章法。字距行距清晰适宜。书写规范，笔画干净利索。结体优美，笔形生动，章法有度，字体大小均衡，气韵连贯，无错字。

2. 89 ~ 75 分

书写较整齐、端正。笔画清晰到位，行笔干脆利落。结体一般，有一定章法，字体大小基本可控，无错字。

3. 74 ~ 60 分

书写姿势正确，书写不够整齐美观，笔画起收笔不够明显，书写基本规范，笔画涂改不多，但结体欠优雅。章法也不够考究，字体大小还不能控制。

4. 60 分以下

书写姿势不正确，笔画书写不规范，结体不考究，没有章法，不按楷书要求书写，态度不端正。

二、毛笔隶书试卷及评分标准案例

（一）毛笔隶书试卷

初中一年级上册期末考查试卷

试题类型：A 卷

课程名称：毛笔隶书

考查形式：现场测试

命题教师：　　　　　教研室主任（签名）：　　　　校长（签名）：

适用范围：初中一年级

考查要求：

（1）本课程根据课程教学大纲要求，其考核类型为考查。

（2）本课程的期末总评分 = 平时成绩（30%）＋期末成绩（70%）。平时成绩主要以平时作业体现，期末成绩以现场测试方式体现。

考查内容：

毛笔书写隶书春联一副。上联"天增岁月人增寿"，下联"春满乾坤福满门"，横批"迎春接福"，要求作品在 15 分钟内完成。（共 100 分）

（二）毛笔隶书试卷评分标准

初中一年级上册

期末考查试卷参考答案及评分标准

试题类型：A 卷

课程名称：毛笔隶书

考查形式：现场测试

命题教师： 教研室主任（签名）： 校长（签名）：

适用范围：初中一年级

考查内容：

毛笔书写隶书春联一副。上联"天增岁月人增寿"，下联"春满乾坤福满门"，横批"迎春接福"，要求作品在 15 分钟内完成。（共 100 分）

评分标准：

1. 90～100 分

书写整齐、端正。能准确表现所取法的汉代隶书碑帖笔法、结体与章法，字距行距清晰适宜。书写规范，笔画干净利索。结体优美，笔形生动，章法有度，字体大小均衡，气韵连贯，无错字。

2. 89～75 分

书写较整齐、端正。笔画清晰到位，能准确表现隶书横画"蚕头燕尾"特征，行笔干脆利落。结体宽博有汉代庙堂碑刻隶书的气象，章法比较合理，字体大小基本可控。无错字。

3. 74～60 分

书写姿势正确，书写不够整齐美观，隶书笔画起收笔不够明显，横画"蚕头燕尾"的笔画特征不明显，书写基本规范，笔画涂改不多，但结体不能做到宽扁而优雅。章法也不够考究，字体大小还不能控制。

4. 60 分以下

书写姿势不正确，隶书笔画书写不规范，结体不考究，没有章法，不按隶书要求书写，态度不端正。

三、毛笔篆书试卷及评分标准案例

（一）毛笔篆书试卷

初中二年级上册期末考查试卷

试题类型：A 卷

课程名称：毛笔篆书

考查形式：现场测试

命题教师： 教研室主任（签名）： 校长（签名）：

适用范围：初中二年级

考查要求：

（1）本课程根据课程教学大纲要求，其考核类型为考查。

（2）本课程的期末总评分 = 平时成绩（30%）＋期末成绩（70%）。平时成绩主要以平时作业体现；期末成绩以现场测试方式体现。

考查内容：

毛笔临摹清代吴熙载的篆书《醉竹山房》横幅，要求作品在 15 分钟内完成。（共 100 分）

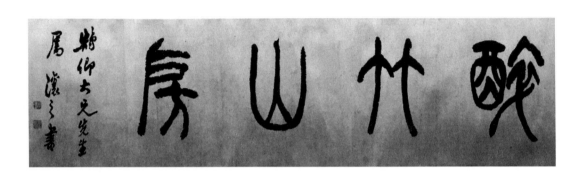

（二）毛笔篆书试卷评分标准

初中二年级上册
期末考查试卷参考答案及评分标准

试题类型：A 卷

课程名称：毛笔篆书

考查形式：现场测试

命题教师：　　　　教研室主任（签名）：　　　　校长（签名）：

适用范围：初中二年级

考查内容：

毛笔临摹清代吴熙载的篆书《醉竹山房》横幅，要求作品在 15 分钟内完成。（共 100 分）

评分标准：

1. 90～100 分

书写整齐、端正。能准确表现所临吴熙载篆书的笔法、结体与章法，字距清晰适宜。书写规范，笔画干净利索。结体优美，笔形生动，章法有度，字的大小均衡，气韵连贯，无错字。

2. 89～75 分

书写较整齐、端正。中锋运笔比较流畅，笔画清晰到位，能准确表现吴熙载篆书的修长体势，行笔干脆利落。结体中宫收紧，章法比较合理，字的大小基本可控。无错字。

3. 74～60 分

书写不够整齐美观，篆笔画藏头护尾不够明显，不能始终保持中锋运笔，书写基本规范，笔画涂改不多，但结体不能做到修长而优雅。章法也不够考究，字的大小还不能控制。

4.60 分以下

篆书笔画书写不规范，结体不考究，没有章法，不按篆书要求书写，态度不端正。

四、毛笔行书试卷及评分标准案例

（一）毛笔行书试卷

初中三级上册期末考查试卷

试题类型：A 卷

课程名称：毛笔行书

考查形式：现场测试

命题教师： 教研室主任（签名）： 校长（签名）：

适用范围：初中三年级

考查要求：

（1）本课程根据课程教学大纲要求，其考核类型为考查。

（2）本课程的期末总评分 = 平时成绩（30%）＋期末成绩（70%）。平时成绩主要以平时作业体现；期末成绩以现场测试方式体现。

考查内容：

毛笔行书书写唐代孟郊诗《游子吟》一首，章法形式不限，要求在 30 分钟内完成作品。（共 100 分）

（二）毛笔行书试卷评分标准

初中三年级上册
期末考查试卷参考答案及评分标准

试题类型：A 卷

课程名称：毛笔行书

考查形式：现场测试

命题教师： 教研室主任（签名）： 校长（签名）：

适用范围：初中三年级

考查内容：

毛笔行书书写唐代孟郊诗《游子吟》一首，章法形式不限，要求在 30 分钟内完成作品。（共 100 分）

评分标准：

1.90～100 分

书写整齐、端正。能准确表现所取法王羲之、米芾、赵孟頫等古代名家行书经典名帖的笔法、结体与章法，字距清晰适宜。书写规范，笔画干净利索，墨色对比强烈。结体优美，笔势生动，章法有度，字的大小均衡，气韵连贯，无错字。

2.89～75分

书写较整齐、端正。笔势连贯，笔画清晰到位，能准确表现所取法古代行书经典字帖的笔法、结体、章法等元素，行笔干脆利落。章法比较合理，无错字。

3.74～60分

书写不够整齐美观，笔势断续不连贯，转折处不能及时调整笔锋。书写基本规范，笔画涂改不多。章法也不够考究，字的大小、墨色对比还不能控制。

4.60分以下

行书笔画书写不规范，使转困难。结体不考究，没有章法，不按行书要求书写，态度不端正。

五、硬笔楷书试卷及评分标准案例

（一）硬笔楷书试卷

小学二年级上册期末考查试卷

试题类型：A卷

课程名称：硬笔楷书

考查形式：现场测试

命题教师：　　　教研室主任（签名）：　　　校长（签名）：

适用范围：小学二年级

考查要求：

（1）本课程根据课程教学大纲要求，其考核类型为考查。

（2）本课程的期末总评分＝平时成绩（30%）＋期末成绩（70%）。平时成绩主要以平时作业体现，期末成绩以现场测试方式体现。

考查内容：

从下列古诗中任选一首，使用铅笔在硬笔作品纸上书写楷书作品1幅，形式不限。（共100分）

1.《山行》（杜牧）

远上寒山石径斜，白云生处有人家。

停车坐爱枫林晚，霜叶红于二月花。

2.《回乡偶书》（贺知章）

少小离家老大回，乡音无改鬓毛衰。

儿童相见不相识，笑问客从何处来。

3.《赠汪伦》（李白）

李白乘舟将欲行，忽闻岸上踏歌声。

桃花潭水深千尺，不及汪伦送我情！

（二）硬笔楷书试卷评分标准

小学二年级上册

期末考查试卷参考答案及评分标准

试题类型：A 卷

课程名称：硬笔楷书

考查形式：现场测试

命题教师：　　　　教研室主任（签名）：　　　　校长（签名）：

适用范围：小学二年级

考查内容：

从下列古诗中任选一首，使用铅笔在硬笔作品纸上书写楷书作品 1 幅，形式不限。（共 100 分）

1. 《山行》（杜牧）

远上寒山石径斜，白云生处有人家。

停车坐爱枫林晚，霜叶红于二月花。

2. 《回乡偶书》（贺知章）

少小离家老大回，乡音无改鬓毛衰。

儿童相见不相识，笑问客从何处来。

3. 《赠汪伦》（李白）

李白乘舟将欲行，忽闻岸上踏歌声。

桃花潭水深千尺，不及汪伦送我情！

评分标准：

1. 100~90 分

书写姿势规范而自然，书写整齐、端正。能自然流利书写，行笔从容不迫。字距行距清晰适宜。书写规范，笔画干净利索。结体优美，笔形生动，章法有度，字体大小均衡，气韵连贯。

2. 89~75 分

执笔姿势、坐姿正确，笔法完备。单字结构协调，字形端庄，收放有度，主笔分明，点画之间有呼应关系，字的大小统一。章法布局比较合理，通篇作品风格统一，题款与正文协调且位置正确。

3. 74~60 分

执笔姿势、坐姿合格，能使用楷书的基本笔法进行书写，起笔、收笔、转折等处理基本顺畅，行笔速度适中。单个字的结构较协调，重心平稳，主笔分明。书写的前后风格较统一。书写基本规范。

4. 60 分以下

书写姿势不正确，笔画书写不规范，结体不考究，没有章法，不按楷书要求书写，态度不端正。

六、硬笔隶书试卷及评分标准案例

（一）硬笔隶书试卷

初中一年级下册期末考查试卷

试题类型：A 卷

课程名称：硬笔隶书

考查形式：现场测试

命题教师：　　　　教研室主任（签名）：　　　　校长（签名）：

适用范围：初中一年级

考查要求：

（1）本课程根据课程教学大纲要求，其考核类型为考查。

（2）本课程的期末总评分＝平时成绩（30%）＋期末成绩（70%）。平时成绩主要以平时作业体现；期末成绩以现场测试方式体现。

考查内容：

从以下诗歌中选择一首，使用硬笔在作品纸上书写隶书作品一幅，形式不限。（共100 分）

1. 《观沧海》（曹操）

东临碣石，以观沧海。水何澹澹，山岛竦峙。树木丛生，百草丰茂。秋风萧瑟，洪波涌起。日月之行，若出其中。星汉灿烂，若出其里。幸甚至哉，歌以咏志。

2. 《钱塘湖春行》（白居易）

孤山寺北贾亭西，水面初平云脚低。

几处早莺争暖树，谁家新燕啄春泥。

乱花渐欲迷人眼，浅草才能没马蹄。

最爱湖东行不足，绿杨阴里白沙堤。

（二）硬笔隶书试卷评分标准

初中一年级下册
期末考查试卷参考答案及评分标准

试题类型：A 卷

课程名称：硬笔隶书

考查形式：现场测试

命题教师：　　　　教研室主任（签名）：　　　　校长（签名）：

适用范围：初中一年级

考查内容：

从以下诗歌中选择一首，使用硬笔在作品纸上书写隶书作品一幅，形式不限。（共100 分）

1.《观沧海》（曹操）

东临碣石，以观沧海。水何澹澹，山岛竦峙。树木丛生，百草丰茂。秋风萧瑟，洪波涌起。日月之行，若出其中。星汉灿烂，若出其里。幸甚至哉，歌以咏志。

2.《钱塘湖春行》（白居易）

孤山寺北贾亭西，水面初平云脚低。

几处早莺争暖树，谁家新燕啄春泥。

乱花渐欲迷人眼，浅草才能没马蹄。

最爱湖东行不足，绿杨阴里白沙堤。

评分标准：

1. 100～90 分

书写整齐、端正。能准确表现所取法的汉代隶书碑帖笔法、结体与章法，字距行距清晰适宜。书写规范，笔画干净利索。结体优美，笔形生动，章法有度，字体大小均衡，气韵连贯，无错字。

2. 89～75 分

书写较整齐、端正。笔画清晰到位，能准确表现隶书横画"蚕头燕尾"特征，行笔干脆利落。单字结构协调，字形端庄，收放有度，主笔分明，点画之间有呼应关系，字的大小统一。结体宽博有汉代庙堂碑刻隶书的气象，章法比较合理，字体大小可控。通篇作品风格统一，题款与正文协调且位置正确。

3. 74～60 分

书写姿势正确，书写不够整齐美观，隶书笔画起笔、收笔、转折等处理基本顺畅，但横画"蚕头燕尾"的笔画特征不明显。书写基本规范，笔画涂改不多，但结体不能做到宽扁而优雅。单个字的结构比较协调，重心平稳，主笔分明。书写的前后风格较统一。

4. 60 分以下

书写姿势不正确，隶书笔画书写不规范，结体不考究，没有章法，不按隶书要求书写，态度不端正。

参考文献

［1］胡涛．中小学师德师风建设融入党建工作的恰切之道［J］．广西青年干部学院学报，2020，30（5）：46－49.

［2］嵇小怡，严晓秋，陈金菊．基于师范气质背景下师范生就业能力的独有标识、培养路径与呈现效果——以温州大学教育学院师范生培养为例［J］．高教学刊，2020（30）：8－12.

［3］崔健，邱槿怡，杨怀银．新时代高校党委教师工作部建设及职能发挥研究［J］．教育教学论坛，2020（40）：75－76.

［4］罗文芳．中华优秀传统文化与高职院校师德师风建设关系研究［J］．现代职业教育，2020（39）：12－13.

［5］褚明，张微微，许迪，吴剑卿．基于老年医学研究生教育探索师德师风教育［J］．教育教学论坛，2020（39）：141－142.

［6］刘立新．新时代背景下外语专业师德师风建设研究［J］．现代农村科技，2020（9）：74－75.

［7］姜泽稳．浅谈师德师风建设在后勤工作中的重要性［J］．现代职业教育，2020（37）：112－113.

［8］夏熊飞．"强令"学生送礼，歪风不可长［N］．湖南日报，2020－09－11（007）.

［9］李丹丹．基于艺术观教育的艺术院校师德师风建设［J］．北京教育（高教），2020（9）：41－43.

［10］王春．立德树人视域下高校教师师德培育探析［J］．佳木斯职业学院学报，2020，36（9）：56－58.

［11］桑宏斌．加强教师师德师风建设的研究与实践［J］．作家天地，2020（17）：145－146.

［12］曲元海，王宏志，陈衍峰，王耀坤，代丽丽．地方院校教学名师引领力探析［J］．现代职业教育，2020（36）：20－21.

［13］李辉波．以"党建＋"理念引领特区中学教师师德师风建设［J］．新课程，2020（36）：214－215.

［14］杨柳风．职称评定，重"才"更重"德"［N］．宁夏日报，2020－09－03
（002）.

［15］胡世玉．立德树人视角下中职学校师德师风养成途径探究［J］．科学咨询
（科技·管理），2020（9）：170－171.

［16］顾晟．选树师德师风典型　弘扬尊师重教风尚——上海音乐学院"周小燕教书
育人奖"的设立与实施［J］．教育教学论坛，2020（36）：60－61.

［17］刘森，张砚．基于促进新时代市属高校教师发展的在职培训转型与路径——以
天津中医药大学为例［J］．中国多媒体与网络教学学报（上旬刊），2020（9）：
136－138.

［18］赵帅．高职院校教师职业素养的提升路径探索——基于"文化梯度育人"实践
的启示［J］．科技通报，2020，36（8）：120－123.

［19］王植．新时代如何抓好师德师风建设［N］．朔州日报，2020－08－29
（002）.

［20］张自国．着力培养有担当负责任的教师队伍［N］．张掖日报，2020－08－27
（003）.

［21］张丽莉，王致磊，赵雷，赵娜娜，徐晓红．研究生导师在"立德树人"教育过
程中作用研究［J］．高教学刊，2020（26）：140－142.

［22］郑华艺．新经济下高职院校教师师德师风建设研究［J］．财富时代，2020
（8）：214－215.

［23］高孝成，王烨，张璐，牟艳男．新时代背景下高校师德师风建设路径探究
［J］．黑河学院学报，2020，11（8）：34－35＋61.

［24］杨珏．高校青年教师师德师风建设的路径探析［J］．江西教育，2020（Z2）：
14－15.

［25］程核红．加强师德师风建设的学校探索之路［J］．现代教学，2020（Z4）：
103－105.

［26］崔倩倩，赵广忠．多维一体，教育大渡——访重庆市大渡口区教育委员会主任
伍平伟［J］．中国德育，2020（16）：50－53.

［27］曾少颐．瑶族民歌的传承与创新［J］．北方音乐，2020（15）：46－47.

［28］李瑶．关于新时代高校师德师风建设途径的几点思考［J］．吉林化工学院学
报，2020，37（8）：93－96.

［29］常艳丽．教育教学管理，如何唤醒学生内动力——《教育家》杂志线上圆桌论
坛实录［J］．教育家，2020（30）：8－12.

［30］王建．打造高素质教师队伍的实践与思考［J］．学校管理，2020（4）：
39－41.

［31］王东升．新时代背景下高校"立德树人"根本任务实践路径研究——以衢州职
业技术学院为例［J］．现代职业教育，2020（33）：1－3.

［32］张震．新时代增强高校师德师风建设"阵地意识"的可行性分析［J］．黑龙江教师发展学院学报，2020，39（8）：21-23.

［33］高建伟．思政课教师在重大事件中要"形端体正"——再学习习近平总书记3·18重要讲话精神有感［J］．北京教育（高教），2020（8）：34-35.

［34］魏影．高职院校师德师风考评体系探究与实践——以苏州市职业大学为例［J］．职业技术教育，2020，41（23）：61-66.

［35］孟芳兵．全力培养靠得住、用得上、留得下的社会主义建设者和接班人［N］．西藏日报（汉），2020-08-10（006）.

［36］刘洁．师德师风，教育之魂［J］．教育家，2020（29）：14-15.

［37］刘云山．女教师"疯狂"辱骂学生事件背后的深层思考［J］．记者观察，2020（22）：50-51.

［38］张露．用"基准尺"为师德师风建设划出"禁区"［N］．民主与法制时报，2020-08-04（002）.

［39］陈海洋．扎根边疆实际　厚植民族教育［J］．中国民族教育，2020（Z1）：12-14.

［40］桂海荣．对高职体育教师师德师风建设的思考［J］．体育风尚，2020（8）：170，172.

［41］肖月．北京城市副中心建设背景下加强师德师风建设的实践与探索［J］．北京教育（普教版），2020（8）：32-34.

［42］沈英淑，杨超，金慧玲．新时代加强民族高职院校教师党支部建设的研究［J］．教育教学论坛，2020（31）：54-56.

［43］李海香．"放管服"背景下高校教师职称评审权下放问题与对策［J］．教育教学论坛，2020（31）：65-66.

［44］郑文芳．以师德师风建设为抓手推进大学生德育工作［J］．湖北开放职业学院学报，2020，33（14）：88-89.

［45］高建勋，游圻民．行业高校青年教师师德师风建设的有效途径研究［J］．国际公关，2020（8）：162-163.

［46］梁力．瑶族刺绣文化的传承与保护［J］．轻纺工业与技术，2020，49（7）：85-86.

［47］刘萍．以师德建设为引领做好高校思想政治工作——以西北民族大学外国语学院为例［J］．西部素质教育，2020，6（14）：24-26.

［48］郑晓明．民办高校师德师风建设的问题与策略研究［J］．当代教育与文化，2020，12（4）：89-93.

［49］陈锦帛．"立德树人"背景下高校师德师风建设路径探究［J］．科教导刊（下旬刊），2020（7）：87-88.

［50］丁友鹏．书法教学在义务教育美术课程理念中的体现和应用［J］．湖北师范大

学学报（哲学社会科学版），2020，40（1）：119－123.

[51] 王杨，丁丽莎．义务教育阶段书法教学现状分析及对策初探——以威海市所辖两市五区的学校为例［J］．上海教育，2019（36）：97－98.

[52] 沈源勇．核心素养理念下的硬笔书法教学评价［J］．课外语文，2019（34）：154－155.

[53] 王洪旭．察、临、比、悟——义务教育学段硬笔书法教学四部曲［J］．华夏教师，2019（33）：86.

[54] 欧明涛．关于义务教育阶段书法（写字）教育定位的思考［J］．祖国，2019（22）：75－76.

[55] 黄锦章．浅谈书法课堂教学对培养小学生核心素养的重要性——以南庄小学为例［J］．新智慧，2019（26）：143－144.

[56] 李飞．从荒野中走来——谈农村小学书法兴趣小组校本课程教学［J］．新课程（中），2019（9）：83.

[57] 王秋萍．提高小学三年级学生书写规范汉字水平的有效策略研究［J］．科普童话，2019（34）：84.

[58] 王天俊．区域推进义务教育阶段学校书法教育的实践——以重庆市沙坪坝区为例［J］．江苏教育，2019（53）：7－9.

[59] 王慧．书法指导与语文课堂的融合［J］．新课程（下），2019（6）：78.

[60] 李磊．中小学书法教育现状调查与思考［J］．新课程（下），2019（6）：24－25.

[61] 黄卉颖．浅谈广西瑶族民间舞蹈教育传承现状与研究——以恭城瑶族自治县中心小学舞蹈培训班为例［J］．轻纺工业与技术，2019，48（6）：45－47.

[62] 吴小春．书法教育的意义不容忽视［J］．教育实践与研究（C），2019（6）：1.

[63] 高琬彬．小学书法教材的比较分析［D］．山东师范大学，2019.

[64] 丁博．我国小学书法教材的比较研究［D］．河南大学，2019.

[65] 江水辉．教育人类学视野下的少数民族女童教育研究［D］．广东技术师范大学，2019.

[66] 杨阳．乡镇中小学书法教育现状调查研究［D］．江西师范大学，2019.

[67] 毛孝珍．小学生书写能力的现状及提升策略研究［D］．闽南师范大学，2019.

[68] 常惠雯．瑶族民歌在恭城县中学音乐教育中传承现状的调查研究［D］．温州大学，2019.

[69] 杨琳．在静浪激流中扬帆远航［D］．云南师范大学，2019.

[70] 吴菲．中小学书法教育现状及教学探微［J］．语文教学与研究，2019（10）：22－23.

[71] 张安萧．清代私塾书法教育研究［D］．沈阳师范大学，2019.

［72］教育部办公厅．关于印发 2019 年中小学教学用书目录的通知［J］．中华人民共和国教育部公报，2019（5）：35－58.

［73］范克举．乌鲁木齐市义务教育学段书法教学现状与发展策略研究［D］．新疆艺术学院，2019.

［74］陈小龙．小学书法教学中学生审美能力培养策略研究［J］．新课程（小学），2019（5）：164－165.

［75］李瑜．"朱子读书法"对培养中学生历史阅读能力的启示［D］．陕西师范大学，2019.

［76］张伟．让"立德树人"在书法教育中落地生根［J］．家长，2019（13）：68－69.

［77］郎镝．中小学"书法教育"教研刍议［J］．吉林教育，2019（15）：26－28.

［78］梅坪坪．小学语文写字教学的问题与策略研究［D］．湖南大学，2019.

［79］吴菲．影子教育的获得与结果的群体性差异［D］．南京师范大学，2019.

［80］郭勇．论小学书法综合实践活动课实施策略与途径［J］．书法教育，2019（2）：70－73.

［81］刘伟茜．初中语文识字与写字教学中的问题及其策略研究［D］．广西民族大学，2019.

［82］程诺颜．特殊教育学校书法教学研究［D］．西华师范大学，2019.

［83］胡剑婷．未来写字课教学的发展趋势［J］．语文世界（教师之窗），2019（4）：23－24.

［84］裴永林．农村中学开展"书法进校园"活动的必要性及其策略［J］．西部素质教育，2019，5（6）：83.

［85］张国宏，王尚彪．基于信息技术下的书法社团教学［J］．新课程（下），2019（2）：26.

［86］李西恩．语文课堂与书法课堂高效整合的策略［J］．教育观察，2019，8（5）：84－86.

［87］刘奈．法天象地，格物致知——天地格书法教育普及的探索与实践［J］．新课程（小学），2019（2）：22－23.

［88］张凤民．理性对待"书法纳入中高考"——从一些地区语文考试增加书法内容谈起［J］．书法教育，2019（1）：33－35.

［89］吉宝林．关于当前中小学书法教育的几点思考［J］．中小学教材教学，2019（2）：28－30.

［90］李亮．让每一个学生写好汉字——苏少版《书法练习指导》编写理念与特色简介［J］．江苏教育，2019（5）：7－10.

［91］中华人民共和国教育部．中小学书法教育指导纲要［M］．北京：北京师范大学出版社，2013.

［92］陈振濂．陈振濂学术著作集书法学综论［M］．上海：上海书画出版社，2018.

［93］陈振濂．陈振濂学术著作集书法教育学［M］．上海：上海书画出版社，2018.

［94］王米生，何克生．信息化环境中基于翻转课堂的数学教学设计［M］．西安：陕西师范大学出版社，2015.

［95］傅如明．中国古代书论选读［M］．陕西人民美术出版社，2011.

［96］刘恒．中国书法史清代卷［M］．南京：江苏凤凰教育出版社，2009.

［97］曹宝麟．中国书法史宋辽金代卷［M］．南京：江苏凤凰教育出版社，2009.

［98］郭太风，陆益军．传统文化与民族自信［M］．上海：文汇出版社，1998.

［99］张建忠．书法文化与文化书法［M］．北京：蓝天出版社，2013.

［100］李汉宁．中小学书法教学法［M］．桂林：广西师范大学出版社，2013.

后 记

本书分为理论和实践两个部分，理论部分是我日常教育教学工作中的一些反思，主要集中在义务教育阶段书法与师德师风、书法学习评价、翻转课堂、核心素养、书法教材、课程建设、建构主义、"互联网＋"等问题的结合上。实践部分主要涉及义务教育阶段书法课程的教案设计、试卷编制，并列举一些案例。

目前来说，在义务教育阶段，书法很少成为独立学科，一般依附于语文、美术等课程。不少知识点与语文、美术等课程有交集，比如语文课中的识字课与书法课可以同时开展。部分有条件的学校也独立开设书法课程。这也出现一个问题，即语文课或美术课涉及的内容书法课是否有必要详细讲解。基于这个问题，本书实践部分对硬笔楷书、毛笔楷书的内容做了一些压缩。此外，义务教育阶段是否有必要开设硬笔、毛笔各个书体的课程，以及各个书体应该在哪个年级开设也是值得深思的问题。比如草书作为一个纯艺术性的书体，在义务教育阶段也许没有必要开设。义务教育阶段的书法课程以实用性为主，艺术性为辅。至于硬笔、毛笔各个书体开设时间，以及每次课安排多少内容，可以根据具体情况决定。教师的能力水平、学校的软硬件设施、学生的实际情况等都是考量因素。鉴于此，本书实践部分不涉及草书，对各个书体开设时间也不作严格划分。在义务教育阶段书法教学的实践过程中，教师还应当充分尊重学生作为学习主体的地位，如设计一些游戏来充分调动学生的积极性。本书虽已定稿，但总觉得有许多不完善的地方。然而这是现阶段个人能力不足所致，期待专家学者提出宝贵意见。

在本书定稿之际，特别感谢肖福流博士提供教学上和学术上的指导。在本书的写作过程中，特别是理论部分，肖福流老师花了大量的心血给予指导与完善。肖福流博士曾长期担任中学校长，在基础教育一线奋战19年，积累了丰富的教育教学经验，感谢肖博士在本书写作过程中奉献这些宝贵的经验。本书在构思与收集文献的过程中，受到教育界、书法界师友们的启发，并获得许多帮助。在此感谢肖福流博士、黎东明博士、吴先勇教授、胡耀南教授、李汉宁教授、冯浩博士、甘智文博士、周爱传先生、卢和华先生、吴怀民先生、叶立文先生，谢仁军先生、邓玉恒先生、农健先生、黄自团先生、肖林先生、贺剑先生。

本书写作过程中参考了大量文献，由于篇幅关系不能详细列出，在此对原作者表示衷心的感谢。

　　不敢妄言本书对义务教育阶段书法教育有实质性的帮助，若能抛砖引玉便是我莫大的荣幸。由于受现阶段个人能力水平限制，本书难以做到没有瑕疵。敬请读者谅解并提出宝贵意见，以便再版时予以完善。